武士の精神《エトス》とその歩み

―武士道の社会思想史的考察―

アレキサンダー・ベネット

思文閣出版

発刊に寄せて

京都大学名誉教授　薗田　稔

大学院教育にたずさわった者にとって、かつての教え子が着実に業績を挙げている姿を目の当たりにすることほど嬉しいことはない。本書の著者ベネット氏もそのひとりである。

さかのぼればもう十二年にもなろうか、平成九年の春に著者が、京都大学の史学科研究生から同大学院の人間・環境学研究科に進学して、私の担当する日本文化論を専攻したいと申し出てきたときの印象を、いまでも昨日のことのように覚えている。

ニュージーランド出身という彼が私の研究室をはじめて訪ねてくれた際のその風貌は、予期に反して紺の作務衣に身を固めた武道家のそれであった。聞けば、本国の大学でも既に『甲陽軍鑑』の研究に取り組んでおり、当時文部省の国費留学生として京大の史学科に学びつつ剣道の修行に打ち込みながら本格的に「武士道」の研究をすすめたい、という。

私は、彼の折り目正しい態度と明晰な日本語に感じ入りながら、なによりも「武士道」を日本文化の深みにおいて総体的に理解したいという彼の強い意欲に心を動かされて、即座に彼の希望に応じるつもりになった。

その理由は、二つほどある。一つは、日本の伝統文化には等しく広意の宗教性に根ざすところがあって、その点を比較宗教学の立場から解き明かすことが是非とも必要だが、その事例としても一般に「武道」とも「武士道」

ともいう伝統の武術文化に内在する宗教性を構造的に解明する研究が待たれること。二つには、特に近現代にもてはやされる「武士道」論が、とかく時流の精神論やイデオロギーと目されて賛否両論の具と成り勝ちとなり、そのために武術本来の実践体験に即した、いわゆる心技一体の主体的な人間文化という視点に立った冷徹な理解を捨象し勝ちな傾向を正すことが、剣道の実践家である彼ならば可能ではないか、という理由であった。

首尾よく進学を果したベネット氏の真摯な勉学ぶりはいうまでもないが、その後三年のあいだ私の定年退官までに「武士道」の定義をめぐる研究の構想が固まったことは幸いであった。本書は、その後の学位論文に結実した、豊かな研究成果の一端に他ならない。

さて、肝心の本書について読者のために付言しておきたいことがある。

まず、本書の特徴は、一般にいう書き下ろしの武士道論ではなく、学位論文という学術研究の成果を世に問うという性格上や丶難解なところがあり、その理由の最たるところは、文化人類学者クリフォード・ギアツの宗教定義を正面から論考の枠組みに採り入れて武士文化の歴史的諸相を共時的構造に析出しようと試みているからであろう。

広く宗教研究の分野では、端的に神仏や教義の信仰といった狭い宗教の定義では収まりきれない多様な現象を、ラディカルな人類文化の象徴体系のひとつとして宗教ならではの特質を仮説的に規定してみるというギアツの啓発的な試論は、すでに宗教文化をめぐる人文系科学の関連分野に広く受け容れられて今日に及んでいるが、海外での研究書ではよく見受けられるにしても、国内の例では本書のように真っ向から特定の定義に依拠して論考の切り口とする文化論は珍しいにちがいない。その上、ギアツの宗教定義論そのものが安易な既成概念を排除した先端的な人間科学上の立論であるだけに、日本語としてなじみにくい生硬な翻訳語にとどまることも否み得ない。

さらに踏み込んで付言すれば、それこそ著者が分析枠にギアツの宗教定義を選んだ理由でもあるのだが、ギアツが宗教的人格を成す特有の気風と動機を当の本人が真っ当なものと確信させる実践的体験ないし非日常的な「現実 other reality」に生きる体験を重視する定義論だということである。そこにこそ、著者の論考が本来は戦闘者の武術体験に由来する「武道」に内在する宗教性を析出する手がかりにギアツ理論を採用した理由がある。なおギアツが、宗教が当事者にもたらす非日常的「現実」体験を定義に活かしたのは、一九六〇年代の当時に欧米の人文社会科学に衝撃的な影響を与えた現象学者アルフレッド・シュッツ（Alfred Schutz, 1899-1959）のいわば現実相対論（On multiple Realities）に拠るものであるのだが、ここでは言及するにとどめたい。

つぎに付言しておきたいことは、著者が本書の書名にも掲げ、本文の論考にもしばしば使用する「エトス」という概念についてである。欧米人に属する著者は、海外で広く言論界で通用するこの言葉を日本の国内でも当然として、特にその含意を説明していないが、やはり改めて本書では予めその意味するところを説明しておく必要があると思われる。

元来はギリシア語であるエートス（ēthos）に由来する本語は、もと多義的に住み慣れた土地、慣習、性格、気質を意味したが、特に古代ギリシア人たちは「音楽のエートス」と呼んで音楽が人心に作用して高い徳性を育てる力に注目し、プラトンやアリストテレスなどはこれを倫理的理想に向けて人の魂を教育する方法に音楽を用いる理由としたという。近代にこの語を復活させたのは、ドイツの社会学者マックス・ウェーバー（Max Weber, 1864-1920）であって、彼が展開した比較宗教社会学での分析概念として採用したが、そこでの含意は、さまざまな宗教教説や倫理が信徒たちに及ぼした実践的駆動力を指した。

以来このエトス概念は、宗教理念や社会意識が人間の行動を規定して歴史に及ぼす能動的な働きを社会科学的な方法をもって捉える道を拓いたが、今日ではその応用範囲が広がってさまざまな集団や階層がもつエトスなどに一般化されているという（『岩波・哲学思想事典』など参照）。したがってこの概念には、なかなか適切な日本語を当てはめ難く、本書の題名には便法として「精神」のルビにとどめることになった。もとより「精神」では、その含意を満たし難いが、あるいは武士の「倫理的気風」とか「実践的徳性」とでも文脈のなかで理解して欲しいものである。

結びに、本書を評価したいことは、著者が指摘する武士の名誉を重んじるエトス文化が大きな時代の変遷に応じてその姿を変えつつ、いわば「創られた伝統」としてこそ今日にまで存続する一種の宗教文化ではないかという問題提起である。

かつて比較宗教学の権威であった故キャントウェル・スミス（W. Cantwell Smith, 1916-2000）ハーバード大教授が批判したように、近代の宗教観は彼のいう世俗主義者たちが造り上げた排他的な決め付けによって、あたかも宗教が文化一般とは無縁の特殊異様な領域であるかのように見なす風潮が根強いのが現代の実状である。だが本来の宗教性は、人類文明の発生当初から人間文化に内在するどころか、文化の想像力そのものであった。時代は遥かに隔たったにせよ、現代にまで伝存する武士文化にも伝統文化ならではの宗教性が内在するとして当然ではあるまいか。

平成二十一年三月

まえがき

アレキサンダー・ベネット

本書は、二〇〇一年に京都大学人間・環境学研究科の博士論文として提出した「武士道の定義の追求」の完成版である。本来の論文は第五章までだったが、出版に当たって最後の二章を書き加えることにした。

そもそも、なぜ武士道に関する研究をしようとしたか。初めて来日したきっかけは、一年間の高校生のときに交換留学としてきた。その間の生活に私の苦しみと同時に楽しみになったのは剣道の修行であった。毎日、佐野桂先生の下でクラブ活動の激しい稽古に参加し、剣道の技を磨きながら驚くことに自分の精神的な長所や弱点を教えてくれたのである。心身ともに鍛えられ、たった一年に過ぎなかったが剣道のおかげで人生の見方が大きく変わった。今でも続いている「スピリチュアル・ジャーニー」の始まりであった。

この剣道の経験からサムライ文化に猛烈な興味がわいてきた。武士が覚悟していた生き方として国際的に有名になっている「武士道」という倫理体系・独特な習慣をより深く知りたいと思った。そのために、大学に進学する前に、さらに三年ほど日本で「武者修行」のつもりで、全国を巡り剣道・なぎなた・居合道の稽古に励んだ。振り返ってみれば、この論文のベースになっている重要なフィールド・ワークとして非常に貴重な期間であった。

カンタベリー大学卒後、一九九五年から日本国文部省の国費留学生として京都大学文学部日本史学科に研究生という身分で入学ができた。そのとき『甲陽軍鑑』を研究テーマとした。なぜなら、歴史上初めて「武士道」という言葉を使ったといわれる書物として、専門的に武士思想を研究するに当たって適切なスタート・ポインタと考えたからである。

一九九七年に、京都大学大学院人間・環境学研究科博士後期課程に進学し、宗教学者である薗田稔教授の指導の下で武士道をもっと広い範囲で研究することを決心した。その当時「武士道」の研究で博士論文を書くということに関して、不思議がる人は少なくなかった。何百年も前に書かれた武士思想に関する文献を読んで理解することは、日本語が母国語でない私にとって大きな不利であったし、外国人の目から武士道の新しい発想ができるかは自信がなかった。そこで、薗田教授に宗教のさまざまな定義を教えていただき、特に論文で紹介するクリフォード・ギアツの宗教定義を武士道に当て嵌めることによって、新しい解釈の枠組みができるのではないかという可能性に気づいた。

どの宗教でも「死」の対応が中心課題であることは当然のこと、武士道論を検討してみると、武士にとっての「死」は深く分析しているが、意外に武術とその訓練が果たした具体的な成果について詳しく検討している論文は少ないという現実に気づいた。武士道と武術の関連をテーマとして取り扱っても、表面的な研究に過ぎないのが多いといわざるを得ない。そこで頭に浮かんだ問題意識は、武士が職業戦士として感じたことは何だったのか。つまり、生きるか死ぬかという真剣勝負をするときに、どのような恐怖・感情・法悦感がわいてくるか。それこそがいわゆる宗教的体験といえるのではないかと思った。また、媒介項として武士文化の重要なシンボルであった武の能力=武術は、どのような役割を果たしたのか。天下泰平であった江戸時代においても、武士の体制「順応」とともに武術も進化し「文明化」されたが、真剣勝負から離れてもその訓練を通じての厳粛な体験は、武士に優越感と自負の意識を育成させたに違いない。そこで、ギアツの宗教定義をフレームワークとして利用し、それに私自身が武道の修行から得たヒントを活かしながら、武士の「エトス」、すなわち武士文化に行き渡ってきた道徳的な習慣と独特な気風に対する新しい発想を試みた。この本はその成果である。

京都大学で、数多くの先生の指導を受けたが、特に薗田稔先生、故宮本盛太郎先生、西山良平先生と元木泰雄先生に大変お世話になった。学位取得後、運よく京都にある国際日本文化研究センターの専任助手として四年間勤めることになった。この刺激的な研究環境の中で、学問の道の厳しさと喜びをしみじみと感じさせられた。また、日本語力・学術力と武士道と武道文化に対する理解が著しく増え、論文を学術書として出版できるための更なる知識と完成度を与えてくれた。特に、山折哲雄先生、笠谷和比古先生、川勝平太先生、そして故園田英弘先生に貴重な批判や積極的な指導をいただいたことは、私の論点を考え直すきっかけとなり、最終的により充実したものができたと確信している。また、出版に当たって、構成の相談、私の誤った日本語の表現を直すなど、恥ずかしくない文書にしていただいた出版社の編集スタッフ、国際なぎなた連盟の橋本久美子会長、日本武道館の米本正行様、そして友人の柏原聡様、風間純子様、黒岩康博様、東方孝之様、完倉正師様、今藤真大様、スウェール・ゆりか様、ベネット・陽子様に感謝している。

この論文における誤りなどは、著者の責任として、私がそのすべてを負う。

平成二十一年三月十七日

目次

発刊に寄せて　……………………………………………………………薗田稔

まえがき

序論 …………………………………………………………………… 13
一「武士道」という言葉 ………………………………………………… 13
二 近代武士道 …………………………………………………………… 16
三 論文概要 ……………………………………………………………… 21

第一章　武士エトスの系譜 ………………………………………………… 29
一 歴史上見られる武士エトスのさまざまな名称 ……………………… 29
二 平安・鎌倉時代における武士の全体管理 …………………………… 32
三 思想の成文化 …………………………………………………………… 35

『極楽寺殿御消息』の例 36
四 室町時代の武士――「文武両道」 38
『等持院殿御遺書』の例 39
『竹馬抄』の例 41
『今川状』の例 43
五 『甲陽軍鑑』の実戦的武士道 44
「ありのまま」の精神 45
バランスの重要性 47
六 江戸武士道 51
儒教の影響――陽明学 52
朱子学の影響 54
自己修養 56
死の覚悟 57
『葉隠』の武士道 59
武士の「優越性」 62
七 まとめ 64

第二章　象徴の体系……69
一　ギアツによる宗教の定義……69
二　象徴の体系……71
三　武士文化における「名誉」の象徴体系……73
四　「象徴的資本」としての名誉とその変化……76
五　初期武士の名誉意識……78
六　名を上げる……81
七　名誉と武士のアイデンティティー……83
八　武士名誉の「焦点移動」……85
　　まとめ……88
第三章　武士の「気風」と「動機」……95
一　「気風」と「動機」……95
二　主従制度の概観……97
三　戦国時代の主従関係……100

四　江戸時代の変化……104
五　死と武士の「気風」……106
六　他人に対する暴力……109
七　自分に対する暴力……111
八　まとめ……114

第四章　武士の一般的な秩序……121

一　武士秩序の創造……121
二　時代変化の概説……124
三　武士世間の意義……126
四　脅かされる秩序……128
五　太平に起因するジレンマ……131
北条氏長の貢献……133
柳生宗矩と「活人剣・殺人刀」……136
山鹿素行……140
大道寺友山……144

六　まとめ……146

第五章　武術を通じての武士の宗教的な体験……153

一　儀式……153
二　戦《いくさ》の意味……156
三　戦《いくさ》の儀式的手順……158
四　武術流派の成立……160
　　小野派一刀流の心技……163
五　武術流派の役割……165
六　武術修練の精神的・身体的作用……168
七　冷静な精神状態……169
八　「機」・「先」と意志作用……173
　　「型《かた》」の意義……174
九　平時における武術修練……177
　　「撃剣」の発達……178
　　武術における武士と庶民の違い……181

十　まとめ……183

第六章　武士身分の解体と武士文化の活用……191

一　明治維新の概要……191
二　「武職」の改革……193
三　身分制度の廃止……196
四　士族の失業……197
五　榊原鍵吉の「撃剣興行」……199
六　撃剣興行の人気……200
撃剣会興行表……201
七　撃剣興行に対する批判……204
八　警視庁の剣術活用……206
九　自由民権運動と武術の役割……208
十　教育制度の武術導入……211
十一　国家主義の波と大日本武徳会の設立……217
十二　武徳会と軍国主義……220
十三　まとめ……223

第七章　国民武士道の創造――「サムライ魂」の再発見……229
一　武士文化と明治ナショナリズム……229
二　西周と「軍人勅諭」の成立……232
三　天皇と忠誠……235
四　明治武士道の始まり……237
五　「尚武民族日本人」――井上哲次郎……238
六　新渡戸稲造と海外向け「武士道」……243
七　新渡戸武士道の問題点……250
八　海外における「武士道」ブーム……253
九　まとめ……255
全体のまとめ……259
参考文献……263
索　引……275

序論

一　「武士道」という言葉

まず、この論文を始める前に、武士とは何かということを明瞭にしなければならない。元木泰雄によれば、武士とは、日本の中世および近世において政権の担い手であった世襲制の職業戦士を意味する。職業戦士という点で、古代・近代における徴兵された農民兵・市民兵と異なるのはもちろん、世襲制という点で、官僚が軍事的官職に就くにすぎない古代の武人や、近代の職業軍人とも決定的に異なる存在であった。したがって、世襲制の職業戦士集団という点が武士の最大の特色である(1)。

しかしながら、武士の定義が可能でも、武士の倫理体系でもある「武士道」を定義づけることは決して容易ではない。『広辞苑』には武士階層の道徳として「鎌倉時代から発達し、江戸時代に儒教思想に裏づけられて大成、封建支配体制の観念的支柱をなした」とある。

佐伯真一は『戦場の精神史』において、「武士道」解釈の多様性について次のように述べている。

「武士道」とは、ある論者にとっては日本固有の武士の思想のことであり、ある論者にとっては儒教の日本的変容のことであり、ある論者にとっては自立した個人を基礎とした主従関係のことであり、ある論者にとっては主君と惚《ほ》れ合う男と男の関係のことであり、ある論者にとっては支配階級としての責任感のことであり、ある論者にとっては虚飾を排する潔い姿勢のことであり、ある論者にとっては敵に対して正々堂々たる戦いを挑む倫理観のことであり、ある論者にとっては鎧の色目などにも気を配る美意識のことである。(2)

歴史に現れた武士のエトス、「武士道」の本質を本格的に取り扱った学究的な著書が近年増えつつあるが、右翼的なイメージを持つ「武士道」を研究課題とすることを避けているか、無視している学者はいまだ、少なくない。武士道に関する著書の多くは、専門家でない人の個人的な見解が述べられている状態となっている。武士は「忠」や「義」や「勇」という美徳を中心に生き、名誉と正義を重んじ、そのために平然と自分の命も犠牲にすることが、武士の最も感動的で一般的な特徴として描かれている。

このような行動へと導いている源泉は、「武士道」という「日本特有の優れた倫理体系」で、現代日本人はそれに学ぶべきだと強調する著者も少なくない。例えば、「美的感受性や日本的情緒を育むとともに、人間には一定の精神の形が必要」であるとし、武士道精神を復活すべきだと、藤原正彦はベストセラーの『国家の品格』の中で強調している。(3) しかし、このように美化された武士道のイメージを私たちはどのように取り扱えばよいのか熟慮する必要がある。

武士による支配は、鎌倉幕府の成立から大政奉還に至るまでおよそ七百年にも及び、日本の政治、社会、芸術、文学、思想、宗教、科学技術、人間関係、組織のあり方など、日本文化のあらゆる面において、その発展と展開に武士が大きな影響を与えたことは歴史的事実でもある。山地征典は、日本人の日常生活に、今なお「大きな影響を与え続けていることは、種々の研究はもとより、実際の生活の経験からも明らかに知られている」と述べている。[4] また、武士は人間の理想像として今でも取り上げられ、日本のスポーツヒーローや社会的に認められる素晴らしい業績を上げた人物（男子）が、「サムライ」といわれることは珍しくない。

相良亨は、現代人に対しての武士の影響力について次のように述べている。

彼は町人である、彼は公卿である、彼は出家である、彼は道学先生であるなどという言葉は、今は存在しない。敢えて用いるとすれば、そこには多分に否定的な意味がこめられてくる（中略）人間像の歴史的な典型でありつつ、今日なおその生命をもちつづけるのは武士だけである。[5]

現代では、「武士道」という言葉も、第二次世界大戦のプロパガンダであったという汚名が消えつつあり、近年良いイメージを伝えるためにたびたび利用されているが、明治時代以前の文献ではあまり使われていない。明治三三年（一九〇〇）に『武士道』を著した新渡戸稲造は、江戸時代の書物にあまり精通していなかったためか、「武士道」を自分の造語であると思っていたというのも無理からぬことである。なぜなら、この言葉は戦国時代末期になってようやく文献に登場するが、それ以降さほど用いられていないからである。

古川哲史は、江戸時代に書かれた数冊の書物の中で初めて「武士道」という言葉が使用されていることを発見しているが、「武士道」と呼ばれるものを一つの行動様式として明確に述べている最初の書物は、高坂弾正の『甲陽軍鑑』であるとしている。[6] 要するに、戦国末期・江戸初期ぐらいから使われたということである。そして、江戸時代になって「武士道」はある程度流布したものの、文献で広く用いられるということはなく、山本常朝の『葉隠』や大道寺友山の『武道初心集』のように「武士道」が使われている書物は、比較的稀であった。それどころか、古川によると、井上哲次郎編纂の『武士道叢書』全六十篇の中でさえ、「武士道」が一度でも使われている書物は十篇に過ぎず、そのうち数えるに値する頻度で使用されているのは大道寺友山の『武道初心集』、力丸東山の『武学啓蒙』、中村中倧の『尚武論』、吉田松陰の『武教講禄』というわずか四編しかない。(7) 『武士道叢書』には載っていない、武士の生き方に関する著書(例えば『葉隠』)も数多くあるが、それでも「武士道」という用語が使われている書物は比較的少ない。

江戸時代には「武士道」という言葉は確かに存在していたが、「士道」「武道」「武士の道」などといったような言葉の方が、少なくとも文献においては頻繁に使われていた。よって、学術論文で「武士道」という言葉を使うことには、さまざまな問題があるように思われる。しかし、菅野覚明が定義したように「武士道」は「第一義に戦闘者の思想」であり、「戦闘者の流儀や気風といった意味をあらわしており、『武道』や『武辺』という語と同様に用いられていた」と述べている。(8) さらに菅野は、「武士道」という言葉は中世以前の「弓矢(弓箭《きゅうせん》)の道」「弓馬の道」「坂東武者の習い」などという、武士の独特な生き方を表す言葉とも共通すると主張している。(9) よって、この論文では、総括的な武士の精神として「武士道」という言葉を使用することにした。

二　近代武士道

中世には家法や家訓だけでなく、多種多様な道徳的価値観を説いた文献が数多く存在しているが、そのほとんどが上級武士向けの教養書であった。武士の道徳を取り扱った書物が広く流布するようになったのは、多くの武士が識字能力を具備するようになった江戸時代に入ってからのことである。その中には、山鹿素行の『山鹿語類』に見られる道徳律についての難解な書物もあれば、大道寺友山『武道初心集』のような武家手引書などもあった。これらの書物は主として朱子学の視点から書かれており、幕府によって庇護されていた正統派とは異なる考え方を有する異端の学派の書も存在していたが、「武士道」という固有の学派があったわけではない[10]。

そこで、次のような疑問がわいてくる。武士のための普遍的な行動の「掟」とでも呼ばれるようなものがあったのか。結論からいえば、勿論それはあったが、武士の実生活に生じた倫理体系と我々現代人が理解しているものとは、かなり違いがある。明治期のイギリス人日本学者であったチェンバレン（Basil Hall Chamberlain）[11]の用語を借りるならば、武士道は「宗教」であると強調している。特に、新渡戸稲造の著書『武士道』を「新宗教」に過ぎないと批評しただけではなく、武士道という倫理概念の存在を完全に否定した。それは明らかに過ちであったが、新渡戸が武士道を「新宗教」とする指摘は、さほど的から外れていないと思われる。

新渡戸と同様にキリスト教徒でもあった内村鑑三も、武士道は日本最高の産物であると次のように主張している。

然し乍ら武士道其物に日本国を救ふの能力は無い、武士道の台木に基督教を接いだ物、其物は世界最善の産物であつて、之に日本国のみならず全世界を救ふの能力がある、今や基督教は欧州に於いて滅びつゝある[12]。

内村の思想について家永三郎の分析は、「内村が『武士道』と考へてゐたものは実は彼が西洋から学んだピューリタン主義を日本に投射して描き出した幻影に過ぎぬ[13]」と批判しているが、新渡戸の武士道観に対しても同じことがいえる。[14] しかし、日清・日露戦争の勝利で国家主義が噴出した時期に、新渡戸の『武士道』という概念は多くの西洋人（と日本人）の心をとらえ、広まったのである。第七章で詳しく取り上げるが、国民に武士道精神を浸透させることによって、日本の国防能力を高めるという目的で利用された結果である。このような過程を経て新渡戸の武士道は、本人はそういう意識はなかったにもかかわらず最終的には超国家主義者らによって国粋主義運動と結びつけられ、武士の道徳律は日本人の「魂」とされた。

典型的な例を挙げると、昭和初期に書かれた平泉澄の『武士道の復活』には「もとより武士道の精神が直ちに日本精神の全體を蓋ふとするのではなく、日本精神の長所の最もよく発揮せられたものとして、武士道は日本精神の精華とたゝへらるべきもの」であり、「殊に今日日本精神の復活に際し、第一に、その基礎として、まづ喚び起さるべきは、武士道の精神である」と書かれている。[15]

菅野覚明は『武士道の逆襲』で、近年流行している武士道論の大半は「明治武士道の断片や焼き直し」であり、「武士らしさを追究した本来の武士道とは異なり、国家や国民性（明治武士道では、しばしば『武士道』と『大和魂』が同一視される）を問うところの、近代思想の一つ」としている。[16] また菅野は、明治武士道の研究に大きな影響を与えたものとして「軍人勅諭」を挙げ、それが「武力の担い手が、棟梁に率いられた家々の私兵＝武士から、大元帥たる天皇が統率する国家の兵＝軍人に変わった」としている。[17] 闘争的な国家主義者は、政治目標を達成するために武士の象徴的なイメージを利用した。つまり、武士の英雄的なイメージを喚起し、自己犠牲、忍苦、忠孝などの武士特有の気質を強調した。

このような美徳が、日本国民の特有な気質であるとして喧伝され、井上哲次郎編の『武士道全書』のように「國民が武を以て天皇に仕奉り、國家を防衛し守護するのが、眞の武士道である」[18] と結論づけるものもみられるようになる。このような考え方は、当時出版された数多くの武士の倫理体系に関する文献において、容易に見つけることができる。津田左右吉のように、このようなトレンドに対し批判的な立場をとる学者もいたが、これは例外的であった。前述のように戦争直後においても、武士道の道徳原理という精神が今の日本人に忘れられかけているため、国民の道徳が動揺していると主張する著者もいる。しかし、「武士道」の軍国的なイメージは戦後の日本社会においても人々の記憶に深く残っており、今でも武士道を右翼的、軍事的残像と結びつけて捉えている人も少なくない。武士道の是非については多くの議論は存在するが、感情に訴える言葉であることは確かである。

昭和三二年（一九五七）に古川哲史の『武士道の思想とその周辺』が出版されるまでしばらく見るべき武士道研究はほとんど存在していなかった。昭和三〇年代に『残酷武士道物語』や『武士道無残』のような、武士道の残酷さを批判する映画が作られ、武士道のネガティブなイメージが主流だった。

しかしながら、平成に入ってから武士道に対する関心が徐々に高まりを見せ始めたいわゆる「武士道ブーム」といえる現象の裏に、大橋健二の次のような考え方がある。

戦後五十余年が経過し、バブル経済崩壊後の狂騒が、依然として渦巻いている。その中で戦後の至上目的であった経済的・物質的繁栄の矛盾と歪みが、次々と露呈している。また、戦後日本が金科玉条とし、精神的支柱としてきた「平和主義」「民主主義」「人権尊重主義」の背後で、今日の日本人が精神の高貴性を失いつつある事実も、明らかになってきた（中略）わが国古来の精神的文化遺産である仏教・儒教・神道、そしてこの三者を加味融合した土着思想＝「武士道」の精神に、酌むべきものは決して少なくないはずである。(19)

このように、日本のマスコミが題材としてよく取り上げる、「モラルの低下」のために、一部の学者や評論家が武士道を勧めるトレンドが、特に九〇年代以降に少しずつ見られるようになってきた。しかしながら多くの場合、彼らは武士文化の暴力的な特徴を無視し、美化されたところだけを取り上げるか、あるいはまともな歴史的研究の対象に値しないものと見なしている。また二十一世紀に入ってから、犯罪の増加などをきっかけとして、さらに武士道への高い関心が見られるようになった。特に、新渡戸の『武士道』版行から一世紀を経て、『武士道』再版や再解釈が数多く行われた。

また、山本博文著の『2時間で分かる　図解武士道のことが面白いほど分かる本』『サラリーマン武士道』、笠谷和比古著の『武士道と現代』や、二〇〇五年に出版された「民主主義よりも武士道精神」を奨励する、藤原正彦著『国家の品格』のような、読みやすい書物が著しく増えてきている。さらに、NHK大河ドラマ「武蔵」や「新撰組!」、NHK人間講座シリーズ「武士道の思想」、映画「ラスト・サムライ」、漫画『バガボンド』やジョージ秋山の『武士道というは死ぬことと見つけたり』など、若者向けのポピュラー・カルチャーが積極的に「武士道」を取り上げている。

皮肉なことに、つい最近新渡戸稲造の肖像が五千円札から消えたが、新渡戸が著した『武士道』は、学問的な視点からは問題があるにもかかわらず、現代の武士道に関する理解に大きな影響を与えている。キリスト教信者であった新渡戸は、欧米人に日本人の道徳観などを紹介するために、国境・時代を超えた魅力的で普遍的な教訓を作り上げることに成功した。エリック・ホブズボームが『創られた伝統』の中で、近代になってから多くの「伝統」が創り出されたと述べているが、武士道も良い例である。良きも悪しきも、その伝統の波はますます勢いがついてきている。

「なぜ今武士道なのか」「武士道に学ぼう」というようなフレーズが本の副題に多く見られることは、気になる傾向である。武士道は本質的に良いものであると認識することによって、われわれ現代人（特に日本人）に役立つ情報・教訓を得られると主張する人は少なくない。私が深刻な問題と感じるのは、武士道に対する勘違いや間違った認識が主流になっていることと、積極的な先入観がほぼ文句なしに一般的になっているからである。この論文は、そのような状況下での「武士道」の解釈を原点に戻し、あらためて武士エトスの進化を描きながら、明らかにしたい。

三　論文概要

この論文においては、武士のエトスを解釈し定義づけるために、武士による武家政権の誕生から、明治維新に伴う士農工商という身分制度の廃止に至るまでの、武士文化の発展と変遷の過程を考察する。考察にあたっては、各時代における武士の精神を精査することによって、武士の気風や動機などが、どのように進展していったか、その過程を明らかにすることができると考えている。さらに、武士の理想、文学、習慣、儀式などを通して、偏見のない立場から「武士道」の学問的・総括的な定義を行うのが、この研究の意図である。

これまでに多くの学者が、武士のエトスの全体的な特徴を現そうとして、武士の気質のさまざまな概念やキャッチフレーズを考案してきた。例えば、新渡戸稲造の『武士道』は、「七つの徳」（礼・忠義・誠・名誉・仁・勇・義）が武士道の最高の表現であると述べている。このような解釈は、ロマンチシズムたっぷりに固執している「大和魂」と呼ばれるエキスを、武士道から抽出しようと試みているからである。

既に指摘したが、「武士道」という言葉は、古さにおいて武士の歴史には遠く及ばない。にもかかわらず、外見上はこの事実にほとんど配慮することなく、いたる所で頻繁に使われている。確かに、武士集団の生活様式を秩序立ったものとして認識する際には、「武士道」という言葉は便利な言葉である。しかし、曖昧な部分が多く、真の武士の気質である武士道と、現代まで伝えられている神話的な解釈が混乱し、真実と虚像とを区別することが難しくなっている。このことを念頭に置いて、「武士道」という言葉に、何らかの具体的な形を見出そうと考えている。そして、表面的な感情で美化されたイメージや、国家主義的に見える考え方の泥沼から抜け出す方法を、提供できると確信している。

武士が覚悟していた生き方は大きく分ければ、三つのカテゴリーに入ると思われる。①江戸時代以前の武士によって作り上げられた、本来の実戦的な武士の思想、②天下泰平の江戸時代において儒学者・兵学者によって作り上げられた、社会の安定を保つための（武）士道論、③武士が存在しない明治以降の知識層によって作られた、武士文化の美化された再解釈の武士道である。しかし私は、たとえ解釈が違っていても、各時代に連綿と続いている要素と文化的な繋がりを描き出すことによって、何らかの全体的な定義に到達することを目標としている。

そのために文化人類学者でもあるクリフォード・ギアツ（Clifford Geertz）による宗教の定義は、武士のエトスにも適用可能な枠組みを提供してくれている、と私は考えている。私はギアツの定義を適用することによって、包括的な見地から「武士道」（より正確にいうならば、連綿と続いた武士のエトス）をはっきりと定義づけるつもりである。ギアツの宗教の定義に武士のエトスをあてはめたからといって、仏教や儒教などの宗教から派生したものが、武士の日常生活において重要な役割を果したことを、決して否認しているわけではない。それどころか、生死や善悪に対する武士の心的態度を定型化し、武術や兵法に妥当性や説得力を付加することにより、武士の存在理由と全般的な秩序に関するさまざまな考え方に、これらの宗教の影響があったことはいうまでもない。武士のエトスの総括的な解釈（定義）を探求するうえにおいて、私が用いるギアツによる宗教の定義は次のようなものである。

A system of symbols which acts to establish powerful, pervasive, and long lasting moods and motivations in men by formulating conceptions of a general order of existence and clothing these conceptions with such an aura of factuality that the moods and motivations seem uniquely realistic.(20)

抄訳すると宗教とは、①象徴の体系であり、②強力で広く行き渡った永続的な気風と動機を人々の中に確立させるべく作用する。この目的達成の手段として、③一般的な存在秩序についてのさまざまな概念を作り出し、かつ④真実めいた雰囲気をこれらの概念に纏わせる。そのため⑤そのような気風と動機が比類なく現実的に見える。

武士道をギアツの宗教定義にあてはめる前に、第一章では、それぞれの時代における武士のエトスの時代背景や、平安時代後期に始まり鎌倉、戦国を経て江戸時代に至るまでの特徴を簡潔に概観する。これによって、各時代における特徴のみならず、武士のエトスが何世紀もの間にどのように発展し、変化していったかという変遷過程を、全体的に見ることができると考えている。

第二章は、武士社会の「象徴体系」において「名誉」を中心概念として捉え、武士特有の観念の構造を詳しく考察する。武士は、「名誉」をその独特な文化様式と集団的アイデンティティーを基盤に、武士社会のみの約束ごと（ルール）を作り上げた。世襲制の社会身分としての武士の興隆に伴い、「名誉」は武家の主権を反映する指標と考えられるようになり、軍事的感性や戦闘能力（強さ）とも密接に関連づけられている。「名誉」に基づいた象徴体系についての説にしたがうと、力強く、深く染み込んだ、長く持続する心構えと動機を、武士の中に固定させるべく作用したことが明らかになる。

第三章では、ギアツの宗教定義に適用し、武士の「気風」と「動機」を解明する。その後、時代によって様相を異にする武士の「気風」や「動機」から、主従制度との関係を概観する。次に、武士文化における武力・暴力の役割を取り上げ、「気風」や「動機」が他人や自己に対する武力行為の中で、どのように現れているかについて検討する。

第四章においては、武士の行動を規定した「名誉」に基づく「仮想共同社会」（武士世間）を検討することによって、武士の秩序体制とはどのようなものであったかを考察する。また、「名誉」にかかわる問題として、大名と幕府が喧嘩両成敗の規定や、その他の規制策を取り入れるというような、それまでの文化的規範が脅かされた時に何が起こったかということも検討する。「武士世間」における秩序体制が、平和な江戸時代の到来によって抜本的な再構築を迫られることになり、武士を今後社会の中でどのように位置づけるのかという自己規定の模索という観点から見れば、この時代はさまざまな意味において武士にとって大きな転換期であった。

第五章では、武力行使の権利と能力がほとんど武士によって独占され、生死にかかわる問題を武士が思案していたことが、彼らを庶民とは区別された存在にしていた。武士は戦闘に加わる可能性を常に持っていたため、少なくとも武術修練の過程で人を殺す訓練を（死ぬ訓練も）絶えず慣習的に行っており、武士という職分（武職）の「真実性」を強化する働きをしていた。武士の生死にかかわる問題に集中することによって、武士の存在を正当化する働きをした。この章では、いかに武芸に精進し戦闘に加わることによって武士に比類のない独特な感覚を身につけさせ、武士の生存に必要な「気風」と「動機」を現実のものにしていったかを論証する。

ここまでの私の論を纏めると、「武士道」とは主として名誉の概念に基づく象徴の体系であった。このような象徴は、強力で広く行き渡った永続的な「気風」と「動機」を武士の中に確立すべく作用し、名利の追求、主従関係、生死超越などのような「気風」や「動機」は「武士世間」の一般的な存在秩序についてのさまざまな概念を作り出した。さらにこのような「気風」と「動機」が現実的に見えるような真実めいた雰囲気を纏わされた。武士は職業戦闘者であり、平時においてもこの身分を維持し続け、武術は武士特有の考え方や心的態度を涵養していった。そのような過程の中で、武士は生死の問題や存在の意味について真剣に考えるようになり、庶民社会とかけ離れたもう一つの「現実」を体験した。

このように、ギアツの宗教定義を用いることによって、武士とその文化・気質・心性・動機を分かりやすく描くことができる。そうすることによって、明治時代以降の「武士文化活用」と、現在一般的に考えられている「武士道」の解釈とを対比することができる。

続いて第六章では、武士道史において重要な研究課題である、明治時代の武士身分廃止以降の「武士道」への関心のあり方を、「再発明」への過程の中から検討してみる。具体的には武士身分廃止の過程と、士族が直面した諸問題を取り上げて、ほとんど絶滅状態であった伝統武術が、「撃剣興行」という形で士族に職を与えるために復活した過程について考察する。

撃剣興行の開催で、武士の文化である武術にほとんど携わったことがない平民でも、日本中で武術を見ることができるようになった。そのお陰で伝統武術は近代に生き残り、さらに自由民権運動においても武術が士気を養うために重要な役割を果たしたり、平民が見るだけではなく実際に体験できるようになった。その後伝統武術の良さが見直され、明治後期の、大日本武徳会結成と武術の教育現場への導入などが、芽生えつつあった国家主義的思想を補強する重要な道具となっていった。このような武士文化の一般化によって、平民でも誉れ高く誇るべき武士文化の後継者たり得るという、国民的団結力を強める道具として利用されるようになった。

最後の第七章では「明治武士道」の「発明」の時代背景を明らかにする。武士の象徴体系であった名誉文化は、明治維新後にも形を変え、さらに発達した。すなわち、武士の名誉文化は身分崩壊後にも残ったが、具体的に組織化された形ではなく、象徴的表現で残された。明治維新後は、西周、山縣有朋、井上哲次郎、新渡戸稲造など、多くの学者や政府の役人による武士文化の再解釈や、それを巧みに操ろうという組織的または非組織的な試みが目立つようになった。このような武士の伝統文化を利用・改造するという試みは、例えば、明治後期の国民道徳観及び国家主義的な結束を強めるための運動などで見られた。第七章では、武士の象徴性の普及状況をたどりながら、身分制崩壊後の武士思想の再解釈を考察する。

1 元木泰雄『武士の成立』一頁
2 佐伯真一『戦場の精神史：武士道の幻影』一九二頁

3　藤原正彦『国家の品格』一一六頁
4　山地征典「武士の思想についての若干の考察―二つの心法論」身体運動文化学会（編）『武と知の新しい地平』九六頁
5　相良亨『甲陽軍鑑・五輪書・葉隠集』（『日本の思想　第九巻』）四頁
6　日本武道館『第一回国際武道文化セミナーレポート』（一九八九）四〇頁
7　古川哲史『武士道の思想とその周辺』三頁
8　菅野覚明『武士道の逆襲』一八頁
9　同右
10　G. Cameron Hurst III, "Death, honor, and loyalty: The Bushido Ideal", *Philosophy East & West* Vol. 40, October 1990, p. 515
11　Basil Hall Chamberlain, *The Invention of a New Religion*
12　内村鑑三『内村鑑三全集　第二二巻』一六一頁
13　家永三郎『家永三郎集　第四巻』一六五頁
14　G. Cameron Hurst III, 前掲書, p. 513
15　平泉澄『武士道の復活』六頁
16　菅野覚明、前掲書、一四頁
17　同右、一六～一七頁
18　井上哲次郎（編）『武士道全書　第一二巻』三三三頁
19　大橋健二『救国「武士道」案内』四～五頁
20　Clifford Geertz, *The Interpretation of Cultures*, p. 90

第一章　武士エトスの系譜

この章では、平安時代後期から江戸時代に至るまでのそれぞれの時代における武士のエトスの特徴を簡潔に概観する。これによって、各時代における特徴のみならず、武士のエトスが何世紀もの間にどのように発展し変化していったかという変遷過程を全体的に見ることもできる。

一　歴史上見られる武士エトスのさまざまな名称

一般に武士の理想的な「あり方」の意味を持つ言葉は、「世襲武人」である武士が誕生して以来、少しずつ変化しながら形成された。古賀斌が『武士道論考』で、「『兵の道』と呼ばれ『弓箭の道』と称せられ、或は『弓矢の道』『弓馬の道』となり『軍の道』とかわり、『武者道』『侍道』となり、武道（武の道）とも又『士道』とも或は『武教』とも、そして『武士道』とも称せられる」ものになったと述べている。[1]「道」という字から「道義的精神」に相当すると考えがちであるが、必ずしもそうとは限らない。要するに、早期の武士の「道」というものは、何より武士としての覚悟と、理想である「強い」武士になるために必要な生き方を意味していた。

佐伯真一が主張しているように、平安時代から鎌倉時代までの「兵の道」「弓馬の道」のような言葉は、「武士らしい能力や習慣、ないしは生き方全般に広く関わる言葉であって、特に倫理・道徳を意味したわけではなかった」と述べ、「〜の習ひ」という「道」がついていない用語などと同様であったとしている。[2]つまり、江戸時代以前に書かれた多くの軍記物語や、武士の生き方に関する文献に出てくる「〜道」という用語は、道徳的というより戦闘者としての実戦的な「あり方」を指している。

また、「〜道」という用語がさまざまな文献で使われていても、時代によってニュアンスと解釈が変化している。武士のあり方を意味する呼称が、戦時の特性を表すものから平時のニュアンスまで、同じ語でもいくつか違う意味がある。すなわち、武士の生き方を指す名称や本来の「武士道」という言葉は、戦《いくさ》の経験から生まれ、どちらかというと実戦的でハードな意味を持つのに対して、江戸中期以降になると実戦経験をしている者がいなくなり、意味も徐々にソフトになり、「武」より「文」的要素が強調されるようになった。

さらに時代が下がると、時計の振り子のようにソフトな新渡戸稲造の武士道論（キリスト教的な道徳を強調する）が現れ、また明治後期にはナショナリズムを扇動するプロパガンダの道具として、「武士道」は再解釈された。そして最終的に、軍国主義的なハードなニュアンスに戻り、第二次世界大戦では国家・天皇のために自己を犠牲にする気質を養うような、非常に実戦的な考え方が強調されるに至った。現在「武士道」は、日本人の道徳の真髄として美化されたソフトなイメージが流行しているが、本来の武士の「道」というのは、恐ろしい実戦から生まれた生き残るための業として、「強さ」と「名利」の追求に由来することを忘れてはならない。

武士の心性を指す言葉の変化について古賀斌は、「武士道の名称が普遍化せられていた時代に於いても、中世以来のこれら雑多の称呼は各人各様に使用せられていた」としている。(3) 古賀の図表をもとに、いわゆる武士エトスを指す呼称を表にまとめてみた。(4)

「武士倫理」称呼一覧表

名称	文献名
ますらを	『古事記』
もののふ	『万葉集』
兵の道	『今昔物語』『宇治拾遺物語』『水鏡』『保元物語』『北条早雲二十一箇条』『武家諸法度』
弓矢とる身の習	『平家物語』
坂東武者の習	『平家物語』『保元物語』『平治物語』『源平盛衰記』
武者の習	『平家物語』『保元物語』『平治物語』
常の習	『太平記』
弓箭の道	『十訓抄』『竹崎五郎絵詞』『紳書』『岩淵夜話』『小早川式部物語』『豊薩軍記』『今昔物語』『松隣夜話』『豊内記』
弓矢の道	『太平記』『平家物語』『源平盛衰記』『塩尻』『明徳記』『鎌倉大草紙』『応仁略記』『小早川式部物語』『岩淵夜話』『今昔物語』『紳書』『十訓抄』『竹崎五郎絵詞』
弓馬道	『吾妻鏡』『北条早雲二十一箇条』『武家諸法度』
武者道	『信長公記』
武辺の道	『葉隠』『翁問答』
男道	『甲陽軍鑑』『葉隠』『武道初心集』
侍道	『可笑記』『浮世物語』『本多忠勝家訓』
当道	『義貞記』
武道	『甲陽軍鑑』『後太平記』『平治物語』『戸田氏鉄訓』『武辺咄聞書』『北条五代記』『明良洪範』『肝要工夫禄』『退食間話』『武人訓』『武備小学』『明訓一班抄』『告志編』『集義外書』『信長記』『武人訓』『告志編』
武教・武治	『武治提要』
武之道	『飛騨国治乱記』
士之道	『山鹿語類』『明良洪範』『資治答要』『武教小学』『武人訓』『酒井忠進家訓』『細川勝元記』
士道	『山鹿語類』『士道要論』『武治提要』『兵要録』『武人訓』『告志編』『可笑記』『浮世物語』『本田忠勝家訓』
武士の道	『風雅集』『今川記』『常山紀談』『岩淵夜話』『備前老人物語』『虚名家記』『菊地伝記』『武訓』『飛騨国治乱記』『松のさかえ』『武士訓』『武学啓蒙』『武教講教』
武士道	『加藤清正七箇条』『甲陽軍鑑』『武功雑記』『明良洪範』『備前老人物語』『太平策』『鳥居元忠遺書』『板倉重矩遺書』『松のさかえ』『葉隠』『武道初心集』『武学啓蒙』『尚武論』『士道要論』『明訓一班抄』『武教講禄』

（古賀斌著『武士道論考』五九～六五頁の図表をもとに作成）

二　平安・鎌倉時代における武士の全体管理

武士団が成立して具体的なプロセスに関する諸説はある。十一世紀後半の「前九年の役」や「後三年の役」などでは、武士が自分の身を捨てて戦い、名誉を得て「家も所領をも保全しうる」ことが、[5]武士の最も重要な存在理由であった。また、院政期の皇位をめぐる対立は保元・平治の乱の遠因となり、天皇家・摂関家・源平両氏の各グループが争ったこの両乱の結果、天下は武家政権のものになった。[6]

この武家時代初期においてどのような理想・思想があったのか。それは、いわゆる「坂東武者の習」を背景として形成されてきた、「弓矢とる身の習」という武士の特有な習慣・生き方である。

古川哲史は『日本倫理思想史概説』の中で、武士の特有な生き方について、次のような例を挙げている。

- 「弓箭に携はるの習は、横心無きを以て本意と為す」(『吾妻鏡』)
- 「坂東武者の習、大将軍の前にては、親死に子撃たるれども顧ず、弥が上に死に重って戦ふとぞ聞く」(『保元物語』)
- 「坂東武者の習として、父死れ共子顧ず、子討れども親退ず、乗越々々敵に組で、勝負するこそ軍の法よ」(『源平盛衰記』)
- 「就中弓箭馬上に携る習ひ二心あるを以て恥とす」(『平家物語』)
- 「拒ぎ奉らんとすれば年比いわう山王に首を傾けて候ふ身が今日より後永く弓矢の道に別れ候ひなんず」(『平家物語』)

さらに古川は、「『弓箭に携はるの習』『坂東武者の習』『弓箭馬上に携る習ひ』『弓矢の道』などとも表現されていて、後世のごとく『武士道』と呼ばれている例は一つも見出されない」としている。(7)

つまり、鎌倉時代の武士団において、心構えとして形成されたものが「弓矢取る道」とか、「坂東武者の習」、または「常の習ひ」などといわれるのが一般的であった。その特徴として、例えば『保元物語』に書いてあるように、「親死に子討るれど顧みず、弥が上にも死に重なつて戦ふ」や、「いのちなおしみそ、名をおしめ」(8)があり、戦いの勝敗や己の生命よりも「名」を惜しみ、「恥」を重んずる思想が形成されてきた。しかし、彼らは戦闘のプロフェッショナルであったので、「名」と共に「利」をも求めた。軍記物語に、「弓矢取身は名こそ惜けれ」のような文句が高頻度に使われているが、(9)「強さ」の発揮によって得られる「名」があってこそ「利」が伴うと理解できる。それでも、打算的な性格より、軍記物語の重要なテーマは、家臣と主君の間の強い絆であった。例えば次の『陸奥話記』から、戦《いくさ》で命を懸ける戦士と、その主君の間に結ばれる強烈な感情が窺える。

将軍、営に還り、且つ士卒を饗し、且つ甲兵を整ふ。親ら軍中を廻り、疵傷者を療す。戦士感激し、皆言ふ、「意は恩のために使はれ、命は義に依って軽し。今将軍の為に死すと雖も恨みず。彼の鬚を焼き膿みを嗅りしも、何ぞ之に加ふるを得ん」と。(10)

この時代のいわゆる「忠」は、主君のために命をかけて戦うことを約束し、実戦から生じる独特な絆であった。中世の主従関係について、武士の倫理を深く研究した、和辻哲郎の「献身論説」を紹介しておくと、和辻は「坂東武者の習」に関して「献身の道徳」という武士のユニークで強烈な絶対的価値を持つとしている。(11)我を捨て主君と一緒に死ぬことは美徳であると考え、主君・家臣の主従関係は情の絆によって結ばれていた。和辻は、「献身の道徳」を核心とする情誼的な主従関係は「武士としては完全な振舞ひ方」であるとし、特にそれが機能するのは戦場で手柄を挙げ、その結果として「名」を得られる。[12]つまり、武士は「『弓箭の面目』（＝『名』）を重んじ、恥を知る『名』に殉じた」といえる。[13]

和辻の「献身の道徳」に対して、家永三郎は主従関係を御恩と奉公の双務契約関係だと解釈している。つまり、主君と家臣が共に義務づけられた関係にあるため、従者の側からすれば奉公の代わりに、物質的なメリットである「御恩」を獲得することが重要な要素であった。

武士はその配下と主従の契約を結び、主君は従者にたいし、土地に関する権利その他を承認するか、または新しく与え、かつこれを保護するという「御恩」を給付する一方、従者は主君にたいし、平時および戦時に、経済的または軍事的に忠勤を尽くすという「奉公」をささげるのである。[14]

しかし以上の説に対して、現在では佐藤進一による家人・家来（家礼）の二元構成説と、上横手雅敬が唱えた、家人を下級武士の従属たる隷属と上級武士に見られる献身に区分した説が、通説となっている。[15]佐藤は、双務・片務のどちらかに本質を見出そうというよりも、主従関係には両方の要素が存在していると指摘している。また佐藤は、「一般に、争乱場裡に形成された主従誓約が、平和の到来とともに、なにがしかの弛緩を免れないのはみやすい道理である」ともいっている。[16]上横手は、主従関係の双務性・片務性の決定は、封建制の成熟度に還元されるのではなく、「具体的な主従関係のあり方は、極めて多様であり、一概に限定できない」とし、基本的な主従関係として①将軍（棟梁）—御家人、②同族たる御家人間、③御家人—郎党の三つを設定した。[17]

確かに、十三～十四世紀に書かれた軍記物語—『保元物語』『平治物語』『平家物語』—などに見られる、「忠」

を強調する武士のエトスについては、「主君への献身が手段としてではなく、それ自体が目的であるとする武士の在り方の理想が語られ、そこに読者も共感する」と、小澤富夫が指摘しているが[18]、現実問題として約束を破って主君を裏切るような行動をし、「理想」に従わない武士の例はいくらでも見つけられるため、形に多様性があると同時に多くの場合は不安定な関係であった。

三　思想の成文化

次に、鎌倉時代の基本法典であった「御成敗式目」と、北条重時が子孫のために書き残した最古の武家家訓といわれる『北条重時家訓』を見ていくことにする。

まず、将軍を武士社会の頂点とする全国的な武家の主従関係を法制化した「御成敗式目」は、承久の乱において鎌倉方が勝利を得た後に定められ、将軍を天皇の臣下かつ武家の棟梁と位置づけた。幕府が安定期を迎えた頃に定められた「道理」という概念（「道義に生きる徳治仁政の思想[19]」）を基盤とする「式目」は、「乱後の土地所有をめぐる複雑な訴訟の公平な裁断という精神のもとで、『私なき道理』に基づく政治に徹するために武家政治における成文法をおこなった」と、小澤が指摘している[20]。

「御成敗式目」は、武士の日常生活と経験の中から生じ、「公家法と武家法の明確な区別」は武士の主体性と志向を表していた[21]。そして、武士を公家法から独立させ、武士社会のみのルールを作ることによって、自分たちの独特な文化様式を作り上げることができた。「御成敗式目」は五十一カ条から成り（後年に追加あり）、特に重要条文は第七条（不易の法）と第八条（知行年紀法）で、両条とも御家人の所領知行権を守り、将軍と御家人の主従関係を強化する役割を果たした。

例えば、恩地の売買は厳しく禁じられた。なぜなら、恩地は幕府から御家人に与えられた奉公の土地であり、「御恩」がある限り戦時においては幕府の軍として協力し、平時においても大番役をする義務があるが、御家人たちが恩地を手放すとその義務は薄くなるからである。上横手が指摘するように、「御家人役が奉仕されないことは、幕府の基礎を軍事的にも経済的にも脅かすものであるから、幕府は恩地の売買を禁じて御家人領の減少を防いだ」のである。[22]「御成敗式目」の制定は、小澤が「主従道徳を超えた、新しい道理による正義と公平無私の実現を目指している」[23]としているように、武士の振る舞いに対して大きな影響を与えたに違いない。

『極楽寺殿御消息』の例

次に、幕府によって公布された法とは異なる、日常生活における守るべき常識として記された「家訓」をいくつか紹介する。

まず『北条重時家訓』には、『六波羅殿御家訓』と『極楽寺殿御消息』の二訓が残され、前者は重時が六波羅探題の任期中、後者は出家後に書き残したものである。『六波羅殿御家訓』より『御消息』の方が、より人生経験から得た教訓を内包しており、「仏神を朝夕あがめ申、こころにかけたてまつるべし」[24]という一条からも分かるように、仏教の影響が強い。そして主君の理想像、家臣の遇し方や人間関係に関わる正しい振る舞い方などの説明が分かりやすく書かれていて、武士は正直かつ謙虚で、世間の目に注意を払うべきだ、としている。

近藤齋によると、「家訓には日常生活の凡ゆる場合、すなわち酒席における座席の取り方、献酬、酒掃応対、往来での作法」など、「細々と注意している」と家訓について述べている。[25]

つまり、武士はただ素朴で野卑な存在ではなく、人間関係の調和を保つに当たって、必要な互恵的ルールを作り上げるということを強調する次の一条もある。

一　たはぶれなればとて、人のなんをいふべからず。我はたはぶれにおもへども、人ははづかしきにより、あやまちあるべし。たはぶれにも、人のうれしむ事をの給ふべし。よろづにはゞかり、なさけふかゝるべし。[26]

次の例は酒席における行動も世間の評判に大きく影響するので、常に注意が必要である、との一条である。

一　人にゐぐみたらん所にては、肴菓ていのあらんには、我もとるやうに振舞とも、とりはづしたる様にて、人におほくとらすべし。又それも人にみゆるやうにはあるべからず。[27]

また、常に自分の外見に気をつけ、どのような身分の人といても目立たないように注意を払う必要もあった。

一　いでたち給べき事、いかなる人にも、さのみきたなまれず、又いやしきにもまじはりよき程に出たち給ふべし。見ぐるしき人の中にて、返々いみじきいでたちあるべからず。心ある人のわろかろにて候也。[28]

主君への絶対的な献身と「公平無私」の精神を強調しているのが、鎌倉武士の代表的なエトスであった。しかし、このような教訓を書き残す必要があったということは、多くの場合家訓の世界は現実ではなく、単なる理想に過ぎなかったと推測できる。家訓は、日常生活を安定・維持するために、武士のエトスと理想像を意識的に成文化しようという試みであった。

四　室町時代の武士――「文武両道」

以上述べたような「道理」の重視と、主従関係の理想的なあり方は、鎌倉期以降の武士倫理の発展に大きな影響を与えたが、室町幕府が成立する十四世紀前期になると、武士のエトスにさらに変化が見られるようになった。足利将軍は、政権を支える守護大名の勢力を背景に頂点に君臨していたが、家柄は他の武将と同等であったため、非常にその地位は不安定であった。不安定な自分の権威を家社会、また武士社会にも安定させなければならない状況の中で、「建武式目」という答申書を作成し、「政道」の理想について書き示した。[29]

鎌倉時代の「御成敗式目」は、現実主義的な内容に対し、十七カ条から成る「建武式目」は、故実と礼儀作法の重要性を強調し、質素や正義を重んじ、公家、僧などの身分の者が、下の者に対する接し方などが記されている。故実を大きく分ければ、「武術関係」(弓、馬術など)と、「生活全般」に関わるものの二つに分けることができる。

平安時代には、有職故実を専門的に扱った家が存在していたが、鎌倉時代以降は、公家を意識しながら武家用の独特な故実を扱った家も成り立っていた。特に、足利義満以後、数多くの故実書の出現を見ることができる。

二木謙一によると、室町時代から武士の社会的地位が向上するにつれ、秩序を保つために「身に応じた儀礼習得の必要を感じ(30)」、小笠原流のような武家故実を専門として扱い、武士世間における行動のルール・行為規範を定めたのである。また、「室町期武家社会に発達した儀礼・故実書の後世の武士道説に与えた影響も大きかった」としている(31)。

鎌倉時代の武士社会は、京都の公家と距離的にも文化的にも隔たりがあったが、室町時代の武士社会は、公家社会と混淆する面が多く、公家に対するコンプレックスによるものとまではいわないまでも、政治的権威を武力によって保持しながら、公家文化と同様の洗練性を求めた。室町の武士思想が描かれている書物には、下級武士より上級武士を対象とするものが多く、特徴として「文武両道」の重要性が明確に示されている。

『等持院殿御遺書』の例

室町幕府の概要を語る代表的な書物に足利尊氏の『等持院殿御遺書』と、斯波義将の『竹馬抄』、そして今川了俊の『今川状』(今川了俊対愚息仲秋制詞条々)がある。まず、『等持院殿御遺書』を見ていこう。

第七条に、尊氏が武士としての役割を明確に書いている。

一　君ト臣ト将ト士卒ト一躰分身也。全別体非。喩将身躰、士卒ハ手足也。君ハ心也。四肢病則バ躰苦。躰疼ム時心苦。何別体トセンヤ。四肢モ体モ心ヨリ使。下万民モ君随。爰ヲ以尊レ上下ヲ手足ノ如ク痛ハリ可レ給事也。大将士卒ト好悪ヲ同シ、寒暑労苦安危ヲ共する是也。[32]

尊氏は、君臣は一心同体であると主張し、第十二条で「国家ノ盛衰ハ武ヲ不レ忘事、唯此法ニアリ[33]」と記して、武士の権威を正当化し、第十三条では理想的な武士像を示し、「武」だけではなく「文」の重要性を強調している。

一　文武両道ハ如二車輪一。一輪欠ル則バ不レ度レ人。然モ戦場ニテ文者ハ無レ功者也。爰ヲ以〔文ハ〕治ノ元テ太平用、武ハ乱国用ユト云事可レ知。殊国ヲ治ル人ハ文携、小身〆五兵携ル者、文学ハ可レ無レ益。儒学ハ至高理至ル者千一ナシ。故ニ還テ佞人トナル者多シ。可レ有二心得一事。[34]

このように、「文」と「武」のバランスを求めることの理由として、古代中国の思想を挙げている。つまり、「文武両道」は決して十四世紀に作られたコンセプトではなく、これ以降の武士に関する文献で主なテーマとしてたびたび見られるようになった。「文武両道」は、室町時代には上級武士の思想として挙げられていたに過ぎなかったが、江戸時代になると、武士全体の思想として儒学者によって積極的に普及した。

また『等持院殿御遺書』に、「一　御内、外様ノ武士、新古譜代ヲ択ビ、賞功明行、大身ハ親厚、少身ハ貧ヲ助、情ヲ以テ愛シ、必小科大罪行事ナカレ。安危ヲ共ニスベキ事[35]」という一条で分かるように、当時の支配層は、子孫が効果的に国を支配できるように、「武」と「文」のバランスを保ち、庶民に対する愛情を持つことを望んでいた。

文と武のバランスをとるとは、身体的に強くあることと同時に、繊細であって他人に対して慈悲をかけ、余裕の気持ちを持つことを意味している。繊細であるということは、観察力と分別のあることを意味し、不安な社会にあって身体が強いだけではなく、このような思慮を有しない者は非常に不利な存在であった。

『竹馬抄』の例

次に、『竹馬抄』を見ていくことにする。吉田豊が指摘したように、『竹馬抄』は「倫理道徳の上では武家の、趣味好尚の面では公家の、双方の価値観が仲よく共存している[36]」。斯波義将が子孫のために弘和三年（一三八三）に著した、序文と十カ条から成る中世武家の教訓書で、自己修養と心を正すことを明記している。

次の文書は、繊細な心の重要性を強調している。

色を好み、花を心にかけたる人なりとも、心をばうるはしくまことしくもちて、そのうへに色花そふべき。男女の中だにも実なきは、志の色なきまゝに、なくばかりのことまれにこそ侍れ[37]。

行儀作法、神仏に対する崇拝と儀礼、学芸の道、親孝行、奉公など、子孫のために丁寧に説明している。また、「従来の武士固有の道徳意識を越えた新しい教養ある武士のあるべき姿[38]」を窺える、と小澤は指摘している。「まづ弓箭とりといふは、わが身のことは申すにおよばず、子孫の名をおもひて振舞ひべき也。かぎりある命をおしみて、永代うき名をとるべからず[39]」とあるように、当然武士としての「武」の大切さ、つまり武力行使能力は戦士たる武士社会で最も基本的な要素であり、家の繁栄、もしくは不安定な世を生き抜くことがその「強さ」に左右される。

これらの教訓は、武士を教化しようという一貫した姿勢を示しており、それは子孫が賢明かつ効果的に支配できるために養わなければならない精神的・文化的技能を強調している。『竹馬抄』の「よき弓とりと仏法者とは、用心おなじことゝぞ申める[40]」のように、たびたび「心のまこと」「心の鋭」「用心」という表現を用い、精神を高める必要性を強調している。この「用心」は前述の観察力に相当し、戦時において敵を観察してから有効な行動をとることが勝利に結びついている。よって、戦時においては盲目の武勇ではなく、観察の上で有効な判断をすることが生き残りの鍵である。日常生活においても同じ観察力を、例えば芸術品の鑑賞などによって、何より細かいことを見逃さない能力を養うことが必要不可欠であった。

菅野覚明によると、理想的な武士はこの観察力をどんな状況でも活かし、人生の機微などに触れた時に「もののあわれ」をしみじみと感じとった、と述べている。このような繊細な心（美意識）を持つことは、「強さ」との表裏一体であり、また慈悲と人の心を読み解く能力に結びつくため、両方が備わっていないと本当の強さが表れないのである[42]。

次の一条が示すように、「強い」武士であるために、人の心を読み取る能力が求められた。

ことさら弓箭とる人は、我心をしづかにして、人のこゝろの底をはかりしりぬれば、第一兵法とも申侍べし[42]。

『今川状』の例

最後に取り上げるのは今川了俊が著した『今川状』で、道徳的要素が多く含まれている。前半は領主としての心構えに関する二十一カ条の教訓から成り、後半はその解説文が書かれている。第一条の「文道を知らずば、武道終に勝利を得ざる事」で示されるように、「文武両道」を基本概念としている。ここには、仏教や儒教の影響がはっきり見受けられ、「儒教的な徳治主義と、仏教的な因果思想と、現実的な富国強兵主義とが、たくみに融合されているところに、教材としての重宝さが認められた」と考えられる。(43) 現に、江戸時代になると『今川状』『今川壁書』『今川手集』という書名で盛んに発行され、武士教育にとって重要な教科書として使われた。

少し長い文書であるが、室町武士の理想とする心構えと教養がよく分かるので、ここでは後文から引用する。

弓馬合戦を嗜む事は、武士之道珍しからざる間、専ら執行せらる可き義第一也。先《まず》国を守る可き事、学文無くして政道成らざる旨、四書五経其外軍書に顕然也。幼少の時、道正しき輩と相伴い、仮初にも悪友に随順すること之れ有る可からず。水は方円の器に随い、人は善悪の朋に依る。実哉。是を以て国を治むるの守護は賢人を愛し、民を貪るの国司は佞人を好むの由、申伝うる也。君の心を知らんと欲せば、其君愛するの輩を観る、其れを以て之れ有り。誠に其恥を知る可き也。己に勝る友を好み、我に劣るを好まざるは善人の賢心也。但し斯の如く意得、強く人を撰ぶこと勿れ。是は悪友を愛す可からずの謂也。一国一郡を護る身に限らず、衆人の愛敬無くしては、諸道の成就難し。第一武士の家に生れ、合戦を嫌ひて心に懸けざる侍、寄人に数えざる由、名将の多く誡置かるゝ也。(44)

応仁の大乱の勃発により日本は下剋上の時代を迎え、強くて実力のある武将は天下を奪うことが可能な、非常に不安定な戦国時代であった。つまり、小澤がいうように「従来の家柄格式などの伝統的権威も否定され、武家故実による上下秩序も崩壊を始め武力による制覇が進展した」のである。[45] このような混乱期にあった武士が、どのような知識を持って生きようとしていたかを検討するには、武田信玄の人生哲学が描かれている『甲陽軍鑑』が参考になる。

五　『甲陽軍鑑』の実戦的武士道

相良亨が指摘しているように『甲陽軍鑑』は、「戦国時代に形成された道義的観念を集成したもの[46]」として非常に注目に値する書物である。戦国時代のような厳しい社会において、武士は常に死に直面していたため、しぶとさやしたたかさを持ち合わせていなければ、生き残れなかった時代であった。生き残って子々孫々まで栄えていくために歩んでいく道としては、「男道」や「武辺の道」などと呼ばれるものがあり、それぞれの家が断絶しないための教訓が『甲陽軍鑑』に書き残されている。この時代に主従関係と「忠」を重要視している書物の多さは、人間関係が安定していなかったことを如実に示している。そこで、武田信玄は「甲州法度之次第」を制定し、寄親・寄子の家臣統制を行い、戦時でも平時でも武士が倫理道徳を身につける体制をつくった。

『甲陽軍鑑』の著者といわれる高坂弾正昌信は、豊かな農家に生まれ、十六歳で武田信玄の摩下に入った。[47]『甲陽軍鑑』を著した主な動機は文面から推察すると、武田家滅亡に対する嘆きのように感じられる。そのため、武田信玄を理想とする武士像を描きつつ、家を滅亡させた歴史上の人物や、信玄の息子の勝頼とを比較している。江戸時代以前から『甲陽軍鑑』は書き始められ、江戸初期から甲州流軍学者であった小幡影憲によって纂輯されたといわれ、寛延三年（一七五〇）までに二十版を重ねるまでに人気があった。(48) 影憲とその弟子たちの名声による影響もあって、戦国武士の気質を表すものとして広く読まれ、「武士道」の研究においても重要な参考書として認められ、『甲陽軍鑑』が初めて「武士道」という言葉を使った書物である。

歴史的に誤りが多いという批判があるにもかかわらず、実戦から生まれた教訓に溢れ、「武士道」の探求に大きな影響を及ぼしたことは疑えない。例えば、『葉隠』や『武道初心集』など、その後に書かれた武士道に関する書物に『甲陽軍鑑』の影響が見られることからも、それは窺える。

「ありのまま」の精神

『甲陽軍鑑』の中での武士道は、誠実な態度や死を恐れないことなどが武士に必要な資質だとされている。特に、他人に対する誠実で率直な態度が重要な美徳だと主張している。『甲陽軍鑑』では、「心操《こころばせ》」とも表現しているが、相良はこの態度を「ありのままの精神」と呼んでいる。相良によると、「ありのまま」を重んじる武士は、嘘や言い訳をしない「ひたすら自己をみがき上げるが、自分の行為した事実そのままを自己として人の前に立つ」としている。(49)

次の例は、「有様」について触れている。

若、此ほぐ落ちり、他国の人の見給て、わがいへの仏たつとし」と存様ニかくならば、武士の道にてさらに有まじ。弓矢之儀ハ、たゞ、てき・身方ともに、かざりなく、有様《ありやう》に申置こそ武道なれ。かざるハ女人、或ハ町人のさほうなり。一事をかざれバ、万事のまことはみな偽なり。(50)

正直・率直・誠実でなければならないという必要性は、「甲州法度之次第」の第五十五条にも見られる。

一　晴信、行儀其の外の法度以下に於いて、旨趣相違の事あらば、貴賤を撰ばず、目安を以て申すべし。時宜に依って、其の覚悟すべきものなり。(51)

このように「ありのまま」の精神（有様）というのは、普通の武士に必要な資質というだけではなく、主君など上に立つ者にも非常に重要なものであった。『甲陽軍鑑』の中で主張されている「ありのまま」は、死を覚悟して率直な意見がいえる家臣と、それを素直に聞き入れる主君のことである。常に死を覚悟する武士は、戦いなどで見栄を張る行為や、町人のように利益を第一にする資質は、何の役にも立たないとしている。実戦の時に必要な資質は、命を懸け死ぬことを恐れない心持ちだからである。

其下の侍、大少・上下共に、念をつかい、儀をまつたうする故、ぢやよくなふして、わたくしなるいじなければ、善悪のさた、敵・味方の事成共、有やうに、申しごとは一ツも、しゆびちがわざるやうニと、こゝろがくるにつき、侍衆、大少共に、おつどなる事まれなり。(52)

武士の主要目的に、誠実で率直な態度を持つことと、手柄を立てることがあった。つつましやかな成功は、自慢ばかりの主張より大切とし、分別と実力のある謙虚な武士を褒め称えた。

かくのごとくの賢人ハ、手がらなしといふても、よき事二度も三度もあるべし。其外、五度六度てがらをいたしても、賢人なるいじにて、我が心にまづとうぶんにおもハねば、我と我が身をせんさく仕り、「是ハほまれにてあるまじ」とみがきたて丶申さる（後略）[53]。

バランスの重要性

武将にとっては率直な人間が好ましいが、それも度が過ぎると困る場合もある。次に、『甲陽軍鑑』で強調されている「バランス」の重要性について検討する。団体意識と個人意識の衝突によるジレンマは、「武士道」のような倫理体系の中では必然的な結果といってもよい。この対立的感情を両立させるために弾正は、極端に走らないように、と忠告した。つまり、現代風にいうと、「バランスを取ること」が最も重要なことだとしている。もちろん戦国武士にとって、武術を磨くことが一番大切な義務であり、理想的な武士はあらゆる特技も持つべきだと『甲陽軍鑑』は指摘している。つまり、「文武両道」である。

必、能大将の下にては、侍衆まづ第一ハ、大少共に慇懃をおもてにする。たといそ丶けたるやうにても、しんなり。いやしきことを申ス躰にてもきやしや也。げいなきやうにても、身のなふ有り。馬を乗、弓をい、兵法をつかひ、鉄砲をうち、乱舞をも存知、花をたて、しつけがたなにゝもそれぞれにはぢをかゝず。[54]

このように、戦場での武士の気質は野卑でなければならないといいながら、他方では、武士の資質として洗練と上品を要求している。しかし、能楽や花などが武士の教育に大事な役目を果たすようになってきたが、弾正はこうした活動の励み過ぎに対しても注意を喚起している。

また、バランスを維持することと極端を戒める例として、「犛午之巻《みょうごのまき》」に描かれている「利根《りこん》のすぎたる大将」や「強すぎたる大将」のように大将を取り上げて、それぞれが自己の欠点が分からないため、ついに家や国の滅亡にまで至るとしている。ポイントは、「し過ぎ」ではいけないということである。連歌などの芸の嗜み過ぎは武士や大将の学問のし過ぎなども危険だと主張している。ここでいわれる「強すぎたる大将」は、武辺に優れてたびたび勝利を得るため、普通は理想的だと考えられそうだが、強過ぎてもいけないと注意している。つまり、強くてもバランスがとれていないと、それこそが弱点だということである。

例えば、「強すぎたる大将」は臣下に対して次のような悪影響を与えると書いてある。

殊更、つよすぎたる大将の〔作法ハ〕ゑんりよもせず、なに事をもつよみとばかりあそばすにつき、そのしたの諸侍、ゑんりよもなく、少のこぜりあひにも、うちじにの人おほし。右に申す百人の中にて、上中下合て廾人のつわもの、みなしにうする。子細は、数人の内よりえらみいだされたる、大かうのものども、遠慮せず、つよみと心がくれバ、しぬより外別事なし。〔たとい〕いきても、かたハになるふかでをおい、以来、おもふさまのてがらならねバ、なきと同事也。[55]

また、有名な一節で「ゆミやの儀、勝負の事、十分を六分七分のかちハ十分のかちなり」[56]。これも強過ぎてはいけないという教訓である。なぜなら、勝ち過ぎたら怪我・死人が多く出て、最終的に軍が弱ってしまい、いずれ敵に敗れる危険性を招くことになる。さらに、合戦の勝ち負けだけではなく、政治的な勝利も極めて大事だと述べ、武力だけに頼ることはとても危険であるとしている。

もしこうしたバランスがとれないと、次のような結果になるとも述べている。

さて、大将つよすぎ給へば、つねにきおふて、終にけがあり。けがあれバまけて、よき侍ハ、大かたはつる。よきものはつれバ、猿のごとくなる侍ども残りゐて、さはうあしくなる。さはうあしけれバ、ぶへんハなをもよハし。よハけれバ、つよミすぎたる大将も、よハき名をとり給ふ。[57]

弾正は悪い大将は知遇・弱さ・強さなどが過ぎており、バランスがとれていないため、家の滅亡の原因となると強調している。理想的な大将については、

惣別、能御大将は、武辺の儀は申ニ不レ及バ、ぶん有リてぢひふかし。ぎやう儀よくして、つねはやわらかなれども、いかり給ふときは、でんちうの事ハさておきぬ、一国の内にて、なく子もなきさすほど、いくわふつよし。[58]

そして、

扨又、大将の一方むきなるをバ、きずあり、と申す。つよからん所をば、よくつようあそバし、よハからん所をばよくよハく、こわからん所をバよくこわく、よハらかならん所をばよくやハらかに、かくのごとくなるハ、よき大将、と申す。[59]

つまり、理想的な大将は、完全にバランスがとれ円熟した人であると述べている。こうした理想的な人物像は、大将だけではなく、勿論身分の低い武士も目指すべきものであった。このように、武士はバランスの上に「心操」と「分別」さえあれば、理想的な武士になれるということが、『甲陽軍鑑』の重要なテーマである。

以上のことから、戦国時代の武士の基礎的な思想が理解できる。簡潔に述べると、理想的な武士は武辺にすぐれ、分別があることである。このような武士は、「男道」（男らしさ）を守り、町人のように利益を第一とする彼らとの交際を避けるべきことを求められている。主君のために忠節を尽くし、戦場でも平和な時でも頼りになる武士でなければならない。家を維持するために力を尽くす大事な一員で、繊細、謙虚で見栄を張らず、極端であることを回避し、自分の個性を活かし自分と他人、そして主君に対して、誠実で率直な態度で接することが重視されていた。

『甲陽軍鑑』に見られる武士道は、武士の集団意識を大切にするとともに、個人意識の重要性も強調している。後の章で検討するが、個人対集団を自覚することは、武士の生活に厳しい矛盾を持ち込むことになる。つまり、法度を守り神妙な行動をとる義務がある一方で、どんな犠牲を払ってでも自分の名を固持し、率直な態度「ありのまま」と「心操」でいることが求められた。戦国武士の気質が描かれている書物は他に多くあるが、『甲陽軍鑑』を分析すると、武士文化の中の複雑な二重概念が明らかになるため、武士道を理解するために非常に貴重な史料である。

六　江戸武士道

江戸初期に見られた武士の倫理観は、長く続いた戦《いくさ》の中で、武士が死に直面しながら生きていかなければならない状況の中から培われていった。しかし、慶長八年（一六〇三）に徳川家康が戦国乱世に終止符を打ち、効率的な政治機構の構築によって全国に平和がもたらされると、従来の軍事的経験に基づいていた武士の倫理は時代に合わなくなり、「国を治める」という新たな責務に対応しうるものに修正される必要が生じてきた。これに加え、十七世紀中頃には町人の地位も向上し、武士は支配者としての地位を明確に保持するために、他の三民（農工商）勢力にも対処しなければならなくなった。このことについては、第四章でより詳しく検討するが、ここではその概要について触れたい。

いわゆる「江戸武士道」においては、二つの流れに分けることができよう。一方は、『葉隠』で見られる「主君への絶対忠誠とともに死の潔さ、死の覚悟を強調する『狭義の武士道』」であり、他方は儒教的な武士倫理体系である「士道」である。[60] 相良はこの二つの流れを、それぞれ「葉隠的武士道」と「儒教的士道」に分けている。[61] 近年、『葉隠』は日本国内だけではなく、国際的にも有名になっているが、江戸武士の間では後者の「儒教的士道」（朱子学）の方がはるかに主流だった。

江戸時代は、日本のさまざまな側面において旺盛な活力と、前例のない繁栄が見られた時期であった。それまでのどの時代よりも多くの武士が、識字能力のみならず、朱子学の知識をも身につけた時代でもあった。それ以前には、無常の世における人生についての仏教の厭世的な考え方（禅宗、密教など）や易学が、長きにわたって戦場で実際に命を懸けなければならない個々の武士に深く影響を与えていた。しかしながら、江戸時代における社会の秩序・安定と平和の回復を目指す武家政権にとって、社会に適応した朱子学の思想は有用なものであった。これについて、菅野がいうように戦闘のプロフェッショナルから為政者へ転身し、「武士のあるべきあり方を説くために用いられたのが、儒教的な概念体系である」[62]。

儒教の影響―陽明学

数多くの儒学者や軍学者が、平和な時代における武士の役目を明確にし、正当化しようと心がけた。江戸初期、日本の陽明学の祖といわれる中江藤樹が、「儒道即士道」の理論を展開し、著書『文武問答』の中で現実の武士の職分と役目を明確に規定した。

少し長い引用だが、ここから発展していく藤樹の「士道」がいかなる思想かがよく分かる。

根本さぶらいの品、上中下の三だんあり、明徳十分にあきらかに、名利私欲の累なく、仁義の大勇有て文武かねそなはりたるを上とす、十分に明徳は明かならねども、財寶利欲のまよひなく、功名節義を身にかへて守りぬるを中とす、おもてむき斗り義理たてをして、心には財寶利欲立身をのみむさぶりぬるを下とす、此下品のくせもの澤山にときめくとみへたり、君たる人の御用心あるべき事にて候、さて諸士をぎんみするかなめ三つあり、徳と才能と功となり、三つのうちいづれにも上中下あり、徳は文武合一の徳なり、才能は天下國家の萬事をとり行ふ、文藝武藝才智才能なり、功はあるひは天下國家のしおきの功をつみ、或は奉公奔走の功をなし、或は天下國家の難をはらひ、或は天下國家のためになる事を始めてつくり出し、或は大敵を亡し武功を立るなどみな功なり、徳と才と功と三つをぎんみの柱とさだめ、上中下のしなに因で、その分限相應の知行をあたへ官職を授るが、古來さむらいのぎんみをする掟にて候、今も才と功とのとり沙汰は候へども、徳のさたは知る人まれなりとみへたり。(63)

藤樹の弟子、熊沢蕃山がさらにその理想像を発展させ、『集義和書』にそれを描いている。

あくまでも勇気ありて、武道武藝のこころがけふかく、何事ありてもつまづくことなき様にたしなみ、さて主君を大切に思ひ奉り、自分の妻子より初めて、天下の老若を不便におもふ仁愛の心より、世の中の無事を好み、其上に不慮の事出来る時は、身を忘れ家をわすれて大なるはたらきをなし、軍功を立る人あらば、一文不通の無学といふとも、文武二道の士なるべし。(64)

陽明学は、幕末維新期には横井小楠と佐久間象山、次いで彼らに影響を受けた勝海舟、吉田松陰などの間でもてはやされた。江戸初期には、国家を統一した家康により、幕府の根本政策は「天下泰平」の維持に切り替えられ、幕府の枠組みを作り上げるために陽明学ではなく朱子学が重用された。朱子学は、家康と後継者でもある秀忠によって元和一年(一六一五)に発布された「武家諸法度」といったような法令にも反映されている。主な理由は、武士が朱子学の道徳律に従い、厳しい規律が強化され、徳川の支配体制が確立すると信じたからである。秩序を維持する上でこのような規律の強化は、それだけで効果的な力になりうると考えた。

朱子学の影響

朱子学の研究は江戸初期から盛んに行われ、武士の倫理について論じることは直接なかったとしても、官僚としての役割と人間関係について触れている。興味深いことに、武士の「伝統的」な習慣、気風などに、荻生徂徠、貝原益軒や湯浅常山らが天下泰平の時代に適していないものとして、厳しく批判する儒学者も多くいた。例えば、益軒は『武訓』の中で、「人に教ふるに、日本の武道は、儒者のごとく、仁義忠信の道を用ふべからず、偽りたばからざれば、勝利を得がたしといふ[65]」と記しているように、戦国武士の軍事的価値観に基づく風習や信念を考察し、批判している。常山も『常山紀談』の中で、「吾國の士風、源平の世と、戦國の世と、異同なきに非ず。凡古の風、信を尚び、義を尚び、節操を重んじける事ども、古き物語に見えたり。戦國の士、多くは、利名を貪るにあり[66]」とし、鎌倉と戦国の武士の相違点を浮き彫りにしている。また『甲陽軍鑑』のように、江戸武士の間でよく読まれた戦国武士の気質を描いている書物に関しても、歴史的事実の取り扱いが不正確であると批判している。

益軒らの儒学者たちは、戦国時代までの軍事的体験が大きく影響している武士の倫理というものを、当時の時代に合わせようとして「士道」という考え方を持ち出してきた。[67]「士道」という用語は、儒学者や武士を含む君子の品行を指し示す言葉として使われた。菅野によると士道は、「儒教的理論によって、武士のあり方を説明する思想」として利用された言葉で、「儒教的理論による説明なのであって、儒教道徳そのものではない」と述べている。また、山鹿素行の士道論は「『己れの職分を知る』に始まり、『游会の節を慎しむ』に至る体系的な道徳説」を構築し、「戦場における戦闘者の働きを、儒教的道徳によって説明し直した」としている。[68]

田原嗣郎が指摘したように、「素行はまず武士道論者として、ついで国体論者、日本主義者としてあらためて脚光をあびる」ことになった。[69]素行は、過去の時代からの道徳律と、軍紀として一般に受け入れられていた武士道を排斥し、「士道」を自分の理論の枠組みとして取り入れることによって、武士のエトスに道徳的基盤を与えようと試みた。そして、武士は平和を維持しながら、同時に武士の倫理的な考え方の変容を経なければならない、という前提に基づいてさまざまな書物を著している。素行の思想は、「泰平の時代をむかえた武士の存在理由《レーゾンデートル》の確立にあったのであり、その理論的基礎を儒教に求めた」と田原は述べている。[70]兵学と士道に関する素行の講義録は数多く残され、その多くは武士の新しい役割について説かれている。

自己修養

このように、素行は文武両道の修練を含む自己修養の重要性を指摘している中で、武士は日常の全ての活動を、自己修養に没頭する機会として捉え修養に励むべきであると提唱している。また、武士の集団的アイデンティティーの根本的基盤として、自らの義務を遂行しなければならないともしている。

例えば、『兵法奥義講録』の次の一節が出てくる。

乱世戦國の士は禮節等のかざり、人品の沙汰に及ぶ暇なく、物毎に風流なく無骨にして事足りたれども、守文の時代に至る時は、行儀作法を正し、古き禮容を考へ、或は古き記録古案等を求めて、其の官職階級上下の品例とを辦ずるが如くせざれば、貴賤の別もなくして法外の行多し。(71)

自己修養を武士の人生における最も重要な目的と認識していたため、武士の義務としての職分的責務だけでなく、人間としての責任、倫理的行動規範や農工商に対して、人倫の道の見本とならなければならないとしていた。また素行は、日常の活動を通して自己修養を行うことの重要性を説き、涵養された性質は実際の状況において発揮されなければならないとしている。主君に対する忠義、親に対する孝行、情け深く公正な品行、さまざまな分野に及ぶ知識の習得、読書と武芸の稽古にも励む義務があるとも主張している。素行は、このような努力によって養われた、これらの徳目を備えた武士には、自然に威厳や気品が生じてくると考えていた。

一世紀前までの戦《いくさ》による動乱を実際に経験した人はもはや存在せず、武士の内面には武士の理想像と社会的現実の乖離に起因するジレンマが生じていた。武士を社会の倫理的模範や、社会の師として位置づけようとした素行や、他の儒学者の考え方を引き継いでいた大道寺友山の『武道初心集』によって例示された「士道」は、武士の倫理観を大きく方向づける役割を果たした。『武道初心集』では、素行の抽象的な教えや表現とは異なり、具体的な「生活ルール」が描かれている。

死の覚悟

『武道初心集』のような武士の教育書においては、「武士たらん者は、三民の上に立て、事を執る職分の義に候へば、学問を致し、博く物の道理を辨へ不レ申しては、不レ叶義に候[72]」とされ、「文武両道」の重要性についても強調している。平和な時代において真の武士になるためには、「武」は勿論のこと、「文」においても優れていなければならないとしている。

また、平時にもかかわらず、

> 武士たらむものは、正月元日の朝、雑煮の餅を祝ふとて、箸を取初るより、其年の大晦日の夕べに至るまで、日々夜々死を常に心にあつるを以て、本意の第一と仕候。死をさへ常に心にあて候へば、忠孝の二つの道にも相叶ひ、萬の悪事災難をも遁れ、其身無病息災にして、壽命長久に、剰へ其人柄までもよろしく罷成、其徳おほき事に候[73]。

このように、「死」を意識することによって、人生の全ての瞬間を自己の義務に捧げるようになる、と同書で述べている。特に、家臣として主君の恩の深さを知り、「死」それ自体に美徳を見出すのではなく、自己の職業上の責務や私的な責務を履行する上で、死を常に意識していることが美徳である、と見なしている。常に死を覚悟することが重要であり、命は「今日あって明日を保証しがたい」ものとして今村嘉雄が指摘しているが[74]、平時の武士の倫理の再構築の過程において、死についての考えが友山の脳裏にこびりついていた。逆説的にいえば、もはや武士の生命が危険に晒されることがなくなってしまった社会を反映しているように思われ、ここまでの「武」は「文の中の武」と考えられる。このように、死の意識の持続によって表現される究極的な献身についての理論に加え、伝統的な価値観から生じていた「勝負の気」に関して、戦《いくさ》がなくてもその真剣な気持ちや緊張感を日常生活における人間関係や、義務などに適応することが大切だとしている。

例えば、それは『武道初心集』の次の文でも明らかである。

腰に刀剣を帯るからは、片時が間も、勝負の氣を忘るべき様は是なく候。勝負の氣を忘れざる時は、おのづから死を心にあつるの實にも相叶ひ候。腰に刀剣をさしはさむといへども、勝負の氣を心に置ざる士は、取りも直さず、武士の皮をかぶりたる百姓町人にて候。初心の武士心得のため、仍如レ件。[75]

『葉隠』の武士道

大道寺友山は軍学者であったため『武道初心集』は、過去の軍事的経験から生じた風習を保持すべきだとしている。また、死を常に覚悟することによって危機を逃れることは、無駄な死を避けることができ、より長く主君に忠義を払うことができるということも忘れてはならない。しかし、「死」を覚悟するという心構えを重視する『武道初心集』と同時代に書かれた山本常朝の『葉隠』も、「死」を強調するあまり、現在も非常に誤解されている著書である。

古川哲史が『武士道の思想とその周辺』の中で、『葉隠』は、江戸時代には佐賀藩内でしか読まれなかったため、ほとんど全国的には知られておらず、「幕府に対する関係においても、藩内・国内に対する関係においても、またそれ自身においても、禁書もしくは秘書とせられざるを得ない要素を含んでいた」としている。(76)『葉隠』は、佐賀藩内でも一般武士には好意的に扱われず、秘本扱いにされていたともいわれている。二十世紀に入り武士道の書物として評判が高くなり、戦後世界中に知られるようになった。有名な「武士道と云ふは、死ぬ事と見付けたり」という一節にも示されているように、『葉隠』は為政者としての心構えを説くというよりも、武士としての死の覚悟という美学を陶酔的に描いてある。

佐賀鍋島藩士であった常朝は、主君が亡くなった際殉死をもってその恩に報いようとするが、殉死は幕府により禁じられていたため、出家をして草庵で余生を送ることになる。『葉隠』は、その草庵を訪ねた鍋島藩士の田代陣基に常朝が語った話を、陣基がまとめたもので、殉死に憧れつつそれができないジレンマに苦しみ、嘆いている書でもある。『葉隠』は、軍国主義日本のナショナリズムにおいて、象徴的な武士道プロパガンダとして利用されたが、常朝が自らの言葉を残したのは、自分の死ぬ瞬間を決める権利すら幕府に奪われてしまったことが動機であった。すなわち、「武士としての死」の覚悟を見せる場がなくなった時、武士としてどう振る舞えばよいかということに答えを見出そうとしたことは、儒学者らによって築かれた倫理に対する反発でもあった。佐伯真一は、武士らしい「死」を強調している『葉隠』だが、「死への志向、自己完結した美学」であるとしている。[77]

『葉隠』は、武士としての生活の質を極限まで高めるために、常に死の覚悟（「死狂」）を持って、純粋で誠実な行為に達しようとする努力が必要であると主張している。行為の誠実さと純粋さについての常朝の強い信念は、華々しく主君の仇を討った赤穂藩の四十七士に対する批判的な見解にも、鮮明に反映されている。「若其中に吉良殿病死の時は残念千万也」[78]といい、長い期間をかけて復讐の計画を立てるのではなく、主君のために直ちに吉良を殺すべきであったとしている。

「死」や「死狂」によって表現される行為が、常朝の理論の究極の主意であった。それは常朝にとって儒学者たちの合理性に取って代わるものであり、武士道についての常朝の論考全般にわたって主張されている。このような究極的な形で表現される行為の重要性を説いた常朝は、月並みで平凡な努力ではなく、並外れた努力を称賛し高く評価している。

常朝はこれを敷衍し、次のように述べている。

若図に迦れて生たらば、腰ぬけ也。此境危き也。図に迦れて死たらば、気違にて恥には不レ成。是が武道の丈夫也。毎朝毎夕、改めては死々、常住死身に成て居る時は、武道に自由を得、一生落度なく家職を仕課すべき也。[79]

また、次のようにも主張している。

時の行懸にて勝負は有べし。恥をかゝぬ仕様は別也。死まで也。其場に不レ叶ば打返し也。是には智恵も入ぬ也。曲者といふは勝負を不レ考、無二無三に死狂ひするばかり也。是にて夢覚る也。(80)

殉死が許されなかった常朝は、武士とその主君の間の独特な絆について強く訴えた。「一生忍びて思ひ死するこそ、恋の本意なれ(81)」のような感情は、ほとんどの人々が経験する通常の愛情とは区別されなければならないとしている。

戦時には、武士は武勇やその他の軍事にまつわる資質により名声を得ようと努めていたが、常朝は、平時においては主君に対する諫言という行為が武士にとって最も高い美徳の一つであると考え、武士の関心をそちらへ向かわせていた。常朝はこの行為を単に忠言するだけの行為とは捉えておらず、それには死の覚悟という武士の基本的な心構えが伴っていなければならない、としている。主君との絆も、行為の純粋さや誠実さについての考えも、実際に戦《いくさ》をしていた過去の時代の戦闘体験から生じたものであったにもかかわらず、常朝はその適用範囲を平時の武士の行動にまで拡張した。

『武道初心集』と『葉隠』の両書において、「死」が武士の生活の中心的な要素として象徴化されているのは、偶然の一致ではない。津田左右吉はこのような「戦国武士の根本的精神」の保存について、「主君に対する忠實の行や、抑情の習や、信義の守られたことや、又は死を惜しまぬ勇気や、低級な生活程度や、いひかへれば平和の世にも調和すること、もしくは平和の世にはなし難くして而も希望せらるゝことのみを見てゐた」と述べている。[82]このような考え方は、主として武士が深刻で危険な命懸けの場がもはや存在しない、泰平の世の文化社会的環境により醸成されたものであり、友山や常朝など武士の倫理を再構築する過程において、平時における「武士道」にも「死」を重要な要素として組み入れたものである。

武士の「優越性」

他にも著名な学者が、武士の存在理由に答えを見出そうとしていた。それは、「武士を武士として其の特殊の気風を維持させ」、そのために「武士が精神的に平民と違ったものであるといふことを信じさせ、そこに彼等の誇りを感じさせる」と、津田が述べている通りである。[83]

例えば室鳩巣の士観についての考え方は、数多い著作の中で『名君家訓』が特に参考になる。将軍吉宗に推奨されたおかげで、武士の中では爆発的な人気を得た。人道を実践し、節義を嗜み、謙虚さを本として礼儀正しく振る舞うのが鳩巣の理想とする武士であった。[84]今村は鳩巣の学問に関して、「高踏的な儒教的教養を意味するのではなく、むしろ人として当然踏まねばならない道の理解や、日常生活に必要な読み書き、算勘の学習を意味する」としている。[85]

また、笠谷和比古のまとめによると、鳩巣は「節義をわきまえた武士であり、それは正直、無私、礼節、不諂・不慢、信義、義俠、廉恥、覚悟、信念、剛直、慈愛、友情といった心構えと態度をそなえた」者が理想的な武士であるとしている。[86]また佐藤一斎の士像も、「恰も断崖絶壁の上に咲く、香り高い花にも似て、近づきがたく、及びがたいものではなく、理解しやすく又達し易いものであった」[87]とあるように、武士に求められているものは、簡単にいえば道徳的・文化的優越性であったといえる。

華津珍彦が『武士道—戦闘者の精神』の中で、「三代将軍以後の武士道は、戦場的であるよりも、教室的となり、実感的であるよりも、教条理論化していく」[88]、すなわち、「武」より「文」が中心であったとしている。しかしながら、厳しい自己修養や鍛錬の必要性、つまり「武」は、武士の倫理について書かれた殆どの書物に説かれている。そのような自己修養は、ただ単に任務の遂行に備えるためだけではなく、集団的アイデンティティー、つまり武士を農・工・商と区別する独自の基盤ともなっている。[89]「武家諸法度」などで幕府は、武士に武芸能力を保持するように命じたが、武士の指導者であった儒学者や軍学者はより具体的に武芸の重要性を強調した。経済的余裕を持っていた町人や農民も、禁じられていたにもかかわらず、武芸諸流派の商業化を見た十八〜十九世紀に武術の稽古に励んでいたことは事実であるが、その当時は武術は何より武士文化の象徴であった。

武術の重要性については第五章からより詳しく検討するが、ともかく中江藤樹が『文武問答』に書いている「元來文武は一徳にして各別なるものにてはなく候」[90]や、貝原益軒の『武訓』にある「武士の道、内には、忠孝義理を以て本として、兵法をしり、外には、武藝をならひ、武備ともしからざるを以て助とす」[91]という言葉などで分かるように、武士の倫理を取り扱う江戸時代の多くの書物の中に「武」が強調されている。

今村は近世武士の理想像について、「儒教を基礎として説かれた士像は、忠孝義理の人倫の実践を第一とし、我欲を節して知勇兼備の人であることにおいて共通であった。いわゆる文武両道がキャッチフレーズとして一貫して説かれている」としている。[92]幕府、儒学者、軍学者ともに、「文」と「武」のバランスの必要性を強調していることから、現状はそうではなかったことが推測でき、現実と理想のギャップは確かにあったに違いない。しかし、平和の時代における武士文化の不一致や矛盾を解決し、理想を作り上げようという努力自体が現実でなくても、さらに武士の独特な文化意識と生活のための教訓を定めた「信仰」といっても過言ではないものを作り上げた。

七　まとめ

第一章では、武家政権の誕生から幕末に至るまでの、独特な武士気質の発展と変遷の過程を考察してきた。その結果、各時代における武士の理想と現実には、大きな裂け目があることが明らかになった。

そのギャップについては、佐伯真一の『戦場の精神史』の、「武士の倫理は騙し合いから生じた」という指摘からも分かるように、我々現代人の武士道イメージはフィクションに基づいていることが少なからずある。江戸時代以前の戦《いくさ》で、真剣勝負という非常に強烈な体験をしてきた武士が、実用的で独特な気質を作り上げた。それに、自分たちの行為を賛美する軍記物語が融合し、武士の神話が出来上がった。それは、江戸時代になって、緊張感を保ちながらさらに洗練され、幕府の法令や通俗的な文学を通じて進化していった。最終的には、明治時代に武士という身分が消えた上での武士の理想像が復活し、新たな「武士道」がはやりだした。

このような現実と理想の融合の上で、武士道という武士の人倫道が進化していったが、各時代の武士文化の表層にとらわれず奥深く検討すれば、武士特有の倫理を見出すことは可能であると考えられる。そこで次章から、各時代の武士の心構えと行動などを比較検討し、武士の精神を分析することによって、武士文化とそれに固有の気風が幾世紀にもわたって進展していった過程を明らかにすることができると考え、「武士道」の学問的・総括的定義の追究をしていく。

1 古賀斌『武士道論考』五八頁
2 佐伯真一『戦場の精神史：武士道の幻影』一九五頁
3 古賀斌、前掲書、五八頁
4 同右、五九～六五頁
5 小澤富夫『武士行動の美学』一四六頁
6 古田光、子安宣邦（編）『日本思想史読本』三五頁
7 古川哲史『日本倫理思想概説』一〇一頁
8 永積安明、島田勇雄（編）『保元物語・平治物語』（『日本古典文学大系』）七一頁
9 古川哲史、前掲書、九三頁
10 柳瀬喜代志〔ほか〕（校注・訳）『将門記　陸奥話記　保元物語　平治物語』「陸奥話記」一六四～五頁
11 和辻哲郎『日本倫理思想史 上』二五一頁～四二〇頁
12 同右、二九一頁
13 古田光、子安宣邦、前掲書、三七頁
14 家永三郎『日本文化史』一一六頁
15 上横手雅敬『日本中世国家史論考』
16 佐藤進一『日本の中世国家』九六頁
17 上横手雅敬、前掲書、一三〇頁
18 小澤富夫、前掲書、一四八頁
19 同右、一五一頁

20 同右、一四九頁
21 古田光、子安宣邦、前掲書、三九頁
22 上横手雅敬、前掲書、二二頁
23 小澤富夫、前掲書、一四九頁
24 吉田豊『武家の家訓』二一頁
25 近藤齋『武家家訓の研究』六〇頁
26 吉田豊、前掲書、三七頁
27 同右、二六頁
28 同右、二九頁
29 相良亨『武士の倫理：近世から近代へ』四八頁
30 二木謙一『中世武家儀礼の研究』二〇四頁
31 同右、四七三頁
32 筧泰彦『中世武家家訓の研究』三一頁
33 同右
34 同右、三二頁
35 同右
36 吉田豊、前掲書、四八頁
37 同右、五二頁
38 小澤富夫、前掲書、一五五頁
39 吉田豊、前掲書、四九頁
40 同右、五〇頁
41 全日本剣道連盟『剣窓』（平成一八年二月―通巻第二九四号）一一～二〇頁
42 吉田豊、前掲書、六〇頁
43 同右、七八頁
44 同右、八三頁
45 小澤富雄、前掲書、一五九頁
46 相良亨、前掲書、二二二頁
47 『甲陽軍鑑』の本当の著者は高坂弾正ではなかったという。偽作であることは近年まで通説であったが、酒井憲二の研究によると本文には室町時代の言語がはっきり残っていることから、高坂の口述が実際に多く含まれていると判断でき、小幡影憲の偽作ではないという考え方は主流になりつつある。
48 古川哲史「武道の古典をめぐって」『第一回国際武道文化セミナーレポート』四〇頁
49 相良亨『甲陽軍鑑・五輪書・葉隠集』(『日本の思想　第九巻』) 二二頁
50 酒井憲二『甲陽軍鑑大成　巻一』六八頁
51 磯貝正義、服部治則 (校注)『甲陽軍鑑　上』(『戦国資料叢書　巻三』) 五四頁
52 酒井憲二、前掲書、一二七頁
53 同右、一〇二頁
54 同右、一一四頁
55 同右、一五三頁
56 同右、四五二頁
57 同右、一五四頁
58 同右、一一四頁
59 同右、一五九頁
60 大橋健二『救国「武士道」案内』一二頁
61 相良亨『甲陽軍鑑・五輪書・葉隠集』三五〜三六頁
62 菅野覚明『武士道の逆襲』二一頁
63 中江藤樹「文武問答」井上哲次郎 (編)『武士道叢書　上』一三〜四頁
64 今村嘉雄『十九世紀に於ける日本体育の研究』三二頁
65 井上哲次郎『武士道叢書　上』二五二〜三頁
66 井上哲次郎『武士道全書　第九巻』九頁
67 S. Fukushima, *Bushido in Tokugawa Japan: A Reassessment of the Warrior Ethos*, (Ph.D. dissertation) p. 99
68 菅野覚明、前掲書、二三〜二五頁
69 田原嗣郎、守本順一郎『山鹿素行』(『日本思想大系三二』) 四五四頁
70 同右
71 三枝博音、清水幾太郎 (編)『日本哲学思想全書　第一五巻』一一三頁
72 大道寺友山「武道初心集」井上哲次郎 (編)『武士道全書　第二巻』三〇一頁
73 同右、二九九頁
74 今村嘉雄、前掲書、五五頁
75 大道寺友山、前掲書、三〇六〜七頁

76 古川哲史『武士道の思想とその周辺』一八九頁
77 佐伯真一、前掲書、二一九頁
78 斎木一馬、岡山泰四、相良亨（校注者）『三河物語・葉隠』（『日本思想大系　二六』）二三七頁
79 同右、二二〇頁
80 同右、二三七頁
81 同右、二七三頁
82 津田左右吉『文学に現はれたる我が國民思想の研究―平民文學の時代　上』（『津田左右吉全集　別巻第四』）三一一頁
83 同右、三一二頁
84 今村嘉雄、前掲書、六三～六五頁
85 同右、六三頁
86 笠谷和比古『武士道　その名誉の掟』五〇頁
87 今村嘉雄、前掲書、六七頁
88 華津珍彦『武士道：戦闘者の精神』二六頁
89 S. Fukushima, 前掲書, p. 136
90 井上哲次郎、有馬祐政（編）『武士道叢書 上』六頁
91 同右、二四六頁
92 今村嘉雄、前掲書、七二頁

第二章　象徴の体系

この章では、クリフォード・ギアツによる宗教の定義を紹介し、「名誉」とそれに関連した概念に基づいた「象徴の体系」については、武士の精神性が文化の形成と発展において中核を成すものであったという仮説を立て、宗教の定義を武士のエトスに適用した。どの時代の武士も命を犠牲にしてまで「名」を求めたが、それは己の名誉だけではなく、背負っている共同体、つまり「家」とその子孫の繁栄のための行動であり、武士文化の最も重要な特徴といってもよい。よって、ギアツの宗教の定義の最初に出てくる「象徴の体系」は、武士の場合は名誉に基づく「象徴の体系」だと論じたい。多くの学者は武士と「名」の関連について指摘しているが、この論文は特に池上英子の論を参考に展開する。(1)

一　ギアツによる宗教の定義

宗教研究の進展状況に不満を持っていた著名な文化人類学者クリフォード・ギアツは、宗教とは何であるかということについて自分自身の定義を作り上げた。

ギアツの理論では、ある民衆が畏敬すべき象徴は、その民衆のエトスや社会的秩序や世界観を統合するように作用している。また、ギアツによると、宗教の信仰と実践においては、集団のエトスを、自分たちの世界観と現実の状況に適合した生活様式を描くことによって、知性的で合理的なものにしている。また一方では、世界観を、生活様式に対応するように非常にうまく整えられた現実の状況の心像として描くことによって、感情的に説得力のあるものにしているとのことである。これは次のような二つの効果を持っている。

①道徳的、審美的嗜好を、特有の構造を持った世界に内在する課せられた生活条件として客観化している。

②一般に受け入れられている世界の構造についての通念の正しさを示す経験的な裏づけの証拠として、心の奥深くまで染み込んでいる道徳的、審美的感情を引き合いに出し、このような通念を支えている。[2]

ギアツによると、宗教的象徴は特有の生活様式と特殊な形而上的原理体系との基本的な調和を作り上げ、生活様式と原理体系のそれぞれの権威で支えられている。宗教についてのギアツの定義は、何世紀にもわたって存続した武士集団の考え方を再定義し、再検討する上で有益である。

ギアツ自身も認めているように、定義自体では何も立証はしないが、それが入念に作り上げられた場合には、有益な思考指針を示し、新たな方向づけをしてくれ、さらに定義の徹底的な分析が新しい研究方針の手段になることもある。ギアツは「入念に作り上げられた定義では、散漫な散文—それは、特にこの分野では、いつも論理的な議論の代わりに美辞麗句を用いる傾向があるのだが—においては見られない明解さで考えが述べられている」と定義そのものについて述べている。[3]

序論でも紹介したが、ギアツが提示した宗教の定義は次の通りである。

宗教とは、①象徴の体系であり、②強力で広く行き渡った永続的な気風と動機を人々の中に確立させるべく作用する。この目的達成の手段として、③一般的な存在秩序についてのさまざまな概念を作り出し、かつ④真実めいた雰囲気をこれらの概念に纏わせる。そのため、⑤そのような気風と動機が比類なく現実的に見える。[4]

私は第二章〜第五章において、宗教定義の側面を分析し、鎌倉時代から江戸時代までの武士に当てはめてみる。そうすることによって、各時代に共通する武士のエトスの永続的な諸相を見極め、包括的で巨視的な考察を試みるつもりである。つまり、武士のエトスである「武士道」とは、どの時代においても武士によって武士のために作り出された一種の宗教であった、という考え方を提示したい。(5) 武士のエトスの基本的な要素においては、常に性質が変化してはいたが、「名誉」こそが主旋律であった。そして「名誉」は、ギアツが宗教の定義において「象徴の体系」と呼んでいるものにあたると考えている。従って、考察すべき最初の側面は「象徴の体系」(system of symbols) についてである。

象徴の体系

ギアツの文化概念では、さまざまな象徴の中に具現化されている意味のパターン（様式）によって、歴史的に伝えられてきたものを表している。それは、「人が人生についての知識や人生に対する態度を伝達し、永続させ、発展させる手段として用いている象徴的な形で表現されているさまざまな相続概念の体系」なのである。(6) 文化パターンには、内因的な二重の側面が本質的に備わっている。具体的にいうと、文化パターンは社会に客観性を有した概念を与えるが、その手段として、自らをこのような現実に適合させると同時に、現実を自らに適合させるのである。

ギアツは、「文化」という概念と同様に、「象徴」という言葉も非常に重視しているので、この言葉によって何を意味しようとしているのか正確に見極める必要がある。「象徴」という言葉は一般に非常に多様な事物を指し示すのに使用されており、しかも、同時に多様な意味で使われるということも珍しくない。(7)ギアツによって用いられている「象徴」という言葉は、多くの異なる解釈が可能である。

例えば、次のような何らかの種類の因習的な符丁を意味するために使用される場合がある。ギアツによると、暗雲は近づきつつある雨の象徴的な前兆であり、赤旗は危険の象徴であり、白旗は降服の象徴である。(8)また、

六という数字は、書かれたものであれ、想像されたものであれ、一列の石として並べられたものであれ、一つのシンボルである。しかしまた、話題に取り上げたり、心に浮かべたり、心配そうな表情で胸の前に指で描いたり、大事そうに首に飾ったりする十字架もシンボルである。(9)

また、ありのままに述べることができないことを間接的、または比喩的・抽象的に表現したもののみに限定して使われている場合もある。さらに、概念の伝達手段としての役目を果たしているあらゆる物体や行為や出来事、特性や関係を指している場合もある。この場合の概念は象徴の「意味」となる。(10)

本題である武士道について立ち戻るならば、刀、丁髷、、兜、切腹・殉死、独特の美意識、故実、礼法、武芸流派の体系、武術の型《かた》、出陣前の戦闘儀式や首取りなどは単純な例で、全て武士にとっては何らかの象徴である。これらは、観念を有形化したもので、経験から抽出して知覚できる形で固定化したもの、または、態度、判断、思慕や信念などを具象化したものである。

文化パターン、つまり象徴の体系または複合体に関する限り、何よりも重要なことは、それが外在的な情報源

であるということである。ギアツは「外在的」という言葉について、「遺伝子のようなものとは違い、個々の有機的生命体の境界外にあるということしか意味していない」と説明している。[11] また、「情報源」という言葉によってギアツが意味していることは、行動様式の青写真や型板を供給し、この青写真や型板の見地から明確な形が与えられている。ギアツによると「文化パターンは人々の行動様式を形成する社会的、心理的作用の統合のためのプログラムを供給している」のである。[12]

文化パターンについてピーター・バーガー（Peter Berger）の定義を借りて言い換えるならば、人間が創り出す世界の中核となる部分は、社会的に構築された「意味」で、人間は必然的に自分自身の「意味」を現実の中に注入することである。このような「意味」は、文化、観念形態、信仰体系、道徳律、制度などの中で客観性（具体性）が与えられているとしている。[13] では、武士の場合はどうだったであろう。

二　武士文化における「名誉」の象徴体系

ここでは、象徴体系に関するギアツの考えに基づいて、何世紀にもわたって進化していった日本の武士文化の根底に見られる、文化的複合観念の枠組みを提示してみる。多くの研究者と同じように、武士の歴史と、時代の流れに伴う武士の集団的エトスの変遷を考察することにより、「名誉」とそれに関連した概念は、疑いようもなく、武士の個別的かつ集団的な精神構造の不可欠な構成要素であったと指摘することができる。例えば、笠谷和比古が『侍の思想』の中で、「武士道は戦闘者としての名誉の掟である」[14] と定義しているように、名誉という概念は武士の「文化パターン」を構成していたものの中で、最も中心的な要素である。

ピエール・ブルデュー（Pierre Bourdieu）の概念を用いると、名誉は武士の「界」(champ)と「ハビトゥス」(habitus＝活動中の意図）と、ある状況においてすべきことについての実践感覚（sens pratique）の中心概念であるといえよう。

「界」とは、あるグループのルール、儀式、慣習などのヒエラルキーであり、行動様式や思想を正当化する。しかも、そのグループ内外の衝突によって、「界」の「資本」は何であるか、どのように与えられるかが決まってくる。「資本」とは、物質的なものもあるが、地位、名声、名誉のような、触れることのできない「象徴的資本」もある。[15]よって、武士「界」の「象徴的資本」は、名誉の追求と維持（また恥回避）に基づいていたといえる。これは、武士の独特な行動様式や文化的規範の主要な維持力でもあったと考えられる。[16]しかも、「象徴的資本」である「名誉」を得るために、個々の戦闘者として強くなければならないことが必要条件であった。

武力的に強ければ「名」（名誉）が得られ、「利」（利得）も得ることもできる。言い換えると、強くなければ「名利」もなく、個々の武士の共同体である家の繁栄を支えることができないということである。

武士に見られる「名誉」は一つの文化的複合観念で、各時代に多種多様な言葉や行動で表現された。[17]池上英子の用語により、この文化的複合体を簡潔に「名誉の文化」と呼ぶことができ、この「名誉の文化」の時代による変化を説明する。前項のように、武士の登場によって、「名」は生活様式における支配的な要素となった。池上の説を纏めると、武士の名誉文化は日本文化全体に次の四つの重要な側面を付け加えたと述べている。

①武士の名誉を独特な文化様式と、独特な集団的アイデンティティーの基盤にした。名誉のために命を投げ捨てるようなことは決してしなかったと思われる貴族や農民とも区別され、「公然たる存在理由」となった。

②武士は共同社会内においては、名誉の表現形式を利用することによって互恵的な約束事を作り上げた。また主君と家来との関係を支配する重要なものであった。

③名誉は武家の主権の指標と考えられるようになり、家名を高めたいという強い願望は、武士の野心的な行動を支える原動力であった。

④武士は名誉を軍事的感性とも結びつけ、戦闘能力とも密接に関連づけた。[18]

「名誉」とは、同時に多くの異なるレベルで作用する複雑な観念であり、国、民族、時代、性別などによって「名誉」の意味と、その細かいニュアンスや表し方が大きく変わってくる。池上の「下層の人々を排除することがよくある、上流階級の人々に与えられた特権を表してもいる」[19]という指摘から考えると、武士の「名誉」は武士文化の独特な「象徴的資本」であるといえる。また、バーガーの説によると、名誉とは地位の直接的表現であり、自分と社会的に同等の人々と自分よりも社会的に劣っている人々との境界を、維持すべく機能するとのことである。[20]一種の象徴的資本である名誉は、特定の慣習的行為として儀式、行儀作法、行動様式、民話、文学という形で表現され、継承されている。例えば、武士の場合は軍記物語、武家家訓、家法、武家故実などにより、先祖代々継承していった。

いかなる時代においても、武士の名誉は抽象的概念の世界ではなく、名誉を求める人々が属している具体的な共同社会（武士のユニークな「世間」[21]）の中において評価されている。山本博文も武士の「世間」と名誉について、「失態を犯した武士の運命も、世間の評判によって左右される」としている。[22]さらに池上は武士にとって、「名誉の共同社会への受け入れや、この社会からの排除を決定するための判断基準の一つとしても機能する」と主張している。[23]

また、ブルデューの言葉を用いると、「世間」とはゲームの中の〝illusio 錯覚〟である。[24] 武士の「ゲーム」とは、武勇・強さを発揮し、「名」と「利」を追求することといえる。成功したら「名」を得て武士としての「価値」が上がるが、失敗に終わることも十分にあり得る。失敗イコール死ということもたびたびあったが、文字通り名誉（象徴的資本）と利（物質的資本）の獲得のために、首をかけることが武士の「ゲーム」（道）の特徴であった。武士共同体のメンバーとして、ゲームを認識し、象徴的資本を求めることは、武士の「世間」において大きな動機でもあった。

三 「象徴的資本」としての名誉とその変化

武士「界」の名誉に基づくさまざまな象徴には連続性が見られるが、そのニュアンスが社会的に変化していることは否定できない事実である。

戦時の「ハード」武士道と、平時の「ソフト」武士道との違い、また明治以降に国民精神たるべく新しい国家主義的「発明」として復活した「武士道」の形成過程で分かる。名誉やそれに関連する社会的概念が変化することは、決して異常ではない。社会には、構造構築・維持・修復・変化という四つの要素が含まれている。つまり、世代の常識は次世代の需要に合わないこともあるため、変化せざるを得ないということである。故に、時代に応じて伝統文化の価値観は変化をしないと、生き残らないという非常に不安定なものがある。しかしながら、変化があるにもかかわらず継続性のレトリックがより強調されることが多く、[25] 古い価値観と生き方はしばしば理想化されている。これは武士の経験に即せば非常に分かりやすいことで、生活様式にさまざまな象徴的意味や表現が含まれ、それが一般的に受け入れられた場合でも、個人によって受け止め方が異なる余地が非常に残っている。そのため「複合体としての名誉文化自体が存続していても、複合体のある構成要素が他の要素に取って代わられる」ということが起こり得る。[26] これはまさに池上が強調している「順応」である。

このことは、武士文化の分かりやすい例として、戦国時代の殺人のための「武術」が、平和な江戸時代になると「心法」を強調する「武芸」という自己修養の修行法となり、最終的に実戦的でない精神性を強調するスポーツ化した「武道」へと変質したことでも分かる。例えば、田中守が「武術も、昔は〝弓矢の誉れ〟の語があるように敵を殺傷する術であり（中略）近代に至って弓術を弓道の名称に変え、的に当たらぬときはその責任を道具ではなく自分に求めよとして『無念無想の心で形を整えて弓を引く』精神が強調されている」、と弓術について指摘している。[27]

とにかく古い原文を新しい文脈に発展させるように、[28] 古い象徴とは常に改変されていくものだが、それは現世代が前世代との繋がりを保証すると共に現在に安定した存在となるためでもある。武士文化の場合、「彼等の思想の由来はどこまでも戦國武士にあるから、そこに強い因襲の権威がはたらくことを免れない」と、津田左右吉が徳川武士について指摘している。[29]

また、笠谷和比古が「中世に武士が登場してくるとともに、武士が踏み行うべき規範、武士の社会ルールが形成されてくる」[30] としているように、どの時代においても、武士の独特な文化や行動様式のようなものは認識できている。池上はこの過程を〝refocusing ＝焦点移動〟と表現し、[31]「世評を非常に気にして重視するという態度は、何世紀にも亘る武士の時代を通してずっと見られるが、武士の名誉文化はこの焦点移動の過程を経て大きく変容した」としている。[32] 第一章で紹介したような、武士の生き方を指す名称が多様であった理由もこのことにより説明がつく。ただし、全てを一つとして「武士道」と呼ばれることがよくあるが、絶え間なく変化していった名誉の変容性（適応性）や、その結果生じた変化を考慮すれば、このような集合的呼称は正確さに欠けているといわざるを得ない。

四　初期武士の名誉意識

名誉は決して鎌倉以降の武士が独占していたものではなく、日本文学において「名」について触れている箇所が、武士の出現と同時に急激に増加していることからも明らかである。[33] 古代の日本においては、「名」は中世武士と同様に一族の名誉と関連づけられ、『万葉集』にも「名」という言葉が含まれている歌が何首か見受けられる。例えば、次のような「武名向上の歌」がある。

丈夫は名をし立つべし後の代に 聞き継ぐ人も語り継ぐがね[34]

しかし、このような例は稀である。それでは典型的な武士の名誉の形はいつから表れたのか。それを明らかにするために、武士の職業がどのように成立したのか、元木泰雄の『武士の成立』を参考に整理したい。元木は「単に『世襲武人』という点のみ注目するならば、古代氏姓制度下において軍事を担当した豪族も同様に『世襲武人』

であった」と言及している。[35]また平安後期の武士と貴族の違いについて「武職」を独占していた武士は、「武芸は世襲の家職であるため、他の貴族が武士化することも、またその逆もきわめて困難で、両者の区別は平安後期以降しだいに顕著になっていた」としている。[36]

貴族と対照的な東国武士の戦闘心について、元木によると『将門記』の中に「会稽の念」といわれる「強烈な復讐心も、武士社会における自力救済慣行の先駆形態にほかならない」と述べている。[37]坂東においては長年激しい争乱が続き、国衙の支配力が減退し、自力救済を進行させたのである。また、家の繁栄が行動の重要な動機であり、武士としてのアイデンティティーを意識し、面目や名誉を重視する理性が現れてきた。[38]

つまり、武士の武力は自分の所領（家）の防御と、周辺の家との紛争に勝つために使われ、「死活的な意義を持つようになった」のである。[39]実戦の中で武士という戦闘的職業と、武人としての独特な意識が成立したが、彼らが抱いていた名誉感覚は、古代の兵《つわもの》や貴族とは異なっていた。戦いの勝利を目的として武士団を結集するため、臆病といった評判は絶対に避けるべきものであったため、武士は貴族よりも「名誉」を重視すべきであった。『平家物語』の中の有名な一節は、極端な例ではあるが、名のみを惜しむ武士の姿が鮮明に描かれている。

いくさは又おやも討たれよ、子も討たれよ、死ぬれば乗りこえ〳〵戦ふ候。西国のいくさと申は、おや討たれぬれば孝養し、いみあけてよせ、子討たれぬれば、その思ひなげきによせ候はず。兵粮米《ヒヤウラウマイ》尽きぬれば、春は田つくり、秋はかりおさめてよせ、夏はあつしと言ひ、冬はさむしときらひ候。[40]

すなわち、関幸彦が「社会的なしがらみへの想いが強く、それが戦い方も規定した」と分析している。[41]さらに西国の武士は、「文明的練度や文化的洗練が、ルールに依拠したいくさぶりとして反映した」[42]と述べているが、命懸けの戦争が日常化していた東国の武士にとって、「結果としての野蛮さは、問うところではない」のが現状であった。[43]『平家物語』のような軍記物語が語る東国武士の個性的な気質と、死すら厭わない名の追求は、「ある種のロマン性をただよわせ、多くの人々を魅了してきた」と関は指摘している。[44]

相良亨は「名」について、「朽もせぬ空しき名のみ留め置き骸は越路の朱の塵と成るこそ悲しけれ」との、『平家物語』を例に示し、「空しき名」とも表現した。この「空しき名」とは、「現世的繁栄をともなわぬ名」[45]で、生きている間の名誉も得て、現世的繁栄を伴うことを否定しなかったことはいうまでもない。

また相良は、具体的な事例を挙げて「名」の重要性を説明している。例えば、『保元物語』の鎮西八郎為朝と『平治物語』の悪源太義平が、公家が彼らを勇戦させるべく、あらかじめ官位を与えようと申し出たにもかかわらず、それを拒否したという一件である。これについて相良は、「公家時代から武家時代への転換期における新しい人間像の出現、公家に対する武士らしい武士の出現が語られている」[46]。勿論、為朝と義平の逸話は鎌倉時代に書かれたもので、真偽は疑わしいが、少なくとも鎌倉時代には名誉を基礎とした公家と区別した理想的な武士像が形成されつつあったことが十分に窺える。つまり、武士は、「官位の名誉性を否定することではなく、むしろ、実質的な武勇の働きがあって、その名の客体的表現として官位を得ることを求める」ため、名誉を拒否することは、理想的な武士の姿であったといえる。[47]

このように理想的な武士への理解が進むと、古川哲史が『日本倫理思想史概説』の中で述べている「同じ『名』にしても、公家と武家とでは、形式的と実質的、現世的と永遠的というような相違が区別される」[48]という一文が、極めて適切な指摘であることが理解できる。

繰り返しになるが、早期から、与えられた名誉は武士の共同体で生きるための「象徴的資本」であったとはいえ、名誉は武士「界」の象徴体系の中心概念であり、武士気質の総体の中心概念といえる。つまり、「名誉」はブルデューのいう「ハビトゥス」の基礎であり、武士が社会化されるメカニズムを巧みに説明する概念であった。第三章で検討する武士の「気風」と「動機」は、名誉の追求と維持に本質的に繋がっている。

五　名を上げる

中世では「手柄を立て、名を上げる」ことが重要視され、そのために仲間の間で良い評判を得たいという武士の気持ちを表す言葉として、頻繁に使用されている。名を上げるために、決してそれにふさわしい行動とはいえない不誠実な行為を成した武士は、たびたび文献に登場する。騙し討ちや裏切りなどは、現代人にとって非常に「不名誉」としているが、名誉を得るために残酷な行為を敢えて行うことが多かったに違いない。方法はともかく名誉の追求は命懸けで、山本博文がいうように「戦陣で手柄をあげることだが、それにも劣らず賞賛されたのは討ち死にすることであった」[49]。さらに、武士が死ぬと「不名誉ではなく、その戦いがいかに厳しいものであったかを知らしめる名誉なことだった」としている[50]。

名誉のために死を覚悟することは、主君に対する「忠」、「義」の表現であるといえる。つまり、与えられた「御恩」に報いるために戦うのは武士の義務であり、報いきれない時は己の「死」で報いるという考え方は、武士の重要な特徴であった[51]。山本は、武士が「命を惜しまず戦う」ことは、恩賞よりも名誉のためであり「名か利かといえば、名を取るのが武士の習いであった」[52]としているが、それは子孫の繁栄にも繋がることを考えると、打算的な行為だといえる。これについて、桜井庄太郎も『名誉と恥辱』において、「名」の重要性を強調するために多くの事例を紹介している。「又大事を仕損じたらんは、先祖の名折、末代までの恥辱なるべし（『俵藤太物語』）」や「名と利との二はいづれも人のねがふこと（『曽我物語』）」など、数多く紹介している。[53]やはり早期から「名」と「利」は裏と表として考えられていた。

近世武家社会においても、「名」を惜しむという考え方は多くの武士文献に出てくる。近世武士と「名」の関係について津田左右吉は、「積極的に佳名を末代に残さうといふのと、消極的に後人から非難せられまいといふのと二つがあって、何れにしても世の批判を目あてにし若しくは顧慮したものには違ひが無いが、徳川時代ほどそれが輕薄な意味に用ゐられた世の中はあるまい」[54]と批判をしているが、重要視されたことは否定していない。「名を上げる」ことは、戦場において武勇を発揮し活躍を認めてもらうだけではなく、逆に卑怯な行為を避けるより、見られないことの方が大切だったのかもしれない。相良が「名を追求する姿勢と恥を知る姿勢とは根底において別のものではない」[55]としているように、名誉を欲する気持ちと恥を避けたいという気持ちは、世評を気にするという観点から見れば、同様である。桜井が指摘したように「恥ある者」「恥ある侍」「恥ある郎等」など、軍記物語には恥に関する表現が多く散見できる。[56]しかし、池上が名誉を求める気持ちは「積極性と競争心が旺盛であり、一方、恥を避けたいという気持ちは体制順応的」で、現代日本語には「名誉」より「恥」を表す表現が多いことは「日本社会の名誉文化の『順応』と『焦点移動』を反映している」と、名誉と恥の関係について対照的な指摘をしている。[57]

中世の武士は自己主張が強く、第一章で見たように、相良はこのような「自敬」を「ありのまま精神」に基づいた文化と見なしている。[58]また、武士は、「自分が自分自身にとって尊敬にあたいする人間であるとともに、また他人からも尊敬されるにあたいする人間であることをのぞんでいた」としている。[59]

武力行使の「強さ」という要素は、臆病であるという世評が立てば、権力の維持と新たな強さの獲得のための努力に、致命的な影響を及ぼす戦場においては、特に重要であった。さらにこれは戦場だけではなく、日常生活にも求められた態度でもあった。名誉を反映した武力の伝統と死の覚悟は、武士文化を構成する確固たる一部分となった。池上によると、武の能力が名誉を判断する唯一の基準ではなく、いざという時に自ら進んで戦う心意気は、権力を有する者の名誉を証明する最も効果的な手段であったからである。[60]死んでも名を上げたいということは、武士の特質であった。

六　名誉と武士のアイデンティティー

前述のように、平安後期になって武士が政治的に成熟してくると、武士の名誉文化は特有な形をとるようになった。表面に現れつつあった武士の政治的序列関係は、名誉の共同社会の形成要因であった。このことは、「名誉の概念には、アイデンティティーは制度上の役割と本質的に、少なくとも有意義に関連しているという意味が暗に含まれている」というバーガーの考えを裏づけるものである。[61]平安時代後期から鎌倉時代にかけて、武士であるということに基づく「自尊心」や、武士の集団的アイデンティティーの発生が認められ、それらは特有の文化様式の原初の兆候をはっきりと示唆している。[62]例えば武士の場合、この時期から個人的な軍事的名誉欲はいうまでもなく、交戦についての慣習的な不文律の成立、武家家訓・法度や武家故実など、武士の独特な儀式やルールが見られるようになった（後述）。

しかし、第一章で紹介したように、武士にとっていわゆるアイデンティティー危機の兆候が現れたのは、不安定な中世から平和な江戸時代への過渡期であった。池上によると、武士の文化的変容の特徴は、日本における近世初期の国家構築の過程と密接に関係し、大名家や徳川幕府に仕える武士は、地位や所得と引き換えに、それまでとは異なる遥かに大きな制約を受け入れなければならなかった。[63] 儒教的な秩序概念が正当化され、下級武士の上昇可能性・社会的流動性が以前より低くなってきた。

武士の社会的役割は、戦士から官僚へと大きな変貌を遂げていった。名誉と秩序が部分的に調和した形で併存しており、このことは、「名誉ある個人と名誉ある順応を希求するという、二形態の願望の間に強い緊張関係と相関関係を生じさせた」と池上は述べている。[64] これは、笠谷がいう「忠義」がキー・コンセプトである「タテの関係としての武士道」と、自我意識を中心とする「ヨコの関係としての武士道」の二種に分けることができる。[65]

よって、平和が定着してくるにつれ、武士の生活に大きなジレンマが引き起こされることになってきた。第四章でもっと詳しく触れるが、江戸時代における武士の積極的な教化の目的の一つに、自分たちがもとは戦闘者でありながら、平和な社会環境に対処する思慮分別の寛容性が求められた。

戦闘がもはや現実のものでなくなり、急速に変容しつつあった平和な徳川社会において、昔の武士の独特な気風を修正すべく、古い文献が精力的に研究され利用された。

例えば、江戸武士の「合戦常識」について、「かなりの程度、軍記類に負っていた」[66]と鈴木眞哉がいうように、合戦の常識だけではなく、武士の理想像の再確認という意味もあった。江戸時代によく読まれた『甲陽軍鑑』などの書物を分析すると、戦国武士のエトスに含まれていた複雑な概念が、微妙なバランスで配置されていた。戦乱のない世になって、武士らしい武勇を発揮できる場がなくなり、武士の存在の正当性がなくなってしまったために起こったことである。特に豊臣秀吉の刀狩りの後、士と農・工・商がはっきり区分され、武力を公私ともに許されたのは武士のみとなった。このように、兵農分離の政策によって、武士が文字通りの「公然たる暴力」を振るう権利だけではなく、ブルデューがいう「象徴的暴力」を行使する立場になってしまった。

「象徴的暴力」とは「穏やかで眼に見えない、暴力としては否認される、蒙るのと同じ程度に選び取れる、そうした暴力であって、信頼・義務（責務）・人格的忠誠・歓待・贈与・負傷・感謝・あわれみの暴力、一言でいえば名誉の道徳が讃えるすべての美徳の暴力である」[67]と、ブルデューが説明しているが、武士の社会的立場は自然な秩序として認められるようになった。津田が指摘したように「武士に特殊な階級的道徳を建てようとしたのみで、人道を築かうとはしなかった」[68]という、名誉の象徴体系に基づく道徳的・文化的な優越性を明確にし庶民と区別させた。

七　武士名誉の「焦点移動」

池上は、江戸時代における①武士の名誉の表現、②そして所在と源泉の「焦点移動」、③それぞれに関連した名誉文化の本質、の三種類の変化を追跡調査しているが、それを要約してみる。[69]

まずは、武士の名誉という概念は、「軍事的色彩を薄めてゆく過程と並行している」[70]。例えば、戦闘者から官僚への転向や、実戦的な武術から精神的な武道への展開など、武士文化全体にわたってさまざまな変化が見受けられる。池上によると、この変容過程の間に、名誉は実際の戦闘における武力の発揮との関連性が弱められ、「高潔な自己鍛錬との関連性」が強められていたと解釈している。[71] 江戸時代が進むにつれ、武力行使の道具であった武術の実用性は徐々に薄まり、代わりに精神修養法としての武士教育の重要性が増し、象徴的な意義が大きくなっていった。

名誉文化の本質の変容として二番目に挙げられるものは、「個人から組織へと移行していった名誉の所在の変化」と関わっていることである。[72] 中世の武士社会において、武士の忠義の対象は主君であり、社会的（名）・物質的（利）な動機によって絆を結びつけていただけでなく、共有している戦闘経験によって独特な感情によっても結びつけられていた。しかし、池上が中世における武士の名誉争いについて「自分が属している軍隊の結束や連帯について考慮することなく栄光と報酬を自己中心的に追い求める傾向があった」としている。[73]

次の章で取り上げるが、個人から組織へと名誉が移行し始めたのは、戦国大名のもとで武力行使の効率を良くするために、主従制度の階層化が進んだ時期であると考えられる。主従関係は戦国武士の生活の基盤で、「それを打ち破るほどに強烈な功名心と我慾とがあった」。平和な江戸時代に個々の武士が「君臣主従の秩序を絶対的のものとして、偏にそれを傷つけないやうに考へるのも、また当然のこと」だと、津田が指摘している。[74] つまり、重大な変化が起きたのは徳川幕藩体制が固められてからである。そこでは上下関係がはっきりしていても、主君は決して「絶対的な独裁者」ではなかった。[75]

すなわち、主君は臣下と同様に家の永遠の繁栄に貢献する義務があり、それに反することがあれば、「押込《おしこめ》」[76]という行動で臣下によって拘束された。ここで、笠谷和比古がいう「タテ武士道」では、つまり大久保忠教の『三河物語』が強調する「主君に対する絶対服従[77]」や、忠節・忠義という理念がますます強固な理想となったことは確かである。君主に対する強い個人的情愛の念が江戸時代に保持されていたことは、『葉隠』の「忍恋」などの事例にはっきりと現れている[78]。しかし、江戸時代の「忠」という概念は、儒教的な考え方によって固められたもので、中世武士社会における実戦から生まれた「忠」より、なお一層複雑になっていた。平和な江戸時代に入ると主君と家臣の関係が変わり、武士が示した主君に対する態度は、「愛情の發露であるよりも寧ろ義務の問題となる傾向がある」と津田が指摘している[79]。

しかし、笠谷によると、江戸時代の御家―主君―家臣から成る三角形の絆（忠義）は、状況によってさまざまであった。例えば赤穂浪士の場合、大石内蔵助的忠義、堀部安兵衛的忠義と片岡高房的忠義の三種類の忠義が見られる。すなわち、大石は家老として御家が永遠に続くために行動し、御家に対する忠義を示したのに対して、堀部は武士世間での名誉を維持するために、主君のためというより、自分自身のために仇討ちをした。もう一人の片岡は、完全に主君のために（『葉隠』のような「忍恋」と同様）仇討ちをしたのである[80]。このように、徳川幕藩体制のもとでは臣下の自身の立場についての考え方は一様でなく、複数の観念形態が混在し、観念形態が異なれば忠義の対象も異なっていた[81]。

池上が指摘した武士の名誉文化の本質の三種類の変化のうち、三番目のものは、先の「名誉の源泉が功績から地位へと移行していった」ことと関連している[82]。江戸時代までは、武士の個々の評価について「血筋よりも軍事的な業績と能力」が重視され、常に戦功をたてることしか名を上げる方法はなかった。「泰平」の江戸時代においては、武士の地位は主として流動性の少ない世襲制になり、武士は「自己の地位を上げるべく努力や、業績によって開拓することができる出世の可能性の領域は極めて限られていた[83]」。第四章で詳しく検討するが、平和な江戸時代においても武士の名誉は、軍事的な伝統を否定することはできなかった。[84] 武力を有する平和の守護者として、三民（農工商）の道徳的な「模範」として支配することを正当化していたのは、「武」の伝統であり、武の能力は「象徴的暴力」の源泉になっていた。

名誉を評価するための客観的な基準が出来上がって、武力（強さ）を重視する考え方は、「官位や他の特権の獲得競争に向かって舵が切り替えられた」と池上は述べている。[85] 言い換えると、日常生活における単純な行動様式や、定められた礼儀作法にどこまで厳密に従うかや、忠義・忠節の表現、学問、芸道の能力、美意識、武術流派の免許などが、評価の基準になった。

池上が指摘した三種類の変化は、全て武士の帰属集団の構造に重大な変化が生じていた最中に起こったものである。その結果、池上がいう「多層的な仮想文化共同体」、また「集合的な象徴的準拠集団」という帰属集団が現れた。人の名誉についての判断基準は、帰属集団がどのようなものであるかによって大きく異なることがある。[86] 参勤交代により、強制的に江戸に滞在させられていた武士たちは、藩という地方の政治組織の枠組みを超えた経験や、情報に身を晒すことによって、「故郷の藩とは異なる見方で武士の名誉を評価する新興文化」を生み出していた。[87]

八　まとめ

池上の論説の通り、武士の独特な名誉文化と命懸けの「名」の追求は、象徴的、規範的内容と、それを具現化するための特有の表現形式を持った複合的な「文化様式」へと、十世紀から武士の身分が消える明治時代まで発展していった。ブルデューがいう「象徴的資本」とは、支配的な集団によって育まれて初めて社会の中で主要な象徴的な様式になり、文化というものは、それを支える社会的基盤があって初めて制度化し慣習化される。武士の場合は、名誉を要求している人が、名誉を受けるに値するかどうかを認定する権限を持った共同体を前提条件とし、名誉の規準、共同体の構造および特性が互いに密接に関連し合っている。(88)

武士という身分が明治政府によって解体された後、名誉文化をそれまで保持していた特権的社会基盤を失った士族が、多くは公務（警察、軍事、教育など）に携わったため、国家作りの過程において名誉文化がさまざまな形として残された。それにより、明治後期における国家主義的な「武士道」復活と、ロマン化された武士文化の大衆化を見たといえる。要するに、武士の象徴的表現解釈を歪曲化し、巧みに利用しようとする動きが明治後期における国民の道徳観念、国粋主義的連帯感の高揚運動、十九〜二十世紀初期のナショナリズムに伴う武術・武道の復活や、第二次世界大戦前の軍国主義的青少年教育に数多く見られた。このような問題は第六・七章で取り上げる。

第二章をまとめると、武士は名誉を独特な象徴体系＝文化様式と集団的アイデンティティー基盤とし、武士「界」（世間）においては、名誉の表現形式を利用することによって、武士のみに通ずる互恵的な規約・儀式・価値観・社会ルールを作り上げた。

名誉は、主人と家臣の関係を支配する重要なものであり、武士の社会的・政治的生活の重要な構成要素だといえる。名誉は、武家の主権を表象する指標と考えられるようになり、戦闘能力（強さ）とも密接に関連づけられた。要約すると、武士が覚悟していた生き方（「道」＝武士道）の定義の最初の部分は、「武士道とは主として名誉の概念に基づいた象徴の体系であった」ということになる。このような体系は、強力で広く行き渡った永続的な「気風」と「動機」を武士の中に確立していった。ここでいう「気風」と「動機」とはどのようなものであったのだろうか。次章で詳述する。

1 池上英子著の *The Taming of the Samurai* は、一九九五年に Harvard University Press によって英語で出版されたが、二〇〇〇年に森本醇による和訳が『名誉と順応』としてＮＴＴ出版から出版された。この論文では英語版より引用しているため、日本語版とは引用頁が多少ずれることになる。
2 C. Geertz, *The Interpretation of Cultures*, p. 90
3 同右
4 同右 , p. 90
5 序論の繰り返しになるが、私は決して、武士文化は宗教やその他の規範体系による影響を全く受けていないなどということをいおうとしているのではない。武士が自分たち自身の目的のため、仏教や儒教などの文化的資源を最大限に利用したという傾向を否定することは不可能である。武士による宗教の利用は、変化する政治経済への順応力を強める働きをした。
6 C. Geertz, 前掲書 , p. 89
7 同右 , p. 91
8 同右
9 同右
10 同右
11 同右 , p. 92
12 同右
13 R. Wuthnow, *Cultural Analysis*, p. 25

14 笠谷和比古『士の思想』九一頁
15 Geoff Danaher (*et. la*), *Understanding Bourdieu*, pp. 21-45
16 これらの問題については、名誉という概念に基づく象徴体系によって確立された武士の「気風」と「動機」を取り扱っている、次の章で詳しく考察する。
17 E. Ikegami, 前掲書 , p. 22
18 同右 , p. 50
19 同右 , p. 22
20 R. Wuthnow, 前掲書 , p. 66
21 井上忠司『世間体の構造：社会心理史への試み』五七頁
22 山本博文『武士と世間：なぜ死に急ぐのか』一九一頁
23 E. Ikegami, 前掲書、pp. 23-24
24 ピエール・ブルデュー（今村仁司・港道隆共訳）『実戦感覚Ⅰ』一三二頁
25 Wendy Leeds-Hurwitz, *From Generation to Generation*, p. 9
26 E. Ikegami, 前掲書 , p. 23
27 田中守（ほか）『武道を知る』一五頁
28 Wendy Leeds-Hurwitz, 前掲書 , p. 9
29 津田左右吉『文学に現はれたる我が國民思想の研究―平民文學の時代　上』（『津田左右吉全集　別巻第四』）三一〇頁
30 笠谷和比古『武士道　その名誉の掟』二一頁
31 E. Ikegami, 前掲書 , p. 23
32 同右
33 桜井庄太郎、『名誉と恥辱：日本の封建社会意識』、四頁
34 山口志郎『武人万葉集』六頁
35 元木泰雄『武士の成立』四頁
36 同右
37 同右、四二頁
38 同右、四三頁
39 笠谷和比古『武士道　その名誉の掟』一三頁
40 梶原正昭、山下宏明『平家物語 上』（『新日本古典文学大系４４』）三〇八頁
41 関幸彦『武士の誕生：坂東の兵どもの夢』二一二頁

42 同右
43 同右
44 同右
45 相良亨『武士の倫理：近世から近代へ』八三頁
46 同右
47 同右、八四頁
48 古川哲史『日本倫理思想史概説』九三頁
49 山本博文、前掲書、一〇頁
50 同右、一八頁
51 全日本剣道連盟『剣窓』（平成一八年二月―通巻第二九四号）一二～二〇頁
52 山本博文、前掲書、六六頁
53 桜井庄太郎、前掲書、一二頁
54 津田左右吉、前掲書、三二一頁
55 相良亨、前掲書、七九頁
56 桜井庄太郎、前掲書、九頁
57 E. Ikegami, 前掲書 ,p. 17
58 相良亨『甲陽軍鑑・五輪書・葉隠集』二一頁
59 相良亨、同右、二七頁
60 E. Ikegami, 前掲書 ,p. 21
61 P. Berger, *The Homeless Mind*, p. 90
62 E. Ikegami, 前掲書 ,p. 73
63 同右
64 同右
65 笠谷和比古『武士道　その名誉の掟』八三～八四頁
66 鈴木眞哉『謎とき日本合戦史：日本人はどう戦ってきたか』一六三頁
67 ピエール・ブルデュー（今村仁司、港道隆ほか　訳）『実践感覚　一』二一〇頁
68 津田左右吉、前掲書、三一三頁
69 E. Ikegami, 前掲書 ,pp. 343-346
70 同右 ,p. 343

71 同右
72 同右
73 同右
74 津田左右吉、前掲書、三〇五頁
75 E. Ikegami, 前掲書 , p. 344
76 主君を閉居させて出入りを禁ずる。
77 笠谷和比古『武士道　その名誉の掟』二七頁
78 相良亨『武士の倫理：近世から近代へ』八五頁、また Ikegami, 前掲書 , p. 345
79 津田左右吉、前掲書、三〇六頁
80 笠谷和比古『武士道　その名誉の掟』一三七〜一九一頁
81 E. Ikegami, 前掲書 , p. 345
82 同右
83 同右
84 同右
85 同右 , p. 346
86 同右
87 同右
88 同右 , p. 50

第三章　武士の「気風」と「動機」

ここまでは、ギアツの宗教定義に沿って、「武士道」とは名誉に基づく象徴の体系であると述べてきた。この章においては、これをさらに詳しく検討し、名誉を基盤としたこの象徴の体系が、武士特有の「気風」と「動機」を武士の中に確立すべく作用したことを論証する。最初に、ギアツの定義に従って「気風」と「動機」の実態を解明し、その後、時代によって様相を異にする「気風」や「動機」と主従関係を概観する。そうすることによって、名誉の指標を醸成すると同時に、その指標によって創られた環境に基づく、武士の象徴体系に存在していた「気風」や「動機」を理解するために、必要な背景が見えてくるものと考えている。次に、武士文化における武力と暴力の役割を取り上げ、「気風」や「動機」が武力行為にどのように現れているかについて検討する。

一　「気風」と「動機」

ギアツの定義によると、象徴の体系はそれに関わる文化様式の擁護者たちの中に、活動や経験の質に持続的性質を帯びさせる独特な気質（性癖、能力、習慣、傾向）を誘発、形成している(1)。

その例としてギアツは、「状況を考えれば敬虔さというものの実質的な構成要素であるといえる平原インディアンの勇壮さや、マヌス島民の憐憫の情や、ジャワ島民の静寂主義」といったような、精神的な特質を挙げている。[2] 武士の特性である「名利」の追求や、名誉のためであれば殺害・自殺・戦死も厭わないという心構えについても、これと同様のことがいえる。このような類の行動様式は、問題を定量化するために、普通「精神的特性」とか「心理的強制力」と呼ばれている。ギアツは、このような「精神的特性」を本質的には「宗教的」なものと、特性とは多少異なる「強力で広く行き渡った永続的な気風と動機」の二種類の気質を誘発する、と述べている。[3]「動機」としての「華々しい勇気」は、敵陣を一人で急襲したり、御馬先で討ち死にという大手柄を思い浮かべて身震いするといったような性向に存する。これと関連する「道義的な律義さ」[4]は、名誉の挽回や維持のためには切腹のような、思い切った方策を取るといった、武士に深く染み込んだ性向に存するのである。

このように動機とは、特定の種類の行為の基となる感情で、例えば、自己破壊に至るほどの「忠」と名誉の追求などを持つ傾向のある「性癖」である。「気風」の場合、「恭しい」とか「厳粛な」とか「敬虔な」といったような抽象的な言葉で一括りにされてしまうことがよくあり、またそのような状況に陥りやすい性質を持っている。

ギアツによると、

さまざまな異なる時代や場所で、神聖な象徴が誘発する気風の種類は多様である。それは、歓喜から憂鬱、自信から自己憐憫、はしゃいだりする気風、うんざりして気乗りのしない気風、にまで及んでおり、世界の神話や儀式のうち非常に多くのものは性欲を刺激する力も持っている。[5]

戦闘時や個人・集団の名誉が脅かされた時、武士の間で見られる向こう見ずな感情や荒々しい衝動は、典型的な武士の「気風」であった。

「気風」と「動機」の主要な相違点は、後者がいわば「ベクトル的な性質」を持っているのに対し、前者は「方向を持たないスカラー」とギアツは主張している。[6]「動機」には方向性があり、それはある一定の進路を表示し、一定の到達点（通常は一時的な到達点）に向かって引き寄せられている。さらに、「動機」は長期間にわたって持続するのに対し、「気風」の方は現れては消え、また現れるという過程を、頻度の差こそあれ繰り返すだけで、その原因も理解しがたい場合が非常に多い。しかし、最も重要な「動機」の相違点は、その「到達点として考えられている目的との関連において有意義なものになる」のに対し、「気風」の方は、「それが発生すると考えられている状況との関連において有意義なもの」になるとギアツは指摘し、「動機」はその到達点の見地から、「気風」はその発生源の見地から解釈されている。[7]

このような点に留意し、武士文化の領域において見られるさまざまな典型的気風・動機の様相を、正確に把握しようとするならば、主従制度の多様な変遷過程と死に対する考え方をたどる必要がある。ギアツの宗教定義が示唆し、また武士の経験によって裏づけられている、主従関係という社会構造と死に対する考え方は、武士の思考様式、気風や動機と不可分の関係にある。

二　主従制度の概観

第一章で述べた「御恩」と「奉公」の関係によって、主君が所領を与え、従者が軍役を担うことになる。繰り返しになるが、和辻哲郎の「献身の道徳論」と家永三郎の「双務契約論」に見られる両極端な主従関係説に対し、佐藤進一は、「家礼型＝双務契約的」と「家人型＝絶対隷従説」という二種の主従関係が存在していたと主張している。また、上横手雅敬は『日本中世国家史論考』の中で、主従結合を二つないし三つの種類に分類し、「もっとも一般的な結合の実態は、冷淡でゆるやかな性格」を持っていたと結論づけている。[8] つまり、さまざまな形が存在していたことは確かであろう。

元木泰雄は、武士の独特な主従関係について「搾取・収奪を伴う武士と農民の関係ではなく、武士相互の統属関係であることを大きな特色」だとしている。[9] 笠谷和比古も「武士にとってはいずれかの大名家の家臣であることが、第一義的に要求される」ので、「武家社会の最も基本的な関係をなすものは、主従性的関係である」とし、主君から与えられる知行（「御恩」）は自力で軍事手段を備えることによって軍事的「奉公」を果たすとしている。[10]

主従関係は元来互いに自立している個人が、互恵的な同盟という形での提携を目指す持続的な動機に基づく上下関係であった。戦争体験によって結ばれていた武士間の強烈な絆・縁は、「忠」と呼ばれる概念である。江戸時代までの武士の「忠」は、江戸時代の儒教的バージョンとは違い、原則として一回一回の戦《いくさ》の際に結ばれた約束の「忠」であった。現実として、この関係は永遠に続くとは限らなかったが、代々続くことが理想とされていた。相良が「主従関係に閉じ込められていたのではなく、そこからはみ出すものがあり、まさにここに歴史を形成する原動力があった」としている。[11] 見てきた通り鎌倉時代から名誉という概念には、武士間の行動が予測・信頼できるという精神的保証が付与されたので、主従制度の発展は明らかに武士の「気風」と「動機」を決定づける主要因であった。特に十二世紀後半以降の武士の主従結合で、戦いにおいて自分の生命を懸ける動機を与えるほど強靱で永続的な絆が生じ、また配下になかった武士を従属させ、長期的な同盟関係がうまく形成されることになった。

すでに見てきたように、鎌倉武士は軍事的アイデンティティーに強烈な誇りを持つに至り、貴族に対する文化的劣等感を克服しようとしていた。初期の主従関係の進展は、武士の権力基盤と文化的自信を増大させる上で重要な要因となった。鎌倉や室町時代において、一方で優れた貴族文化を大いに称賛しながら、他方では鋭い政治的嗅覚を以て、洗練された優雅な生活様式を真似することの危険性を十分に認識していた。笠谷が「文人貴族が学問に優れ、儀式の有職故実に通暁し、朝廷官位の昇進において人に抜きんでていることをもって名誉とする」と指摘し、それに対して武士は「戦場において正々堂々の戦いを繰り広げ、しかして武勲・戦功をたてることをもって第一の名誉とする」とし、武士は公家文化の芸術的産物を高く評価しながら、軍事的価値観を中心に自尊心を築き上げようとした。[12]

軍事的価値観とは、武力的な「強さ」を発揮し、「主権的な個人[13]」としての性格を持って「名を上げる」ことによって「利」も得られることである。武士の根本的な「動機」といえるものは、家の繁栄を保証する「利」の追求であった。そして、「利」の追求の表には「忠」という要素も見られた。当時の武士文学の中に、自分の主君と運命を共にすることを選び、「忠」という武士が絶対に守るべき倫理による死を感動的に描いた作品が多く見られる。理想としていたこのような関係と現実の大きな裂け目があったとしても、「死なばもろとも」という悲愴な要素は、武士文学の大きな特徴といえ、このような死に方は武士に高く評価された。多くの作品から、当時の武士とその主君は、ただ単に「御恩」と「奉公」の交換という打算的要素によってだけでなく、強い個人的な絆・縁によっても結びつけられた「運命共同体[14]」として描かれている。

池上によると、武士の「不動の忠義心と連帯感の発露はこの種の文学の最も感動的要素となっている」としている。[15]こうして武士は、主従関係と軍事的職務に基づいた特有な気質と独特な感情（気風）と「自己犠牲の精神」

を持つようになった。[16] 自己の名誉と評判を高めそれを守ることは、武士の社会においては極めて重要な「動機」として作用した。このような「気風」と「動機」は、武士の「界」の核心的な概念になった。勿論、裏切りや策謀の例はいくらでもあり、武士文化に関する文学や「御成敗式目」のような基本法典などを通じて、「忠」を理想として意識的に作り上げ、積極的に普及しようと心掛けた。

三　戦国時代の主従関係

主従の間における互恵的関係には信頼と武功という、互いに相矛盾する二つの要素が組み込まれていた。[17] 戦国大名は力のある武士の働きを必要としていたが、強ければ強いほど、その武士は潜在的に信頼できない存在となっていた。評判の高い武士ほど、他の大名に引き抜かれる可能性が高かったからである。いわば、中世版の「ヘッド・ハンティング」が行われ、例えば、『甲陽軍鑑』にもこのような傾向についてははっきりと述べている一節がある。「忠―節臣不レ可レ忘事。三―略云、善―悪同則功―臣倦」[18] のように、適切に家臣の面倒を見なければ、後で被害を受けることになるという戒めの言葉がたびたび書かれている。

『甲陽軍鑑』の中心的なテーマの一つは、優れた武士を雇い、引き留めることができる理想的な大将像とは何か、であった。第一章で紹介したように、家の絶滅を防ぐべく、四種類の大将像を紹介し、そのうちの一つにあるべき姿を描いたのである。

『甲陽軍鑑』の場合は武田信玄が理想として描かれており、そのため今川義元と異なり山本勘助のような武勇に優れた武士を引き寄せることができた、と書かれている。

「いかに山本勘助、うしくぼの少身なる家よりいでゝも、軍法をよくたんれん仕るにもおゐてハ、武士のらしきなり」とて武田信玄公、勘助を聞および給ひ、百貫の知行にてめしよせらるゝ。[19]

大将が武士各々の性格と価値を見極めることができないと、家臣はそれまでの主従関係を絶ち、もっと有力な庇護者に仕官することもよくあった。違う主君と主従関係を結ぶということさえ可能で、「誇り高い名誉意識を持って自分の社会的、道徳的自律性を維持し続けたが、それと同時に、服従と絶対的忠誠を求める圧力も大きくなっていった」と池上は述べている。[20] 絶対的忠誠をもたらすことのできない「国持大将」の家は、絶滅に至るという危険性があったからである。また戦国時代の軍隊は、「家臣たちの提供する兵員を中心に構成されていた」ため、[21] さまざまな異なるタイプの武士を一つの集団に編成することが困難で、主君の優れた「人事扱い」能力が必要であった。

水林彪によると、戦国時代の軍隊構造は「個々的に武装しているところの、武装自弁の戦闘者としての在地領主=土豪層が、一個の統一体へと結集するという形で創出され」ていたが、戦国大名が直面していた大きな問題として「どのくらいの武装力を供出するのか、それをどのようにして決定するのか」としている。[22] そこで戦国大名が導入した統制策の一つに貫高制度があり、それぞれの知行地の貫高は臣下が戦国大名（主君）に負っている軍事的義務のレベルが、基本的な評価基準となった。貫高制を通して忠順な家臣にもっと大きな報酬を授けることが可能になった。水林は、貫高知行制は「軍役制と結びついていないならば、知行制は貫高知行制という形をとる必要はなかった」[23]と、貫高制により武士の自立性が弱められていったことを指摘している。

戦国時代の戦闘は、それまでの日本の歴史では見られなかったほど広範な規模で繰り広げられたため、その性質も大きく変化していった。上横手は、戦国時代に見られる家訓や家法などを通じて戦闘能力の合理化・技術化が見られ、「武勇に秀でた豪傑の活躍よりも、軍隊の統制が重んじられる」傾向が見られたとしている。[24]また、鈴木国弘が述べたように、「当時の人口事情を考えれば、失われた兵員の補充が大変であるし、何とか集められたとしても、次に訓練の問題がある」[25]ため、従来の伝統的な戦略や戦闘技術に依存し続けていては戦死者・負傷者が増加し、もはや勝利を期待することができなくなってしまう。池上は、この時期の戦いに見られた最も大きな変化として、次のようなものを挙げている。①鉄砲の導入、②戦闘に動員される兵力の増加、③足軽の出現、④強固な城の出現、⑤一騎打ちから集団的行動への移行。これらの変化に伴って、家臣は大名の軍紀に服従せざるを得なくなってきた。[26]

確かに、戦《いくさ》の勝負は、個人的な闘争心や軍事的技量によって大きく左右されることもあり、騎馬隊の突撃の際に先陣を切るといったような勇敢さを誇示した行動は、名誉あることと見なされ褒賞が与えられた。しかし、上横手が「結城氏新法度」という戦国家法を例にしたように、「命令には絶対服従で、命令なしでの単独行動は禁止される。退去の際にふみ留まったり、攻め寄せる際に一騎だけ飛び出すのは許されず、それらは『忠信』とはいえない」ともされていた。[27]戦場での武士の勇ましい英雄的行為の源泉は、依然として名声を求める欲望であり、戦国大名はこのような自立性をコントロールするために厳重な軍律を導入し、破った者は厳罰に処した。[28]

「今日は敵対している敵同士であっても、明日は味方として頼まねばならない」[29]という鈴木国弘の言葉からも分かるように、本来の「忠」とは一回一回の戦《いくさ》で結ばれる非常に不安定な関係であった。そのため、戦国末期の武士の教養を示す大久保彦左衛門忠教の著作『三河物語』の中に、「主に背向けば七逆罪の咎《とが》を蒙りて、無間地《むげん》獄へ堕ちるを悲しみてこそ、御主をば一入《ひとしお》恐ろしけれ」[30]とあるように、より強固な、保証に足りる関係（譜代家臣）が要求されていた。このように戦国大名は、武士の戦闘能力を維持しながら個人的な名誉願望を抑えることでバランスをとろうと心掛けていた。

しかし、武士を統御する（導く）ためにできた軍律・家訓・法度などは、名誉の共同体の一員でなかった武士以外の戦闘者に対しても、同じような影響力を持った。「雑兵」の多くは「渡り」の兵士として、勝ち戦か負け戦によって「主人を変えながら転々としていったであろう」[31]。さらに山本によると、雑兵は「名」も重要視されず命を惜しみ「失敗した時は、もう一度やり直せばよい」とのことであった[32]。それに対し、武士身分であった者は、「名を惜しむ教育をほどこされ、武運つたなく敗れ去る時は、自分の一命を捨てる覚悟であった」[33]。

しかし戦国時代が終わり江戸時代に入ると、秀吉の身分統制令などによって兵農分離も進み、大名家の家臣団が組織化され、「雑兵たちも名を持つ侍となった」[34]。秀吉の刀狩りについて藤木久志が述べたように、「もともと武装権は自由人に固有の名誉権であり、武装禁止令も、その狙いは、騎士と農民を身分的に分けることにあった」のである[35]。藤木によると、確かに農民は武装権をなくしたが、それでも武器を所有し続けた。泰平の時代に入ると、武士と農民・町人の身分がはっきり分かれることになり、武士社会における上下の人間関係は確固となり、流動性は大幅に抑制されるようになった。次に、江戸時代における主従関係はどのようなものだったのか見てみよう。

四　江戸時代の変化

江戸時代の武士は、三民（農工商）の支配者として、支配能力を養うため自己教養が重視されていた。教養の学問の中心を果たしたのは儒教で、君臣・父子の上下関係や「忠孝」「礼儀」などが中心的概念であった。[36] 江戸時代は平安時代と同様に、日本史上最も平和な時代であったといえるが、軍事力の役割を賛美する必要があった。[37] 原則として武士以外の武装を禁じた結果、武士の支配権力は強固になった。武士だけが武器を携帯する資格を有し、農工商を武士が守っているというのが、身分に差異を設けた兵農分離の論理であった。藤木によると「中世の刀は成人した村の男たちの人格と名誉の表象であった[38]」ため、秀吉の刀狩りは結局、「尊厳に満ちた刀を百姓たちから奪おう」とした。[39]

ブルデュー流でいうと、これによって武士の三民に対する「象徴的暴力」が強化された。「象徴的暴力」とは、直接肉体に与える暴力ではなく、いわゆる身分の低い階層による資源・財産・権利などの所有を否定することであった。このような「身分による支配」の論理は、江戸時代には行政職は全て武士によって占められ、平時であったにもかかわらず「武士による集団的支配を正当づける基盤としての武力行使能力が制度的に重視されていたこと」に由来する。[40] しかし、非武装化されたといっても三民は実際に武器を持っていたし、江戸中期から町人が武術諸流派の門下生にもなっていたことは、否定できない事実である。町人が武術の体得を目指したことは、明らかに「象徴的暴力」を振るう武士に対する憧れと、文化的向上心の表れであったが、それでも正式な武力行使は武士しか許されなかった。

戦時でなくても軍事的名誉は、武士の集団的アイデンティティーの中核的要素であり続け、幕府は大名の軍事力行使を厳しく制限することによって全国を統治し、安定した社会を維持しようとしていた。例えば、三代将軍家光が制度化した「参勤交代」も、「武威」を見せるための「デモンストレーション」といえる。[41]

また武士の生活様式の変化について、「実質的には俸給取りの生活者とかわらぬものとなり、自己の所領に依拠した自律的な権力主体としての政治能力を否定されるとともに、藩の行政機構の役人として再編成される」[42]と笠谷がいうように、旺盛な競争心や攻撃的本能に起因する「強さ」に基づく名誉意識も、官僚としての新しいスタイルへと変容した。新しいスタイルへの変化は大きな困難との遭遇で、支配体制を正当化するために用いられた、矛盾した論理から生じる困難であった。すなわち、戦争のない時代に戦争のプロであった武士による社会支配を、どのように正当化できるかという問題が生じたからである。

江戸城内での大名の席次は、名誉の格差を示すさまざまな指標の一つとして用いられ、武士は儀式的な作法にいつも気をとられていた。定められた作法に違反すると、武士世間から批判を受けることになるため、非常に敏感であった。戦場で競い合うことはなかったため、城内で名誉の順位を上げる競争をした。これについて、「作法規約には多くの象徴的な面があり、将軍が大名に授けた礼服やさまざまな装飾物なども名誉の象徴であり、大名家の名誉の順位に微妙な影響を与えた」[43]と池上が指摘している。大名は自分の臣下に対して以前よりも大きな権威を持ち、厳しい管理と統制を行い、「君臣関係が極めて秩序だっており、主君の権威と権力は絶大であり、揺るぎないかのように見え」たと述べている。[44]一度家臣として登用されれば、何世代にもわたって主君に仕えることになり、安定を維持することができた。しかし、武士社会内の流動性が限られていたことは、下級武士の欲求不満を生む原因となっていた。

既に考察してきたように、主従間の関係を軸として展開した名誉文化は、自立願望と忠義尊重の二つの要素について、笠谷和比古がいう「ヨコ武士道」と「タテ武士道」の均衡のもとに成り立っていた。武士の生活は自律と他律の狭間にあって絶え間のない緊張の連続で、多種多様な主従間の力関係を反映し、「自己の名誉を立証するためにはいかなる場合であれ全身全霊を傾けて行動すべき要件を満たすことによって常に解く」と池上は述べている。[45]その主従関係の種類が有力者間の「恩顧関係」か、戦場で命を懸けて共に戦う経験から生まれる「情緒的な親分―子分」[46]関係であろうとも、名誉のために死ぬ覚悟を維持することは「世間」における決定的な要因であった。

五　死と武士の「気風」

どの時代においても、主従関係を支える武士「界」の象徴体系が確立する最も代表的な「気風」といえるのは、「利」を裏づける「名誉」の獲得と維持のための死に対する考え方だといえる。武士には、自己の意志に基づく死という「気風」があったため、主君のためならば戦闘で死ぬ「覚悟」もできている。さらにいえば、武士は自らに死を課すことによって、自分の生命に対しても自由裁量権を持っていることを証明してみせた。

これについて池上がいうに、自発的に自分の命を主君に捧げた武士の「自己の意志に基づく美しい死」についての象徴的意味は、「武芸の技量を有していたことに起因する自律的な武人エリートとしての自尊心であった」のである。[47]ここでいう「自己の意志に基づく美しい死」とは、切腹をする場合、または戦闘において「生死超越」の精神状態で捨身の突進をするという場合もある。どちらにしろ、死の覚悟を維持することは武士の義務であるといわれ続け、個人としての自律性を強調する表現でもあった。つまり、津田左右吉によると「死すべき時に死するのは、死するものの心情からいへば意地であるが、死すべしといふ社会的規範に対していへば義理である」と述べている。[48] この心的態度を発揮することは、個人としての武士の評価に繋がるだけではなく、先祖の評判をも維持することになり、子孫の繁栄して大きく作用することにもなった（これは西洋の騎士が武勇を発揮する動機と異なる点である）。

また、中世武士と近世武士の死生観の相違について、前者が「運命との連関で多く語られる」のに対し、後者は「運命観が登場することなく、端的に武士のあるべき気組心構えとして」語られる。[49] さらに、「繁栄への意志、その挫折としての死という仕方で死がうけとめられるとき、運命観がこの間に介入してくる」とも相良はいっている。[50] どの時代においても「死」の意志は「忠」と深く結ばれ、中世武士は主君に通常の奉公では返しきれない恩を、戦場で死ぬことで返し、そのことにより忠を果たしたと考えられていた。鍋島直茂の『直茂公御壁書』に記録されているように、「上下に依らず、一度身命を捨てざる者には恥ぢず候」といい、[51] 戦争体験がなかった近世の武士は、戦死することはなくても、主君のために死ぬという概念に共感し、殉死のような忠を表す行為が武士文化の不可欠な要素として残っていた。

このように、中世および近世における武士の「気風」と「動機」について論じる際は、武力の問題が名誉の感情と非常に複雑に絡み合っている。武士が出現し始めた時代にまで遡ると、彼らは武力に存在の基盤をおいて独特の文化様式を作り上げげた。貴族の作法や風習と比べると簡素で洗練されたものではなかったが、武の能力は社会的存在としての武士の正当化をも可能にする手段となった。武士は紛争を解決し平和を保つ力、もしくは潰す力を持つ者として、常に武力を使う覚悟をしていた。死んでも武勇・強さとそれに繋がる権威を発揮することは、個人の存在より、家の名誉存続に必要条件であった。

暴力を振るう動機はさまざまで、武士の礼儀に違反する行為や家の名誉を損なう悪意の噂などが、「私戦」の原因となっていた。[52] 新田一郎は「御成敗式目」の第十二条「悪口咎事」について、「些細な悪口が喧嘩闘諍のもととなりかねないという武士たちの剣呑な『名誉』観念、それを静謐させなければならないという武家の認識」があったとしている。[53] つまり、慣例化された名誉の表現方式は、個々の実践と表現の繰り返しによって補強され、より確固な構造を持つようになった。[54]

武士の行動は、武力を利用して法規をも破ってしまうことも、さまざまな時代の文献の中で称賛されている。例えば、『今昔物語集』（巻二六）の「飛弾ノ国ノ猿神、止生贄語　第八」[55] と題された話は、猿神の群れに虐げられ威嚇されていた村をある一人の旅の武士が通りかかり、勇敢にも何とか猿神を打ち負かして屈服させ、村人たちを猿神の支配から解放した、というものである。このエピソードについて池上は、原初の武士は「神秘主義的な考えや信仰に依存していた地方の既成の秩序や体制を、「突破したり取り壊したりすることができたということを示唆している」と評価している。[56] また新田は、「『文明』の尖兵ないし護兵として、剣呑な呪力と武力をもって打破することが、武士に期待された重要な役割であった」としている。[57]

リチャード・カウパーが中世ヨーロッパの騎士と暴力について指摘したことは、このような思想や歴史的事件を文学で美化することが、集団（騎士）の士気を高めると同時に、他人を納得させることにもなるので重要である、ということであった。例えば、「飛弾ノ国ノ猿神、止生贄語　第八」のような話は、ヨーロッパ騎士に関する多くの物語と同様に、「雄々しい暴力が安定や神聖なものを保証した」ことを表している。[58]

武勇な武士としての信用を得ることが、社会的向上にとって決定的な要素であり、個々の武士はこれを十分に認識していた。もちろん、卑怯者という悪い評判のある者（とその子孫）は、権力闘争において著しく不利な立場におかれたので、武士が名誉を保持することは成功への足がかりとして不可欠なものであった。名を汚さないために、常に油断なく競い合う必要があり、死に至るまで名誉を守ることは当たり前で、これは武士の独特な気風であった。武士の名誉意識を裏づける「利」の追求という「動機」、武士文化の独特な名誉表現・人間関係や「忠」のための死の覚悟という「気風」などは、武士以外の庶民とは明らかに違っていた。

六　他人に対する暴力

以上で分かるように、死の覚悟と武の能力は武士の評価から切り離すことのできない要素となり、中世武士社会においては自分の名誉を汚す侮辱やさまざまな問題を自ら解決するために、その能力は自律性を象徴するものであった。戦《いくさ》は武士に名誉を立証するとともに、物質的・文化的資本を含む報酬を手にする絶好の機会を与えてもいた。また私的な喧嘩は、武士の日々の生活の中で強い感情的反応から生じることがよくあった。喧嘩を誘発するのに必要な感情的因子の一つに、侮辱に対する極端なまでの敏感さがある。

清水克行が『喧嘩両成敗の誕生』の中で、中世においては武士身分以外の人でも名誉意識は強烈であり、「『武力』の行使が必ずしも武士身分だけに独占されていなかった時代、どんな身分のものであっても、彼らを不用意に怒らせることは、とりかえしのつかない事態を招く危険があった」としている[59]。清水の論説によると、庶民もたびたび自分の名誉に背く侮辱に対して捨身で喧嘩をしたが、おそらく武士と庶民の喧嘩は以下の点で全く異なっていたと考えられる。

武士は喧嘩を武勇を発揮できる好機として捉え、自分の名誉に向けられた異議に対して素早く反応した。それに対し、庶民は単なる感情的な反作用、もしくは武士の真似に過ぎなかったと推察できる。中世には、個人的な喧嘩が二つの組織同士の紛争に拡大するという非常に危険な事情があり、武士が殺害されたというような場合には、私的な報復の連鎖反応を引き起こすこともあった。家の名誉とは、家の「強さ」を象徴するものであったため、報復は法律上の権利ではなく、行動規範と考えられていた。勝俣鎮夫によると、「原因そのものは些細な事であっても、ただちに血で血をあらう私闘・私戦へと展開する」と言及している。[60] 鎌倉時代から概念はあったが、それを防ぐため戦国大名に導入された「喧嘩両成敗」の法理は、大きな転機を画するものであった。例えば、『甲陽軍鑑』の中にある「甲州法度之次第」第十七条は「喧嘩之事、不レ及二是非一、可レ加二成敗一」と警告し、「堪忍」するものは処罰すべきではないと定めている。[61]

平和な江戸時代においては大名同士の戦いは禁じられていたので、喧嘩両成敗は、幕府の公式な法規には正式には明記されていなかった。戦時にこそ両成敗は必要とされたが、清水によると「平時の法令としては原則的に喧嘩両成敗は採用していない」のである。[62] その代わりとして、江戸時代に入ると、許可をもらって敵討（仇討・復讐）の事例が激増してくる。

敵討とは大隈三好が『敵討の歴史』の中に「父や主人が殺された場合、加害者を殺して怨みを晴らすことに限られている」[63]と定義している。十四世紀に書かれた『曽我物語』の曽我兄弟による敵討の例は、何世紀にもわたって愛読され、武士に大きな影響を与えたと考えられる。しかし、「敵討も徳川時代になって最高潮に達する、これにともなって法令や布告の発布も多い」といわれている。[64] また、百姓や町人の間でも敵討は行われていたが、「後で発生形成した武士道に大いに強調され、鼓吹され、ついには包括吸収されて、武士に独占される」ようになった[65]。また、町人・百姓の場合は、「国法で犯人を捕え処罰してもらえるが、武士の場合はそうはいかぬ。武士の本分が自分で討てと厳命する」のであり、敵討の事例のほとんどが武士であった[66]。

要するに、幕府に公認された復讐の手段であり、泰平の時代においても根本が戦闘者である武士の名誉意識を尊重する表れとして、それを禁じる規定はなかったが、許可は必要であった。幕府に敵討の意志を届け、許可を示す「公儀御帳」を持って藩域を出、相手を捜す。これは決して容易なことではなかったため、成功すれば大変名誉な行為として称えられた。一方、津田左右吉は「我が心に怨のあるなしに関せず、敵打をしなければ武士として待遇せられない以上は仕方が無い[67]」としているが、武士にとって敵討は武勇を発揮し、名誉を獲得・保持するための最大の好機であった。

七　自分に対する暴力

武勇が発揮できる場が少なくなった十七世紀の中期から、武士の間では欲求不満が大いに高まってきた。武力行使能力を基盤としていたはずの武士文化が、泰平の世においてどのように表現されるかという戸惑いなどによって、欲求不満と挫折感を増幅させ、いくつかのはけ口を見出すことになった。一つは武力行使が内に向けられた殉死で、十七世紀前半に見られた殉死の件数の突然の増加は、攻撃対象が反転したことの現れであった[68]。

勿論殉死は十七世紀になって始まったことではないが、中世の武士が「追い腹を切る」のは、通常の戦いで主君を亡くした後のことであった。古い事例は軍記物の中にしか見られないため、この習慣が具体的にいつどのようにして始まったのかを特定することは困難で、千葉徳爾によると早い例は十世紀末まで遡ることができる。[69] 主君の死後に自害したという事例は初期の軍記物語にも見られ、それを殉死と見なすこともできなくはないが、「忠」を示すための風習といった形を取り始めるのは、『太平記』（一三七〇）以降のことである。

自害した人々の多くは、敵に捕まれば殺されると思い込んでいたと考えられる。戦国時代には、名誉ある死としての切腹は完全に風習化され、敗北を喫して生きるよりも武将のほとんどが、名誉ある死として自害している。これは、たとえ不面目な不行跡の廉で有罪とされた場合でも、自己の運命を自ら決定することを許されるべきである、という考え方が制度化されたことを象徴している。

カール・ベッカーは武士の自害は名誉を保ち、「多くの場合、道徳的安楽死に相当するものであった」と述べている。[70] 江戸期の切腹は、大隈によると処刑上の切腹は武士だけに限られていたが、このほか「引責自殺、名誉保全のための自刃、主君あるいは恩恵を蒙ったものへの殉死など平和の治世にも切腹の種子は尽きなかった」としている。[71] ここで触れられている「名誉保全」について、山本博文が「殉死者の主観では衷心からの欲求によって行われたが、武士としての名を惜しむ行為でもあった」としている。[72]

さらに、津田が指摘しているように、「社会の風尚として死が讃美せられ、それによって事に当っては死を避けないといふ、或は甘んじて又は好んで死に就くといふ気象が養成せられる」[73]と、仕方なく自殺することもあったであろうと推測できる。十七世紀初期には、切腹の風習が新たな広がりを見せることになり、戦《いくさ》がなくなった江戸時代には武士特有の習慣として残った。江戸時代の最初の殉死は、慶長一二年（一六〇七）に徳川忠吉[74]が死去した際に四人の部下が死を選んだ、と伝えられる事例がある。亡くなった主人から生前に特別な恩寵を受けていた武士にとって、殉死は道義的な行為であると考えられていた。

殉死の背後にある動機はさまざまで、後継者は名誉と相当な報酬を与えられるということが多分にあったため、忠義を果たした者として名を残すことの裏を返せば、それが打算的な行為ともいえる場合もあった。山本は下級武士による殉死も考察し、「殉死することによって自己と藩主の密接な関係を主張しようとした」と指摘している。[75]また山本は、本来殉死とは選ばれた家老の特権であり、「殉死する下級武士たちは、藩主とのわずかな接触を言い募って腹を切った」としている。[76]さらに、武士が自発的に行った殉死について、「ただ自分が望むからというだけではなく、その心の裏にある心理を探ると、世間の評判を望む気持ちが浮き上がってくる」と山本は述べている。[77]殉死はまた、自己の武芸の技量を外に向かって証明するものでもあり、十七世紀前半の殉死の広がりは、武勇を発揮する戦場がなくなり、武士の抗議の一形態とも考えられる。[78]

殉死の風習とその背後にある精神構造は、整然とした秩序ある政治体制を作り上げようとしていた徳川政権にとっては無視できない問題で、結局寛文三年（一六六三）に禁止された。しかし、「殉死が美風とされるなかで、殉死すべきであるのに殉死しなかった者に対する評価は、厳しいものにならざるをえなかった」[79]と山本が指摘しているように、殉死の事例はその後も頻度が増えていった。

天和三年（一六八三）に発布された幕府の最も基本的な法令である「武家諸法度」にも、殉死禁止に関する条項が盛り込まれるほどであった。

　殉死の禁、更に厳制を加ふる所也。或いは徒党を殖て、或いは誓約を結ぶのごとき、妄に非義を行ないて敢えて憲法を犯すの類、一切に厳禁すべきこと。[80]

横田冬彦が殉死の禁止について、「『不義無益』として否定することで、主従の人格的関係そのもののあり方を変えようとした[81]」と述べているが、喧嘩でも殉死でも、武力を抑制することは幕府や大名にとって非常に難しい問題であった。[82]十七世紀後半から十八世紀初頭にかけて、武士の武力行使に対する公の反応には部分的な変更が見られた。池上の説によると、①徳川政権は、紛争の発生を防止するために以前よりも詳細な一連の指針を設け、非暴力の重要性を強調する傾向があった。②実際に紛争が起きた場合には、喧嘩両成敗と対照的に原因や誘因をある程度まで考慮に入れて裁定するという方式が設けられた。[83]

武士「界」の象徴体系の要素は、武の能力を発揮することで、武士「世間」において名誉を得ることである。戦国のような混乱が続く時代では、「男らしさ」と「強さ」を発揮する場はいくらでもあった。一触即発の社会情勢の中にあって、武士には戦場だけではなく、日常生活においても常に自分を試し・試される緊張感があった。喧嘩に至ることは個々の武士にとっては避けるべきことではなく、逆に最高の好機であった。しかし、戦《いくさ》をなくし、社会紛争をなるべく避けようとしていた徳川幕政下の武士は、武士「界」における名誉追求の熾烈さに煽られ、その武士世間に自分を試すために武勇を発揮できる場を必死に求めたため、殉死のような自滅行為が幕府によって禁止令が発布されるほど流行していた。

八　まとめ

この章では、武士の独特な「気風」と「動機」について検討し、基本的な要素として主従関係と、武力行使としての武士の他人・自己に対する暴力の意義を考察してきた。武士の喧嘩には、命があらゆる側面において常に危険に晒されていたという事実は、劇的な出来事にいっそうの重みと深みを与えていた。

池上も指摘しているが、[84] ギアツの論に話を戻すと、バリ島の住民の闘鶏を観察し、それに基づいて「深い勝負事」と「浅い勝負事」の間に区別をつけている。[85] 闘鶏において、バリ島で必要とされている勝負事の深みを決定づけている要因は、賭博であった。[86] ギアツの区分を喧嘩という武士「界」の「名誉ゲーム」に適用すると、「賭け」られていたものは本質的には「命と評判」であったことが分かる。[87] 武士の戦いぶりや、危機に際する振る舞い方次第では、自分の「名」が問われ、ギアツがいう意味での一種の「深い勝負事」であった。

同じように、死の覚悟をもって「強さ」を発揮して「名」と「利」を得ることや、主従関係における「忠」という深い絆は、武士の「気風」と「動機」の基盤であるといえ、これも「深い勝負事」に相当する。近世武士は、実際に命を懸けることが稀であったが、「名」の追求「ゲーム」から抜け出せないままであった。

何世代にもわたって固執してきた以前の文化規範に準拠することによって、武士社会でははっきりとした意思疎通がなされた。徳川幕府の確立によって武士の生活が大きく変化したにもかかわらず、「個人」としての武士は依然として互いに評価し合う手段として名誉の表現形式を用い、社会生活を営んでいたのである。武士は自己の名誉意識が試されていることに敏感であり、試される緊張と機会を求めた。

江戸時代において「官僚」という様相をますます強めていたにもかかわらず、武士は自尊心を保持しなければならなかった。池上のいう武士の集団的アイデンティティーの「焦点再整合」が行われたのは、もはや周囲の環境に適しなくなった状況下においてである。[88]

戦場や喧嘩における命の最後の瞬間は、武士の名誉意識を決定的かつ明白に立証する舞台となったのであり、平和な江戸時代においても自己の意思による殉死・切腹などという特異な儀式がますます儀式化し、完結するのである。武士が、各時代において死という問題を自己の存在の核心的な問題として捉え、名誉意識・武人・家臣としての存在意識・自己尊厳の結合体である武士の団体意識と個人的次元の「気風」と「動機」を、最も明確に表現したものである。

1 C. Geertz, *The Interpretation of Cultures*, p. 95
2 同右, p. 96
3 同右
4 同右
5 同右, p. 97
6 同右
7 同右
8 上横手雅敬『日本中世国家史論考』二五三頁
9 元木泰雄『武士の成立』五頁
10 笠谷和比古『主君「押込」の構造』一七九頁
11 相良亨『武士の倫理：近世から近代へ』八八頁
12 笠谷和比古『武士道　その名誉の掟』二二頁
13 同右、二〇頁
14 福田豊彦（編）『いくさ』一二七頁
15 E. Ikegami, *The Taming of the Samurai*, p. 84

16 同右,p. 84
17 同右,p. 136
18 酒井憲二（編）『甲陽軍鑑大成　巻一』（「甲州法度の次第」（第廾二））四五頁
19 同右、一〇四頁
20 E. Ikegami, 前掲書,p. 137
21 鈴木眞哉『謎とき日本合戦史：日本人はどう戦ってきたか』一二一頁
22 水林彪『封建制の再編と日本的社会の確立』六七頁
23 同右
24 藤井忠俊、新井勝紘（編）『人類にとって戦いとは―三　戦いと民衆』一九七頁
25 鈴木眞哉、前掲書、一二一頁
26 E. Ikegami, 前掲書,p. 139
27 藤井忠俊、新井勝紘、前掲書、一九六頁
28 E. Ikegami, 前掲書,p. 141
29 鈴木国弘『日本中世の死戦世界と親族』九五頁
30 笠谷和比古『武士道　名誉の掟』二七頁
31 山本博文『武士と世間：なぜ死に急ぐのか』七二頁
32 同右
33 同右
34 同右
35 藤木久志『刀狩り：戦国合戦異説』一四頁
36 佐々木潤之介『江戸時代論』二八頁
37 E. Ikegami, 前掲書,p. 157
38 藤木久志、前掲書、三八頁
39 同右
40 E. Ikegami, 前掲書,p. 157
41 佐藤弘夫（編）『概説日本思想史』一五三頁
42 笠谷和比古『士の思想』五二頁
43 E. Ikegami, 前掲書,p. 159
44 笠谷和比古『主君「押込」の構造』一八一頁

45 E. Ikegami, 前掲書 , p. 86
46 山内進、加藤博、新田一郎（編）『暴力：比較文明史的考察』九八頁
47 E. Ikegami, 前掲書 , p. 112
48 津田左右吉『文学に現はれたる我が國民思想の研究―平民文學の時代 上』（『津田左右吉全集 別巻第四』）三二五頁
49 田村芳朗、源了圓（編）『日本における生と死の思想』一七一頁
50 同右
51 吉田豊『武家の家訓』二七二頁
52 Karl Friday, *Samurai, Warfare and the State in Early Medieval Japan*, p, 28
53 山内進〔ほか〕、前掲書、九六頁
54 E. Ikegami, 前掲書 , p. 41
55 山田孝雄〔ほか〕『今昔物語集四』四三〇～四三八頁
56 E. Ikegami, 前掲書 , p. 63
57 山内進〔ほか〕、前掲書、九四頁
58 R. Kaeuper, *Chivalry and Violence in Medieval Europe*, p. 200
59 清水克行『喧嘩両成敗の誕生』六三頁
60 勝俣鎮夫『戦国法成立史論』二四七頁
61 酒井憲二、前掲書、三九頁
62 清水克行、前掲書、一七六頁
63 大隈三好『敵討の歴史』七頁
64 同右、一五頁
65 同右、一六頁
66 同右、一一二頁
67 津田左右吉、前掲書、三一八頁
68 E. Ikegami, 前掲書 , p. 218
69 千葉徳爾『日本人はなぜ切腹するのか』七一頁
70 C. Becker, *Breaking the Circle: Death and the Afterlife in Buddhism*, p. 142
71 大隈三好『切腹の歴史』一〇六頁
72 山本博文、前掲書、九二頁
73 津田左右吉、前掲書、三一五頁

74 徳川家康の四男
75 山本博文、前掲書、九〇頁
76 同右、九〇頁
77 同右、八四頁
78 E. Ikegami, 前掲書 , p. 219
79 山本博文、前掲書、一二一頁
80 石井紫郎『近世武家思想：芸の思想・道の思想三』四六一頁
81 横田冬彦『天下泰平』二九二頁
82 E. Ikegami, 前掲書 , p. 220
83 同右 , p. 220
84 同右 , p. 221
85 C. Geertz, 前掲書 , pp. 412-453
86 同右 , p. 441
87 E. Ikegami, 前掲書 , p. 221
88 同右 , p. 176

第四章　武士の一般的な秩序

「武士道」は主として名誉の象徴の体系に基づき、武士の中に永続的な「気風」と「動機」を確立し、武士によって作り出された存在秩序についてのさまざまな概念によって維持されてきたことを前章で立証した。この章では、武士の行動と考え方を支配した名誉の「幻想共同社会」(「武士世間」または「界」)を考察することによって、武士の存在の秩序とはどのようなものであったかを解明する。また、文化的規範が脅かされた時(例えば前章で紹介したように、武力行使を抑制する目的で導入された喧嘩両成敗など)、いかなる事態が起こったかを説明することによって、武士世間とその独特な秩序の特徴を浮き彫りにしたい。最後に、江戸時代という太平の世の到来によって、抜本的な再解釈を迫られた武士世間の従来の存在秩序と存在理由が、どのように再構築されていったかについて検討する。この時代は個々の武士と権力機関の双方が、戦乱のない社会における役割を模索した時期であった。それは、武士が社会の中で自分をどのように位置づけているかという、武士の社会的自己認識にとっても大きな転換期であり、「武士道」という言葉が初めて用いられるようになった時期でもあった。

一　武士秩序の創造

先ず、ギアツによる宗教の定義に再び触れる(1)。

特定の経験上の出来事の訳の分からない不透明さや、容赦のない激しい苦悩が苦悩を通り越して感じられなくなる状態や、甚だしい不正行為の解きがたい不可解さ…このようなことは全て、この世には（それ故にこの世における人の生活にも）本当の秩序というものは全くないのではないかという不快な疑念を生じさせる。(2)

この世には経験上の規則性や、感情の限界も、道徳的な統一性がないかという疑念が起こったとき、疑念に対する宗教的反応は、世界の秩序の象徴を用いて作り上げる努力が必要である。ギアツが主張するのは、このような努力は、この世には明らかにされていないこと、説明できないもの、人生は耐え難いもの、というようなことがある。(3)人間が最も容認できないことは、自分の概念把握能力に対する疑念であり、象徴を創り出したり把握したり、使用する自己の能力が役に立たなくなるかも知れない、という恐れである。容認できない恐れが起これば、自分がもっと無力な存在になってしまうからである。(4)

ギアツの論によると、人は象徴と象徴体系に依存しており、その依存度は生物としての自分の生存能力を決定づけるほど大きいもので、そのために、象徴や象徴体系が経験の諸々の側面に対処することができなくなると感じたら、心の中に大きな不安が生じてくる。(5)

人は、自分の想像力で対処することができるものであるならは、いかなるものにでも何とか自分を適合させることができる。しかし、人はカオスに対処することはできない。なぜなら、人間に特有の機能であり人間の持つ最高の資産でもあるものは概念であり、人間がもっと恐怖を覚えるのは自分が解釈できないもの俗に「不気味なもの（the uncanny）」と呼ばれているものに遭遇する時であるからだ。(6)

武士の場合であれば、例えば自律性と他律性の衝突によって引き起こされたジレンマを想像することができる。また、幕府・大名によって実施された政策に直面しながらも、武士世間という文化的領域への、絶えざる圧力を加えられることを思い浮かべることができる（これに関しては、すぐ後に詳述）。武士の存在の意味は何であったのか。どのようにして武士としての自己の存在を正当化しようとしたのであろうか。

ギアツは、カオス（chaos=「無秩序」「大混乱」）が突然人を襲う恐れがある瞬間が三種類あるとしている。①分析力が限界に達した瞬間、②忍耐力が限界に達した瞬間、③道徳的洞察力が限界に達した瞬間である。(7)

当惑や苦しみ、扱いにくい倫理的不合理に対して抱く矛盾感が非常に高くなった場合や、その継続期間が長くなった場合、自分自身を効果的に適応させることができるという命題に対して、人は根本的な疑念を抱くようになる。このような疑念を払拭させる一つの方法として、「宗教」が大きな役割を果たしてくれるという考え方である。宗教における苦しみの問題とは、逆説的ではあるが、どのようにして苦しみを避けるかということではなく、どのように耐えるかである。つまり、「肉体的苦痛や、個人的損失、世俗的敗北、他人の苦悶をどうすることもできずただ思い遣るだけという状態を、我慢し辛抱することができるもの（いわゆる、忍び得る sufferable もの）にどのようにして変えてゆくか」ということである。(8) このようなことは、職業戦闘者として死の可能性は戦乱の世にあっては現実的で、太平の世においては観念的なものであったことを潔く受け入れることが武士の世界においても見られた。

ギアツがいう宗教的象徴は、世界を理解する能力を与え、感情を適正なものにし、現実を耐えることができるようにしてくれる。(9) 武士はどのようにして自分たちの倫理的判断基準を作り上げたのであろうか。名誉についての武士の考え方が効力を有し得る枠組みとは、どのようなものであったのだろうか。武士の「気風」と「動機」

に反映されることとなった矛盾した倫理上の問題を、どのように取り扱ったのであろうか。また、名誉に支配された環境である「武士世間」の中で、カオス発生の可能性にどのように対処したのであろうか。次に、これらの問題を考察する。

二 時代変化の概説

ここで、この論文で扱ってきたさまざまな時代の文化的・構造的な相違点を、簡単に概観することにする。それは、武士の「気風」と「動機」が発現した環境について概説するという役目を果たすと思われる。

武士は世襲の職業戦闘者という身分であるため、「攻撃的な競争心を重視した中世の名誉文化の創建と密接に関連していた」と池上英子は述べている[10]。つまり、武士の文化的アイデンティティーや、武士の「気風」である名誉ある武力行使を高く評価する態度などは、武士特有の文化であり、公家と庶民と社会的にはっきりと区別する政治的支配力が助長された。しかし、「戦闘的で自己拡大意識の強い名誉文化[11]」は武士の「ハビトゥス」と見ることができ、持続性を持ち移調が可能な心的諸傾向のシステムである[12]。

ブルデューがいうハビトゥスとは、

個人的・集団的実践を、歴史が産み出した図式に沿って生産する。それは過去の経験の能動的な現前を保証する。それら過去の経験は、各々の組織体に知覚・思考・行為の図式という形で沈澱し、どんな明確な規則よりも、顕在的などんな規範《ノルマ》よりも間違いなく、実践相互の符合と、時間の推移の中での実践の恒久性を保とうとする傾向をもっている。[13]

武士独特な主従制度の変革が、部分的には戦国時代の軍事革命によってもたらされたものであったことは既に見てきたとおりである。臣下にとって自らが仕える大名家から離脱することが困難になったのは、徳川政権の下で天下が平定された後のことである。江戸初期の武士は軍事色の濃い武士文化を受け継いだが、その社会は十六世紀末期の「死と隣り合わせの世界」から十七世紀の「生きることを前提とした世界」[14]に変化し、池上が指摘したように、武士の名誉文化は大掛かりな「焦点再整合」を余儀なくされ、「名誉の文化は武士の身分的優越性を象徴的に表現していた」ものであったから保持され続けた。[15]

武士文化は前述の変容過程を巧みに乗り越えて存続したが、変容過程において重要であったものは、武士の権力と名誉の関係であった。名誉ある自律性と、名誉ある他律性の共存の余地が残されているのは、従属者が自立手段を保持している場合に限られている。[16]武士の「気風」と「動機」は前章で見てきたように、主君に対する凄まじいまでの「忠」を世に知らせる文化的表現形式は、歴史を通して見られる武士の理想・心性の特徴でもあり続けた。

また、名誉について考える上で重要なことは、一般に名誉というものは準拠集団が存在していることを前提とし、名誉を汚した者は叱責や処罰を受けると池上が述べている。[17]世間での評判と名誉をいかに保つかは、各時代において武士の最も深刻な課題であった。

三　武士世間の意義

井上忠司によると、「『恥』だの、『面目』だの、はたまた『一分《いちぶん》』（一身の面目）だのとさかんにいわれたのも、いうなれば『世間』の評判を気にかけてのことであった」[18]と、武士は常に世間に気を遣いながら生きてきたとしている。このように世間における評判を重んずる「対面意識」は、武士の重要な特徴であった。武士の場合は、日常の社会的な交わりにおいて自分の世評を気にかけるという傾向が、鎌倉幕府の樹立後強くなり、武士「界」独自の気風、生活習慣、行動様式、人間関係、礼儀作法を作り上げた。

幕臣の間では、日々の交わりが頻繁、複雑になってから、情報の共有や名誉の評価を特徴とする新しい共同社会が、幕府を軸に形成されつつあった。山本博文は『武士と世間』の中で、「サムライはなぜ、これほど強い精神性がもてたのか？」という命題に答えようとして、「『世間』が武士の行動を成り立たせた社会のあり方の考察が、不可欠になる」としている。[19]「世間」は、名誉と世評を評価する共同社会の存在を前提条件とし、「誇り高い武士の身分意識」によって武士世間においての評判が悪くなれば「末代に知られる」という意識があったため、「自らの名を惜しむことを心理的に強く要求され、そのような倫理観を内面的なものにまで高めていった」という仮想の評価空間であった。[20]

鎌倉時代以降における主従関係は、個人意識と団体意識に随伴する緊張感が漲っていたが、誰もが互いに対等であるという暗黙の了解も同時に存在しており、「武士社会内で平等な名誉の地位を要求する」と池上が述べている。[21]さらに武士世間における名誉の評価は、「互いの行動に絶えず注意深い眼を光らせている仲間の武士たちの評価に基づいていた」[22]と池上が指摘しているように、同僚たちから名誉ある者と認められることは極めて重要であった。だから「名か利かといえば、名を取るのが武士の習いであった」[23]と、山本がいうように、生きるか死ぬかという場面に直面したら、逃げるより討ち死にを選ぶ方が理想であると考えられていた。しかし、既に論証しているが、個人の命よりも代々続く「家」という共同体があるので、長い目で見た「名」＝「利」という動機があったという打算的な側面は無視できない。

戦《いくさ》から離れた武士世間の日常生活において、武功の代わりに「礼儀作法」は重要な役割を果たしていた。相良亨によると、武士世間における礼儀作法は、「封建的階層的秩序を維持する役割をもち、武士社会において礼儀が強調されたのも、その階層的秩序を維持する」役割を果たした。[24] 例えば言葉遣いに関しては、「時宜をわきまえ礼儀正しく語ることは自己の人格的評価を保持し高めることであった（中略）言葉の礼儀正しさは武士にとって禍を防ぐ甲冑にひとしかった」としている。[25]

例えば『北条早雲二十一箇条』では、「出仕の時御前へ参るべからず。御次に祗候して、諸傍輩の体見つくろひ、さて御とをりへ罷出べし、さ様になければ、むなつく事有べきなり」[26]と注意を喚起し、常に正しい礼儀作法と振る舞いに気をつければ失態することはない、と考えられていた。

名誉を重視する武士世間は、行動が予測しやすくなり信頼度も増したと考えられる。そのような武士は究極的な犠牲を払う必要がある場合は、いつでもそうする覚悟ができていたはずである。

『甲陽軍鑑』から引用する次の一節は、理想的な武士と劣った武士の特徴が比較されている。

第一に、ごうきやうにて、分別・才学ある男、上。第二にハ、かうにして、きのきいたる男、中。第三に、ぶべんのてがらをのぞみ、一道にすく男、下。第四に、人なミの男なり。一、上のごうきやうなる男のしかたハ、へいぜいも、陣の時は猶もつて、人にもかまハずはたらき、まへにも我がことハざを分別にてくふうし、其場へいで丶ハ、「きのきいたる才学をもつて、てがらをせん」とおもふにより、人にも一円かまハぬものなり。一、中のきのきいたる男は、「上の人にまけまじき」と、きをきいてはしり廻り、上の人におとりて見えぬもの也。一、下のおとこハ、たゞ丶何の儀もなく、「上・中の人がゆかば、我等もまいらむ」とて、ふたりの人にめをつけて、つきそひまハるものなり。(27)

優れた武士であるならば、劣勢になっても戦場から逃走することはなかった。なぜ逃走しなかったかといえば能力が優れているという評判や名誉という世間からの信用を得るためであった。また、今の利のためだけでなく、栄えある死後の名声のために、勇敢に戦うよう武士を駆り立てる「気風」と「動機」を生み出すことであった。世間の目を気にしながら名誉を得たいという気持ちから、長期的な目標に狙いを定めた動機が武士の心の中で育まれたということは、既に論証してきた通りである。その名誉は世間に与えられるものであり、武士の存在秩序の中心柱であった。

四　脅かされる秩序

世間における存在の一般的な秩序の特徴を考察する方法の一つに、秩序の信条が脅かされている状況を観察することがある。秩序に向けられた脅威によって生じる混乱状態は、極端であると同時に感情的である。武士の場合、混乱状態を検証する上で最適と思われる事例は、喧嘩両成敗の導入によって引き起こされた反応である。武田矩直が指摘しているように、「喧嘩」とは「口論に始まり、ついには腕力や武力に訴えての争闘へと発展する」ことも稀ではなかった。また、喧嘩がエスカレートして、「個々人の相剋を越え、復讐に次ぐ復讐の連続で、双方共に家来を繰り出しては切り合いを演じ、多数の死傷者をまで出すこともなしとしない」という状況にまで発展する恐れがあった。(28)

自力救済という伝統は、武士としての自己の社会的自律性を象徴するものであった。しかし、戦国大名が発展させた新しい戦《いくさ》の流儀は、自律性の伝統的な表現形式に相反することがたびたびあった。武士の自立性は大名軍の軍事的効率も低減させたため、戦国大名よりも厳しい基準の規律を臣下に課そうとした。(29)喧嘩両成敗の規定は、このような状況の中で戦国大名の軍律として決められたものである。

例えば武田家の「甲州法度之次第」（一五四七）にも、この規定（第十七条）が盛り込まれている。

一　喧嘩の事是非に及ばず成敗加ふべし。但し取り懸ると雖も、堪忍せしむるの輩に於ては罪科に処すべからず。然れば贔屓、偏頗を以て合力をせしむる族は、理非を論ぜず同罪たるべし。若し不慮の殺害、刃傷を犯さば、妻子、家内の輩は相違あるべからず。但し、犯科人、逐電せしめば、たとい不慮の儀たりと雖も、先づ妻子を当府に召し置き、子細を尋ぬべし。(30)

喧嘩両成敗の導入によって「家臣の社会的・政治的自律性を骨抜きにし、各自の支配地域における正式な公的権力者としての自己の地位を確保することを意図した」と池上は指摘している。(31)喧嘩の際、自制心（堪忍）を保つことができた側は、処罰を免除されるという補足条項が付記されていたが、武士の間ではしばしば批判に曝された。武勇を犠牲にして、意気地なく規則に従うことを奨励していると考えられたからである。

武田家の家臣であった内藤修理は、次のように告白している。

法度をしつし奉りて、何事も無事にと計あそばし候ハバ、諸侍衆、男道のきつかけをはづし、かんにん仕り候て、みなふそくかきのおくびやうものになり候ハん。[32]

誇り高い武士は、戦国大名の秩序を全面的に甘受することを拒んだのである。池上は、内藤の主張に関して「明らかに武士の規律に関する問題の核心に触れている」とし、それは武士の闘争心や名誉を犠牲にしてまでなされるべきことではなく、名誉を保持することを気にかけないような武士は戦場では無用であるとしている。[33]主君が自分の臣下を規則や秩序を重んじ、かつ勇猛果敢な兵《つわもの》に育て上げるなどということが、一体どうして可能であるのかという矛盾を訴えている。

武田矩直は、『甲陽軍鑑』に見られる「男道」(男らしい＝武士らしい生き方)対「堪忍」の衝突をまとめている。「将・卒ともども家国の和合と和熱・人心の収攬に努めることが至上命題と考えられたわけで、したがって、それによる限り『男道』に生きることも、その和の論理を踏み越えない枠組み内でのみ、はじめて許容される」といわれている。さらに武田は、「男道」に生きる武士は「野太さを看過することは、到底許されるはずもない」といい、「双方がいわば内憂外患を打ち払う諸刃の剣としての役割を担うことになったわけで、そこに自縄自縛の姿、二律背反に苦悩する精神構造を認める」としている。[34]

戦国時代には「下剋上」による社会的流動が激しく、自分の主君に対して打算的な態度を示すものは少なくなかった。それを防ぐため、『直茂公御壁書』に「以下の心をよく計り、その旨をもつて上に至って校量し候はば、迦れ有りがたく候」(35)と注意し、優れた武士が自分の下に留まるような環境を作り出す責任は、主君の側にあると通常は考えられていた。優秀な武士が、別の主君に仕えるようなことがあった場合、前の主君の能力が劣っていたためだと考えられていた。(36)

とにかく、戦国武士の一般的な思考態度は、自分の能力を最大限に引き出して得られた実績を、世襲の地位よりも価値あるものと見なすものであった。名誉を守るために自害するという風習が制度化されはしたが、自らの内面的な倫理観だけで精神性を持ちえたのではなく、厳しい「武士世間」があったことが大きな要因であった。山本が指摘しているように、「『世間の思惑』に背いた場合、死ぬよりも苦しい立場に身を置くことは明らかだった(37)」。それは決して個人の問題だけではなく、子孫にも悪評判の影響が引き継がれるからであった。

五　太平に起因するジレンマ

江戸時代の武士社会は、厳格な根本方針に基づいて再構築され、どの武士も互いに対等であるという考え方は、武士の思考態度にも強く残っていた。よって、近世の「世間」の厳しさの最大の要因について、「統一政権が成立し流動的な社会が固定化されてきた」ため、と山本はいっている。(38)

徳川幕府の成立によって生じた新しい制度においては、ほとんどの武士は安全な世襲制の特権と引き換えに、土地の直接的支配権を手放してしまった。俸禄は主として官吏としての職務によって得たもので、武勇・強さを発揮できる場がなくても、武人としての自尊心は重要な要素として生き残った。江戸時代、武士文化の動的変化の根源が最も顕著に見られるのは、この「二つのパラダイム」が相交わる場であるというのが、池上の主張で、その矛盾にもかかわらず武士にそれを押しつけていた。[39]

江戸時代は、プロフェッショナル戦闘者による支配体制であり、幕府の法令の多くは武士の性格を規定することを意図して制定された。「近世の兵学者は、この戦時の『軍法』をそのまま平時の『国家』支配にまで拡張できることをといた」[40]とあるように、武士にとっては、新しい役割を正当化する根拠と、活動に対する報酬を定める規則が必要であった。佐々木潤之介は、江戸時代の社会変化と武士が得た特権について、「武器である刀を常時携帯し、農民や町人が無礼なことをすれば、その場で切り捨てた」という立場にあった武士は、「上は将軍・大名から、下は足軽などまで、細かく分けられ、きびしく上下の関係が定められ」、また、家柄によって各家の格式が決まり、「格式が武士の生活をしばっていた」のである。[41]このような変化と江戸時代の道義的観念について津田左右吉は、「名聞と世間體とが重んぜられ、彼等の間の紀綱がそれによって維持せられる點の多かったこと、さうしてそれが平和の世に不自然な戦國的気風の形骸を保存しようといふ要求から出た」と述べている。[42]

徳川幕府によって成立した軍事政権は、実質的な軍事的抵抗を全て鎮圧し、約二百五十年もの長きにわたって太平の時代を維持することになった。一方で、武士が支配権を保持するためには農工商の三民によって武人と見なされることが必要不可欠で、武士自身も武人・支配者という自負を持つことができなければ、士気を維持することは困難だった。他方幕府としては、絶対に行政官である武士を実際の戦士として機能させるわけにはいかなかった。この不一致によって生じた矛盾は、武士世間の中で武士であるということの意味を再定義した新しい理念によって、正当化されることになった。武士が道徳的に優れていることを根拠に、特権の正当性を説く必要があった。

ジョン・ロジャーズによると、平時における武士支配を正当化しようという試みは、三つの基本的な考え方に端を発している。それは、幕府の高級官吏として仕えていた数名の武士によって練り上げられ、考え方の発生源となった学問分野は儒教ではなく軍学であった、とロジャーズは述べている[43]。

その三つの主張とは、①武士は国務の中枢に位置するにふさわしいということが証明されなければならない、②紛争には有能な支配者や武人であれば巻き込まれるはずがない、③文官・武官のバランス問題においては、武士による支配に異議を唱えることになる対抗勢力としての文官の台頭を防止しなければならない[44]。では、これらの考え方はどのように説かれたのであろうか。以下ロジャーズの論を参考に、その中心人物について検討してみる。

北条氏長の貢献

第一章で述べたように、儒学者や軍学者など多くの学者が、武士の存在を正当化しようと熱心に試み、江戸時代における政治思想の重要な側面の理論的な基礎を築き、武士による統治を正当化したのは軍学者たちであった。その中でも先ず大きな功績を残したのは甲州流軍学の兵法学者小幡景憲の下で学んだ北条氏長とその一門であった。

氏長は、幕府のさまざまな要職に就いて武士を直接指揮する立場にあった。為政者にもすぐに受け入れられ、寛永一二年（一六三五）に著した『兵法雄鑑』をもとに氏長は、兵法の指導・講義を行った。小幡景憲の教えに基づいて書かれた『兵法雄鑑』を、さらに要約して『士鑑用法』（一六四六）が著されたと伝えられているが、家光や家綱を筆頭に、多くの著名な大名家がこの新しい軍学を学び、一世代にもわたって軍学者を育て上げた。『士鑑用法』の基調は、武士に関する氏長の見解の大要が述べられている序論から窺うことができ、中でも武士の存在を明確に正当化している重要な内容は、山鹿素行を含む後世の著述家によってそのまま引用されている。氏長は、それまで神秘的な風習・儀式や具体的戦術を主として扱っていた兵法を定義し直し、国家を守り維持する「作法」であると結論づけ、兵法の中に壮大で総合的な政治思想を見出している。

石岡久夫によると北条流兵学は、「孫呉流の詭詐の兵法ではなく、また今日謂うクラウゼウィッツ流の力の兵法でもなく、国家護持の作法、天下の大道たる兵法を説いた」のである。[45] 氏長の兵学は「方円心神」という概念を中心にし、「小にしてはわが身、大にしては国家であるが、それを司る心神とは、天照大神の心を心とした精神で、この心神の体得修練が『大星伝』『乙中甲伝』の秘訣として兵法の奥義となっている」。[46] 氏長の兵法の真髄は、戦闘技術だけではなく「文武合一の教学であって、武に偏せず文に堕せず、神武不殺・文武不二の真実の国家護持の大道である」。[47]

『士鑑用法』に見られるように、氏長は社会における武士の新しい役割について「軍法ト云ハ士法也」[48]とはっきりとした意見を述べ、武士の総体的な問題について考察し、武士の役割を初めて精密に再定義した人物といえる。[49]

農、其國ニ盛ナレバ、食足リ、工、其國ニ盛ナレバ、器足リ、商其國ニ盛ナレバ、寶足ルガユヱナリ。然レドモ、國ニ守護ナキトキハ、タガヤサズシテ喰、エセズシテ家ニ居リ、アタイナクシテ寶ヲウバイ、三民ヲミダル邪ナルモノ出來ル。是ヲ盗人ト云。其盗人ヲ征罰シテ泰平ノ世トナス役人ヲ名付テ、士ト云也。(50)

氏長は『孫子』の一節「兵者國之大事」に言及しているが、「これは明らかにパックス徳川における武士の存在を正当化する上で、重大な最初の一歩を古典によって補強し実証づけ」ているとロジャーズが述べている。(51)第一段階では、武士の道徳的優越性を根拠とした論理ではなく、武士を「国之大事」として位置づけるという論法が用いられている。『孫子』においては本来「戦《いくさ》」、「戦争」、さらには「武器」といったような意味で使われていた「兵」という言葉が、「兵者（武士）」と解釈されている。このような解釈の結果「国之大事」は、戦いではなく武士ということになり、政治・軍事思想の研究にとって中心的な学問は、「士法」ということになった。(52)氏長は軍事的概念・官僚としての現実と、武人としての理想との間を埋めようとするもう一つの試みとして、氏長は軍事的概念・用語を解釈し直している。(53)

例えば、「敵」という言葉は次のように注解している。

私云、敵ト云モ、弓鐵炮ヲ持チ、鑓長刀ヲトツテ、我ヲ殺サントスルバカリヲ敵ト云ニハアラズ、何事ニヨラズ、我相手トナリ、我身、我家、我国、我寶ヲ失ヒ破ルモノハ敵也。(53)

氏長による「敵」という言葉や他の用語の再定義が、重要な現実を象徴的に反映している。つまり、武人であるということはどういう意味なのか、明確に捉え直す必要があったというのが現実であり、徳川体制の安定と個々の武士の心の平安を脅かすものはさまざまな「敵」であった。[55]このような武士の「順応」過程において、武士の教育方法を発展させ理路整然と完成させたのは、後継者であった福島国隆（遠山信景）や山鹿素行、大道寺友山といったような晩年の弟子たちであった。

石岡によると、北条流兵法が北条氏長によって基礎づけられてから、「福島国隆によって発展への方向が決定づけられた」と述べている。[56]国隆は氏長の最も優秀な弟子の一人で、跡取りとして氏長の家に引き取られていた。国隆の最大の貢献は、『士鑑用法』の注釈書『士鑑用法直解』を著したことである。明暦三年（一六五七）に全十一巻で完成した大作で、この中で、氏長の主張をさらに発展させている。最も重要な箇所は、「文官」としての武士と、「武人」としての武士のバランスに関する考察である。武士は戦いの場を戦場から日常生活に移しかえた、とロジャーズは指摘しているが、国隆は礼儀正しい個人的な関係は国家の平和を保つ鍵であると説き、個々の武士の日常生活における秩序を、国家の平安と関連づけている。

これによって、武士の生活を構成するいかなるものも、国家の安定に寄与することになるという論理への道が開かれた。要するに、「氏長の主張を論理的に一歩前進させ、武士であるということは単に戦うということ以上の意味がある」という、非常に強い意識を武士に植えつけたのである。[57]

柳生宗矩と「活人剣・殺人刀」

武士が戦《いくさ》に関与しなくても、自分たちを武人と見なすことができるような論法に大きな貢献を果たしたのは、二代将軍秀忠と三代将軍家光の兵法師範であった柳生宗矩である。宗矩は、寛永九年（一六三二）に著した『兵法家伝書』は、戦《いくさ》固有の免れがたい弊害について臨済宗の僧澤庵宗彭に意見を聞いたり、仏語や儒教の用語、能の表現を利用し、争いがないことが優れた支配者であることの証であるという論理を構築している。

宗矩は、戦略だけでなく政治や行政にも精通した人物で、家康から全幅の信頼が置かれていた。柳生新陰流剣術の門人でもあった家綱や高名な大名にも献呈され広く読まれた『兵法家伝書』は、一般の武士ではなく、政権内の人々に向けて書かれたものであった。戦《いくさ》を蔑むこの論理は高位の武士によって構築され、その究極的な目的は、政治の世界における武人の永続的な存在を理論的に支えることであった。宗矩は、武人でありながらも争いを蔑視するという明確な姿勢で、『老子』などの思想を利用してこのような論理を構築・擁護した論者の中でも、重要な人物の一人であった。(58)

『兵法家伝書』は「進履橋《しんりきょう》」「殺人刀《せつにんとう》」「活人剣《かつじんけん》」の三部から成り、「進履橋」には新陰流の流祖であった上泉伊勢守秀綱が、宗矩の父宗厳に教えた兵法の極意が記録されている。その最も重要な特徴は「太刀さきの勝負は心にあり、心から手足をもはたらかしたる物也」(59)とし、「技法」と「心法」の混合であるとしていることである。「技法」に関しては、「序」・「破」・「急」にそれぞれ九通りの斬り合いがあると述べている。ここで注目したいのは、「技法」と「心法」と政治の関係、「治れる時乱をわすれざる、是兵法也。国の機を見て、みだれむ事をしり、いまだみだれざるに治る、是又兵法也」の文章である。(60)そしてその繋がりが描かれているのが、次の「殺人刀」と「活人剣」である。

最後の二章は「殺人刀」・「活人剣」と題し、『兵法家伝書』自体が「いわゆる『剣禅一如』を説いている。この伝書には、武芸者による最初の伝書である」(61)ため、禅に関連したパラドックスがほのめかされ、国内の平安を維持することによって繁栄をもたらすこともできるとし、両刃の剣のように読み手の関心を引きつけている。宗矩は、非常事態に即応し得るよう武人の態勢を整えてはいるが、優れた国政術とは決して軍勢を動かさないことであるとしている。そしてそのような自分の見解の起点として、『老子』などを参考に、死をもたらす武器は「天道」と相容れないので、使用は万難を排して避けるべきであると論じている。(62) 武士は、武器の使用に自制を働かせる力が大きければ大きいほど、支配者としての徳はそれだけ大きなものとなる、というわけである。

宗矩は、「争いを避けることは臆病な心の表れでもなければ武術の技量が劣っていることの説明でもなく、実は最も高いレベルの巧みな統治術である」という認識を作り出した。(63)

一　打にうたるよ、うたれて勝心持之事
人を一刀きる事はやすし。人にきられぬ事は成がたき物也。人はきるとおもふて、うちつけうとも、ままよ、身にあたらぬつもりを、とくと合点して、おどろかず、敵にうたるる也。敵はあたるとおもふてうてども、つもりあれば、あたらぬ也。あたらぬ太刀は死太刀也。(64)

要するに、戦って相手を斬ることは容易なことで、逆にその敵に斬られないことは困難なことであるとし、敵が攻撃してくると、刀が届かないように身を安全な距離（間合）に置かなければならないとしている。「水月、立合場の座取《ざとり》也」(65) という極意についても説明している。これは、水面に移っている月が、水を切っても斬られることがないように、自分の身も斬られない位置に置くべきだ、という教えである。

さらに「無刀之巻」の中には、武器を持たずに敵に勝つ方法が書かれている。

無刀は、人には刀をもたせ、我は手を道具にして、仕相するつもり也。然ば刀はながく、手はみじかし。敵の身ちかくよりて、きらるる程にあらずば、成間敷也。敵の太刀と我手としあふ分別すべきにや、さあれば、敵の刀は、わが身より外へゆきこして、われは敵の太刀の柄の下になりて、ひらきて太刀をおさふべき心あてなるべきにや。(66)

敵の刀を奪おうとすると、相手は取られないように必死になり、それ故に攻撃することを忘れ、そして自分の勝ちとなる、というのが宗矩の兵法の極意である。基本的な兵法を使える能力は必要としたが、避けることが「天道」の本当の意であると述べ、「兵法は、人をきるとばかりおもふは、ひがごと也。人をきるにあらず。悪をころす也。一人の悪をころして万人をいかすはかりごと也」と断言している。(67)

また宗矩の『兵法家伝書』からは、ただ剣術の極意を追究する姿勢だけではなく、深い政治的な意図も垣間見られる。

一人の悪に依て万人苦む事あり。しかるに、一人の悪をころして万人をいかす、是等誠に人をころす刀は、人をいかすつるぎなるべきにや。その兵を用るに法あり。法をしらざれば、人をころすとして、人にころさるるならし。熟々思、兵法といはば、人と我と立あふて、刀二にてつかふ兵法は、負も一人勝も一人のみ也。是はいとちいさき兵法也。勝負ともに、其得失纔也。一人勝て天下かち、一人負て天下まく、是大なる兵法也。(68)

以上のように、宗矩は国家による軍事力の行使が正当化されうる状況を示している。それは、社会のために圧制者を殺害する、という目的のために武力行使が必要であるという状況である。国家のさまざまな騒乱を予知することによって騒乱を事前に防止するということが、宗矩が主張している兵法の基本である。

大目付まで出世した宗矩は、江戸時代の官僚が、自分たちの優れた立案能力と管理能力とを以て、兵法の達人と自負できるように、兵法についての考えを敷衍し、発展させた。宗矩は、剣術と兵法は必ずしも人を斬り倒すためのものではなく、悪を撲滅するための道具であり、たった一人を殺害することによって万人を生かすための手段でもあると考えた。湯浅晃によると、宗矩は「ただ実戦的な戦闘技術としての役割だけではなく、『心にある兵法』の大切さ」を説き、さらに兵法を「一対一の『立相《たちあい》の兵法』における『心法』をより一般化して、政治的統治や人間関係のあり方にまで拡大し、『ちいさき兵法』から『大なる兵法』への転換を意図している」と指摘している通りである(69)

山鹿素行

続いて山鹿素行に移るが、第一章で述べたように、素行は多数の大名を個人的に指導し、その講演を聴く武士が数千人はいたといわれている。素行が「武士」ではなく「士」と呼ぶ理由を、「武士は最早や一介の武弁であってはならず、文武兼ね備えた『士』でなくてはならなかったから(70)」と今村嘉雄は指摘していたが、素行は当時の武士を悩ませていた問題の多くに対する解答を用意し、行動規範に変換することができた人物であった。「武士も無為に暮らせば、役立たずの『遊民』に過ぎないとして、農工商の上に立つ武士に為政者としての自覚を促す」と素行が述べている。(71)生涯に一度も戦《いくさ》をすることがなくとも、武士は本当に武人なのか。武士に特権と俸禄が与えられていることは、一体どのようにして正当化できるのか。どのような道徳観にならって振る舞わなければならないのか、また武士の理想的な生き方というようなものはあるのか。(72)

結論からいえば、素行の理想とする武士とは、「家」の存続・繁栄に重きをおいて「自己の主観的な判断や行動を抑制し、自己統御できる卓爾とした主体であった」といえる。(73)藩政において傑出した才能を発揮していた武士も、素行の教えに関心を示し、参勤交代で江戸に滞在している間や、素行が自藩を訪れた折に教えを請うた。地方の優れた人物の中には、赤穂藩、平戸藩、加賀藩、敦賀藩の大名の指南役や家老もいた。(74)

素行は、泰平の時代における武士の適切な態度や、振る舞いに関する多数の著作を残しており、特に『武教小学』や『山鹿語類』（巻第二十一）が興味深い本である。『武教小学』は、武士教育入門書の決定版ともいえる一冊で、最も信頼のおける武士教育の手引書と考えられていた。(75)また有馬成甫によると、山鹿流の基本テキストは『武教全書』で、「『武教小学』をも包含しているから、入門初歩の者にもまずこの書を講じ、さらにこれを終了して奥伝に進まんとするものに仕上げの学習として、再びこれを講ずるというのが、後の山鹿流師範の教育の方法であった」と述べている。(76)『武教小学』は、戦争のない時代に武士はいかに生きるべきか、ということを説いた入門書で、十節から構成されている。序論には同書を執筆した動機が書かれており、武士は正しい知識を持ち品行方正でなければならない、という趣旨のことが述べられている。

『武教小学』は、武士の品行と日常の行動についての指針が示され、各自に立派な武士であるという自負を持たせることが、この書の目的であった。その内容は、各節の表題を見ただけで十分窺い知ることができる。表題を列挙すると、「夙起夜寝」「燕居」「言語応対」「行住座臥」「衣食居」「財宝器物」「飲食色欲」「放鷹狩猟」「興受」「子孫教戒」である。

内容は表題が示唆するように実際的で実用本位であり、例えば次のようなことが書かれている。

大農・大工・大商を天下の三宝となす。士は農工商の業なくして、三民の長たる所以のものは、他なし、能く身を修め心を正しくして、国を治め、天下を平かにすればなり。然れども世遠く人亡び、郷に善俗なく、世に誠教乏し。故に或は短衣出蓬頭して、臂を怒らし剣を按ずるを以って俗となし、或は深衣非服して、詩章を記誦するを以って教となす。其の過不及、甚だ歎息すべきか。(77)

また、

凡そ士たるの法は、先づ夙に起きて、盥ひ、漱ぎ、櫛り、衣服を正し、用具を佩び、能く平旦の気を養つて、君父の恩情を体認し、今日の家業を思ひ量り（中略）閑なるときは則ち今日の行事を顧み、暇あるときは則ち書伝を抜きて士の正道を考へ、義不義の行を知る。(78)

素行の数多い著述の中で、士像について詳しく述べたものは、他に『山鹿語類』がある。『山鹿語類』は全四十五巻から成り、士の理想像は「君道篇」と「士道篇」において分析されている。巻第二十一は「士道」という題名で、その理想を明確に描いている。

例えば、

凡ソ士ノ職ト云ハ、ソノ身ヲ顧ニ、主人ヲ得テ奉公ノ忠ヲ尽シ、朋輩ニ交テ信ヲ厚クシ、身ノ独リヲ慎デ義ヲ専トスルニアリ（中略）士ハ農工商ノ業ヲサシ置テ此道ヲ専ツトメ、三民ノ間苟クモ人倫ヲミダラン輩ヲ速ニ罰シテ、以テ天下ニ天倫ノ正シキヲ持ツ。是士ニ文武之徳知不レ備バアルベカラズ。サレバ形ニハ剣戟弓馬ノ用ヲタラシメ、内ニハ君臣朋友父子兄弟夫婦道ヲツトメテ、文武心ニタリ武備外ニ調テ、三民自ラ是師トシ是ヲ貴ンデ、其教ニシタガイ其本末をシルニタレリ。(79)

素行とその一門は、武士らしく振る舞うことが故に武人であると考え、(80)武士の適切な振る舞いに関する指示を、的確かつ段階的に詳述している。素行とその一門が唱道したのは、基本的・実用的な生活様式であった。それは、よき武士であることの判断基準が、戦場での名誉ではなく、常に武と文のバランスを志す（文武両道）といったような、戦場から日常の行為に設定し直されたということである。

このように、理想的な生活の重要な側面の一つとして、学問と諸芸（文）の修練を通して、終わりのない自己修養が加えられた。礼儀作法、古典などの勉強と同時に武芸の稽古に励むことが、一層充実した生活へとつながると強調した。そして、武士と町人を区別する顕著な特徴となったのは、武士が軍事的修練を受けているということであった。(81)「文化的資本」として「武」の重要性については、次の章で主題として取り扱うことにする。

大道寺友山

最後に取り上げるのは、素行の弟子の一人であった大道寺友山で、友山も第一章で紹介したように『武道初心集』という書物を著している。武士はいかに生きるべきかという問いに応える書物として、『武道初心集』は恐らくその「決定版」といえる。[82] そして同書が非常に広く読まれたということは、同書が時代の気運に合っていたことを指し示している。『武道初心集』が取り上げる題材の、「教育」「孝行」「士法」などを見れば分かるように、同書は武士の日常生活のあらゆる場面において助言を与えてくれている。[83]

友山は、武士のためにバランスの取れた生活を提案する、素行の伝統を引き継いでいる。

> 武士道は、剛強の意地あるを第一と仕るは、勿論の義に候得共、片向に強き計りにては、何とやらん農人上りの武士を見る様にて、不レ可レ然候。學問は勿論、其餘暇には、歌學、茶の湯など、少しづゝは相心得罷在度事にて候。先學問無レ之候ては、古今の道理を辨へ可レ申様無レ之に付、其身何ほど世智賢くさし當り利發にても、事に臨み差支多きものに候。[84]

友山が提案したのは、泰平の時代に適した自己修養と節制を重んじた生活であった。それと同時に、理想と考えられる戦国武士の戦法・軍法を常に心に留めていることの重要性も強調していた。実践的な内容に溢れている『武道初心集』に目を通すと、「文」と「武」を上級武士だけではなく、下級武士にも修養の基盤として、日常の品行の基準を提示している。

このように友山は、武士にとっては「二法四段」の修行が重要であると強調していた。

武士道に、二法四段の子細有レ之候。二法とは、常法、變法に候。常法の内に、士法、兵法あり。變法の内に、軍法、戦法有りて、都合四段に候。先づ士法と申は、朝夕手足を洗ひ、湯風呂にも入て、身を潔く持なし、毎朝髪を結び、節々月額をも剃り、時節に應じたる禮服を着し、刀脇差の義は申に及ばず、腰に扇子を離さず、客對のときは、尊卑に隨て相當の禮義を盡し、無益の言語を慎しみ、たとひ一椀の飯を食し、一服の茶を啜るに付ても、其さま拙なからざる樣にと、油断なく是をたしなみ、其身奉公人ならば、非番休息の透々には、只居を致さず。(85)

今村によると、「四段（士法、兵法、軍法、戦法）の修行を成就した武士は上品の士といえる」としている。(86)このような指摘は、最初に北条氏長によって明確な枠組みが示され、その後山鹿素行と大道寺友山によってさらに発展させられた武士教化運動の目標を、武士に集団の一員としての意識を植えつけることであった。ロジャーズによると、武士は「戦《いくさ》に加わることによってではなく、品行、学問、学習、技術や一連の根幹的な職業的価値基準の信奉（少なくとも、受容）によって特徴づけられるようになった」のである。(87)

例えば、巨大な官僚制機構での全ての武士は、職務室で和気藹々と仕事をこなしてゆく必要がある、と友山は指摘している。

奉公を勤る武士、主君の御恩情を深厚に罷蒙り、其御恩を報じ奉り様無レ之、せめては殉死なり共仕り度存ずるといへ共、公義の御法度なれば、其義も不㆓相叶㆒、さればとて、畳の上に於て、人並の奉公を勤めて、一生を過ごすと申すは、心外至りなり、あはれ何事にてもあれ、諸傍輩の腕先に叶ひがたき、奉公所もあれかし、身命を抛ち、是非仕り上べき物をと、心底に思ひ定めたる者有㆑之候はゞ、殉死には百双倍も優り、主君の御為は申すに及ばず、家中大小の諸奉公人までの援ひともなり、忠義勇の三つを兼備へて、末世の武士の手本共可㆓罷成㆒一品有㆑之候。[88]

この文章で分かるように、友山は『葉隠』と違う意味で「死の覚悟」を強調しているが、それは無駄・迷惑な死を避けるためであった。要するに、誇り高い武士は侮辱に対し反応すると、喧嘩になって殺されるなどの事態が生じ、主君や家族に大きな迷惑をかけることになる。友山のいう「死の覚悟」は素行とほぼ同じで、常に危機感を持ち、老人になってから畳の上で病死することが最も理想的な「忠」の果たし方である、としている。これこそ天下泰平を代表する「ソフト武士道」といえよう。

六　まとめ

これまで考察してきたことから分かるように、武士が存在の一般的な秩序についてのさまざまな概念を作り出したことに関する重要な論点の一つは、武士の主従関係の変容と関係している。武勇を発揮して手柄を立てると、社会的名声は武士同士によって判断・評価された。しかし、江戸時代になると平和な社会の支配層であった武士は、名を上げるという欲求を満たす道が限られ、ジレンマは一層大きなものとなった。
武士は自分たちの立場をどのようにして正当化することができたのか、前述の軍学者・儒学者らが何世代にもわたってこの問題に対する解答を探し求めた。その結果、武士が必死に自己のアイデンティティーの特徴を保ちながら、自己の役割の中に新しい意味を見出すことができるよう、武士の役割と道徳観を解釈し直したのである。しかし、軍事的な「名」「勇」「忠」などが、相変わらず武士世間の重要な要素として残された。

ピーター・バーガーは、道徳と兵社会に関する論説の中で「名誉や勇気や忠誠心といった道徳的価値は一般に軍事的制度の特徴を示している価値である」としている。[89]個人が軍事的制度の内側にいる限り、その価値はその人にとって疑いもなく、見える可能性が非常に高い。しかし、異なる環境に移されたとすれば、軍事的価値に疑いを持つ可能性が非常に高い、とバーガーが指摘している。[90]以前の社会環境において、周りの人々が特定の道徳的価値を支持していたのと同様に、新しい社会環境においても別の特定の道徳的価値が支持され、「兵士たちの世界観が極めてもっともらしく思われるようになるのも当然である」としている。[91]逆に、バーガーがいうように、戦士でいることが、他の人にとって理解できないような社会的環境の中で、その身分を支えることは非常に難しいことである。[92]従って、前述の江戸期の学者らの作業で、武士のアイデンティティーが破壊されないための、満足のゆく世界観と、容認されうる「存在の一般的な秩序」を再構築するという作業は非常に至難であった。

このような存在の一般的な秩序についてのさまざまな概念が間違いのないものであると信じ、武士の間に確立された「気風」と「動機」が武士の独占的な特質になり、武士の独特な自己アイデンティティーが強固なものになっていった。これが、この次の章で取り扱う主題である。

1 「③一般的な存在秩序についてのさまざまな概念を作り出す」という部分である。
2 C. Geertz, *The Interpretation of Cultures*, p. 108
3 同右, p. 108
4 同右, p. 99
5 同右
6 同右, pp. 99–100
7 同右, p. 100
8 同右, p. 104
9 同右
10 E. Ikegami, *The Taming of the Samurai*, p. 332
11 同右, p. 334
12 同右, p. 332
13 ピエール・ブルデュー（今村仁司、港道隆　共訳）『実践感覚1』八六頁
14 山内進、加藤博、新田一郎（編）『暴力：比較分明史的考察』八八頁
15 E. Ikegami, 前掲書, p. 335
16 同右, p. 25
17 同右, p. 38
18 井上忠司『「世間体」の構造：社会心理史への試み』五八頁
19 山本博文『武士と世間』ii頁
20 同右、六八頁
21 E. Ikegami, 前掲書, p. 94
22 同右
23 山本博文、前掲書、六六頁
24 相良亨『武士の倫理：近世から中世へ』一二六頁
25 同右、一九頁
26 吉田豊『武家の家訓』一四九頁
27 酒井憲二『甲陽軍鑑大成 一』一五二頁
28 石田一良（編）『日本精神史』二〇五頁
29 E. Ikegami, 前掲書, p. 142

30 腰原哲朗（訳）『甲陽軍鑑上』七一頁
31 E. Ikegami, 前掲書 , p. 143
32 酒井憲二、前掲書、一七〇頁
33 Ikegami, 前掲書 , p. 146
34 石田一良、前掲書、二二一～二二二頁
35 吉田豊、前掲書、二六五頁
36 『甲陽軍鑑』の「命牛之巻」
37 山本博文、前掲書、二〇二頁
38 同右、v頁
39 E. Ikegami, 前掲書 , p. 40
40 佐藤弘夫（編）『概説日本思想史』一五八頁
41 佐々木潤之介『江戸時代論』二七頁
42 津田左右吉『文学に現はれたる我が國民思想の研究―平民文學の時代 上』（『津田左右吉全集　別巻第四』）三二六頁
43 J. Rogers, *The Development of the Military Profession in Tokugawa Japan*, p. 65
44 同右
45 石岡久夫、有馬成甫（編）『日本兵法全集 三（北条流兵法）』一三頁
46 同右
47 同右、一五頁
48 北条氏長『士鑑用法』井上哲次郎（編）『武士道全書 第二巻』一四五～六頁
49 J. Rogers, 前掲書 , p. 80
50 北条氏長、前掲書、一四五～六頁
51 J. Rogers, 前掲書 , p. 82
52 同右 , p. 83
53 同右 , p. 84
54 北条氏長、前掲書、一四八頁
55 J. Rogers, 前掲書 , p. 85
56 石岡久夫、有馬成甫（編）、前掲書、二七頁
57 J. Rogers, 前掲書 , p. 96
58 同右 , p. 86

59 柳生宗矩『兵法家伝書』今村嘉雄（編）『日本武道大系 第一巻』九七頁
60 同右、一〇〇頁
61 同右、九三頁
62 J. Rogers, 前掲書 , p. 89
63 同右 , p. 89
64 柳生宗矩、前掲書、一〇六頁
65 同右、一一六頁
66 同右、一二三頁
67 同右、一〇一頁
68 同右、九九頁
69 湯浅晃『武道伝書を読む』四六頁
70 今村嘉雄『十九世紀に於ける日本体育の研究』三四頁
71 佐藤弘夫、前掲書、（編）一五九頁
72 J. Rogers, 前掲書 , pp. 96~97
73 佐藤弘雄、前掲書、一五九頁
74 J. Rogers, 前掲書 , p. 99
75 同右 , p. 100
76 石岡久夫、有馬成甫『日本兵法全集 五（山鹿流兵法）』一五頁
77 同右、二五六頁
78 同右、二五九頁
79 田原嗣郎、守本順一郎『山鹿素行』（『日本思想体系三二』）三二頁
80 J. Rogers, 前掲書 , p. 104
81 同右
82 同右 , p. 106
83 残りの題材は次の通りである。「不レ忘勝一負二」「義不義」「勇者」「禮敬」「馬術」「軍法戦法」「治家」「親族」「倹嗇」「家作」「武備」「従業着具」「武士」「廉耻」「友擇」「交誼」「絶交」「名誉」「大口悪口」「旅行」「戒二背語一」「陣代」「臨終」「奉公」「臨職」「武役」「謹慎」「言辞」「譜牒」「陪従」「有司」「假レ威レ竊」「聚斂」「頭支配」「懈惰」「處變」「述懐」「忠死」「文雅」がある。
84 大道寺友山『武道初心集』井上哲次郎（編）『武士道全書 第二巻』三六五頁
85 同右、三〇五頁

86 今村嘉雄『十九世紀に於ける日本体育の研究』五六頁
87 J. Rogers, 前掲書 , p. 108
88 大道寺友山、前掲書、三六一頁
89 P. L. Berger, *The Heretical Imperative*, p. 19
90 同右
91 同右
92 同右

第五章　武術を通じての武士の宗教的な体験

武士世間と、世間内での武士の位置と一般社会との関係についてのさまざまな概念は、武士の歴史を通じてほとんど不変であった特定の儀式的行為によって、正当化された。これまで繰り返し述べてきたが、武力を行使する権利と能力は、特に秀吉の刀狩り以降武士に独占されていた。功労などによって庶民が名字を持ち、刀を腰につけることもあったが（苗字帯刀）、原則として武力の独占によって武士は庶民から区別されており、腰に差した二本の刀は、武士という身分と武力行使能力を象徴していた。実戦に加わる加わらないに関係なく、少なくとも武術の修練過程において儀式的に常に擬似的な殺害（及び死）を経験することは、武士個人の感情を一時的に陶酔状態にまで高揚させた。武士世間の中では武人という職業に「現実性」を帯びさせる代表的な経験をすることが、彼らの存在を正当化するという役目を果たした。この章では、実戦や武芸の修練が武士に独特の存在意識を醸成する手段を与え、彼らの「気風」と「動機」に現実味を帯びさせる作用をしたことを立証する。

一　儀式

ギアツによれば、儀式（神聖化された行動）が重要であるのは、それによって「宗教的概念は真実のもの」であり、「宗教的指令は健全なもの」であるという確信がもたらされるからである。それはある種の形式的な形態を取り、神話を朗読したり、神託を求めたりする行動とほとんど差異のないものに見え、武士の場合であれば規定の戦闘作法を墨守することでさえ儀式と呼べるかも知れない。神聖な象徴が心の中に誘発する「気風」や「動機」と、宗教が人のために作り出した存在の秩序の一般的な概念とは、相互の要求を満たし合い、補強し合っている。「儀式においてはたとえわずか一組の象徴的作法を媒介としてでも、現実の世界と想像の世界が融合し一つの同じ世界になる。このようにして人の現実意識に特異な変容が引き起こされる」のである。(1)

いかなる宗教的儀式も、表面的にはエトスと世界観の象徴的な融合が必要である。民族や集団の宗教意識を形成しているのは、さまざまな気質（気風）や動機のみならず、さまざまな形而上的概念をも巻き込んでいる儀式である。「このような全ての必要条件を備えた儀式を『cultural performances：文化的演技』と呼ぶことができよう」とギアツはいっている。(2)儀式は、信者にとっては宗教生活の気質的側面と概念的側面との集束点であることを表象しているので、客観的な観察者にとっては、両側面の相互作用を最も容易に考察することができる最適な観察点であることを意味している。(3)

武士の宗教生活の集束点であり、武士の心性を理解しようとする探求者にとっての最適な観察点は、戦いの場をおいてほかにない。戦いに帰することができる多くの複雑な儀式や心的態度、さらには死の可能性に付随する感情の高揚や興奮などは、武士の自己アイデンティティーと目標、「動機」・「気風」が最も可視的な形で表に現れたものである。換言するならば、武士の本性の発露である。実際武士にとっての「戦《いくさ》」は、打算の要素をも含んだ複合的な社会的儀式であった。

しかし、このような儀式や慣習が引き起こす特異で独自の感情や心的状態は、武士の生涯のどの瞬間にも存在していたわけではない。ギアツが述べているように、宗教的象徴が全ての時間を支配している世界で暮らしている人は一人もおらず、それは聖人とて例外ではない。ほとんどの人はそのような象徴的世界に時折参入して行くだけなのである。万人の経験においては、常識的な目的や実利的な行動によって特徴づけられる日常世界が、最も主要な現実なのである、とギアツは述べている。[4] したがって宗教的な儀式が誘発する気質は、儀式自体の領域の外ではありのままの事実から成る日常世界についての個人の考え方に反映され、その考え方を適用する際に最も大きな影響を与えることになる。[5]

宗教の儀礼実践によって誘発された「気風」や「動機」が際立って疎い現実性を帯びると、状況を考慮する際に、受け入れ得る分別ある「気風」や「動機」は、これ以外ないように変わってしまう。宗教的概念によって明確に規定された意味の枠組みの中に、儀式を通して「飛び込んだ」後再び日常世界に戻ってくると、人は変わる。そして人が変わると常識世界も変わってしまい、従前の現実世界ははるかに広大な現実世界を補完しているほんの一部分にしか見えなくなる、とギアツは強調している。[6]

以降このような事項に留意し、武士の戦いの世界に目を向けることにする。まず、第一章で触れた武家故実書[7]に見られる戦いの儀式的側面を概観し、その後で、武士が個人的に覚悟しておくべき責務について考察する。どのような武士集団や家に所属しようが、どの地域においてであろうが、武士としての自己認識を強固で正当な根拠のあるものにし、武士を庶民とは異なる存在として区別する働きをしたのは戦いであった。戦いは武士にとって、世俗的で常識的な世界から別の存在意識へと飛び込むための手段であった。戦いという体験は武士の世界観に影響を与え、武士としての自己アイデンティティーの特異性を高める働きをした。

二　戦《いくさ》の意味

軍隊というものは、国や時代を問わず本質的に儀式を偏重する。軍隊の儀式の中に、兵役中における個々の兵士の重要な出来事（例えば昇進、出陣、葬式など）を記念する目的で行われるものもあれば、軍隊生活の規律を保つための儀式として、駐屯地からの部隊の出発や駐屯地への到着を告げたり、部隊の凱旋を祝ったりすることもある。多くの場合魔除け的役割を果たしており、危害から守ってもらえるという気持ちを与えてくれるという理由で受け入れられている。これについて、軍事史家であるリチャード・ホームズによると、「死の問題や不安と儀式の間には密接な関係があり、この関係は時代や民族にかかわらず、多くの兵士にとって大きな関心事である」としている(8)。

既に述べたように、個人や家の名誉を高めるために、死を恐れずに戦場で立派な働きをすることを望んでいた。このように中世の戦場における実戦は、武力と名と死が絡み合った儀式であった。高名な武将を討ち取ることや、突撃の際に先陣を切ることは手柄や名誉であると考えられ、手柄を立てた武士は相当な褒賞を授与されることを当然のこととして期待していた。勿論、軍記物語に見られる素晴らしい武勇を発揮した武士の行為は誇張されたものだろうし、それどころか決して凛々しいとはいえない武士が多かったに違いない。戦時中に立てた手柄とそれにまつわるロマンは、何世紀にもわたって武士や現代の日本人に至るまでの集団意識に「理想」として残ったのである。

戦場の儀式について多くの軍記物語や史料に記録されているように、戦《いくさ》の段取りとして自分の対戦者を選んだ後、主として相手を威圧し怖じ気づかせる目的で「名乗り」を詠唱するのが常であったといわれている。福田豊彦の『いくさ』によると、「合戦の場においては、物理的な戦いの他に、卜筮《ぼくぜい》や言葉による戦い（「言葉戦い」）も行われた」[9]。また藤木久志は『戦国の作法』に数多くの例を取り上げ、言語によって自分の徳を自賛し、敵方を侮辱することで合戦の口火を切ったり、「室町以前には、主として武将やその郎従たちに担われて、戦闘＝挑戦の作法として現われ、しだいに悪口とも合流しようとしているさまが観察される」[10]。また、武士としての優れた家系を語る「氏文読み」という儀式的行動もあった[11]。高橋昌明が『武士の成立―武士像の創出』の中で、「家系を誇り、先祖の栄誉を数え上げることによって、社会的な認知を経た武士であるか否か、また己の家格・身分がどの程度のものかを相手に知らしめる」とも述べている[12]。

本質的に、武士は自分の対戦者に向かって戦っている相手が誰であるかということを知らせていたのではなく、全員に向けてのものだった。というのも、武功を立てたところで、それが誰の手柄であるのか敵も味方も知らなければ何の意味もないからである。

一度一騎打ちが始まるとそれは真剣勝負であり、両者は決着がつくまで戦う。勝者は勝利の象徴として敗者の首を刎ねたが、それは一種の「手柄証明書」のようなものであった[13]。その首を持ち帰り、大将直々にその首を検分（首実検）した結果、それが名の知れた武将の首であれば、武芸の技量の証明になる場合には褒賞を期待できた。一騎打ちは武士の歴史の初期を特徴づけるもので、遠く離れて対峙する方式（弓矢）と近距離で戦う方式（刃物、馬など）の二種類であった。いずれにせよ一騎打ちという戦闘形式のため、武士は恐怖と強烈なストレスを制御する自制心の涵養を余儀なくされた。

リチャード・カウパーはヨーロッパの騎士について、彼らは戦《いくさ》の最中に倒れた戦友や武器の山を見て、たとえ死んでもそれは「殉教」であると強く意識し、恐怖心を抑えて戦い続けたと指南した。名誉が殉教を意識させ、恐怖心を抑え成功した者だけが褒美を得ることができた。[14] 日本の武士も事情は同じと推測できるが、死後に天国へ上る「殉教者」ではなく、死後の名声こそが褒美であった。

戦《いくさ》という経験について、ヨハン・ホイジンガが名著『ホモ・ルーデンス』のなかで、「名誉をかけた気高い遊びという戦争観から生じた一つの慣行と礼節を交換し合うことであり（中略）名誉に反することは規則に反す」[15]としているように、戦《いくさ》における礼法と儀式は、武士「界」の「ゲーム」に重要な役割を果たしていたといえる。

戦《いくさ》は常に大きな賭であり、武士が「名」と「誉れ」を追い求める場としては最も密度の濃く、緊張が連続する場である。また、武士が名誉をどれほど重んじているかが試される場であると同時に、武士の名誉が公式に認められる場でもあった。[16] 勇敢な行動をとっても、自分の主君や仲間に認めてもらわない限り、それは無駄なことで、仲間に自分の戦いぶりを見てもらい、戦《いくさ》の術に長けていていつでも戦う覚悟があることを認めてもらえるよう、常に気を配っていた。[17]

三　戦《いくさ》の儀式的手順

再びホイジンガによると、「戦いは名誉を争う競技であり、しかも同時に裁判上の判決でもあるとするその考え方の肝心かなめをなすのが戦いの時間と場所に関する協定だ」としている。[18]

中世初期の合戦において、戦闘に先だって両軍が互いに敵陣に使者を派遣し、戦う意志があることを宣言し合う。その後、戦闘開始を告げる合図として、鏑矢が空高く放たれる。続く実戦の第一段階は矢合わせと呼ばれ、両軍の兵士によって矢が飛び交わされる。石井進によると、戦《いくさ》の手順は次の五段階から成っているとしている。それは①先ず戦闘の場所と日時を取り決める。②戦場で両軍が対峙した際に「軍使」を派遣し合う。③戦闘開始を通告するために鳴鏑を放つ矢合わせを行う。そして④両軍が互いに接近しながら、それまでよりも高い正確度で矢を放ち合う。⑤最後に両軍がぶつかり合い、刀を用いて一対一で戦う、の五つである。[19]

また、鈴木国弘が「私戦」を次のように五段階に考察している。①合戦の目的と場所を、あらかじめ敵方に明示する。②合戦時に交わす互いの「軍使」の生命を保障し合う。③合戦の場では、自らの姓名や身分を名乗り、同じ実力の武士同士で行うという、一騎討ちの原則を守る。④勝敗の帰趨に関係しない限り、敵方の重要な武将をむやみに殺害することはしない。⑤女性や子供など、非戦闘員の生命の安全を保障する、「降人」を大切にして虐待などはしない。[20]

古代から中世初期にかけて、実際にこれらの五段階の戦闘手順を守って行われた戦いがどのくらいあったのか、という数の問題には立ち入らないが、もし存在したとしてもその数は恐らく限られたものであっただろう。軍記物語などを見ると、戦いの大半は奇襲で始まっている。そうでない場合でも戦いは普通矢合わせで始まり、戦場が広々とした見通しのよい場合には両軍がぶつかり合い、馬上の武士がそれぞれ一対一で戦い合うという場面で最高潮に達している。

戦国時代になると、今まで見てきた通り武士の自由は制限されることとなり、命を懸けて手柄を立てることは個々の臣下の責務であった。戦《いくさ》の勝敗は、個々の武士の武術能力によって大きく左右されていたことは確かであり、混乱状態の中で、「名声と名誉を求める武士の旺盛な欲望は、依然として戦場での英雄的行為という獲物を狙っていた」と池上が指摘している。[21]

繰り返しになるが、戦国の世が終わった江戸時代においても、兵法・戦場儀式の習得や武術の修練は、武士としての存在に不可欠な側面の一つであり続けた。今村嘉雄によると、江戸幕府は「武家のみに武芸を奨励し、他の階級にはこれを禁止する」と記述している[22]。

ここで注目したいのは、武術は武士のみの「文化資本」であったということである。武術は自分を武士の一員として肯定する際、最も明白で重要な要素であった。武術は、戦《いくさ》を専門とする職業人としてのアイデンティティーを強固にし、庶民との間に区別を設ける役割を果たすようになった。武術や兵法には考察に値する側面が数多くあるが、この論文の論考範囲内でそれら全てを検討することは不可能であるため、ここでは武士にとって武術とは何であったかということと、武術の主な要素について概説するにとどめる。

四　武術流派の成立

武術は武士の「強さ」の象徴であるとともに、それを発揮する手段でもあったため、武術の修練は「世襲戦士」である武士のみに許された特権になった。藤木久志の論によると、秀吉の刀狩りにより、庶民は全ての武器を奪われたわけではなかったが、武士が使用していた類の武器を所有することは禁じられ、武術を学ぶことも少なくとも公式には許されなかった。

今村は、「武芸は武術、武技、武道、兵法などとも呼ばれ、狭義には弓馬、槍、剱、砲、柔等の一人対一人の格闘技術を意味するが、広義には兵学（武学、軍学）をも含み集団的用兵、築城、天文、地文、経済にまで及ぶ」としている。(23) 要するに総合武術は、基本的にはさまざまな武器の扱い方の習得が主目的で、広義に解すれば、武術には武器の利用効果を高める補助的な技術も含まれていた。例えば戦場での砦作りの技術、狼煙作りの技術、さらには戦略や作戦の立案などである。これらは武術という範疇に属する補助的技術のほんの数例に過ぎない。

武士の戦《いくさ》に関する考え方や儀式の多くは、古代中国の兵法にその源を発している。中国においては、兵法と統治に関する六つの書物が既に紀元前四世紀までに書かれており、これらは儒教の枢要の書である四書五経と並び称せられている。その六つの書物とは、『孫子』『呉子』『六韜』『司馬法』『尉繚子』『三略』である。その後七世紀に書かれた『李衛公問体』と合わせて、それらは武経七書と呼ばれるようになり、四書五経と共に九世紀までには既に日本にも紹介されていた。鎌倉時代から江戸時代全般にかけて、武経七書が知識人に与えた影響や、思考領域における七書の役割は、一見過大評価と思われかねないほど大きなものであった。(24) ロジャーズが指摘したように、「江戸時代の主要な儒学者のほとんど誰も（林羅山・新井白石・荻生徂徠も）が、当時日本で広く読まれていた武経七書のうち、少なくとも一書について評釈をおこなっている」のである。(25)

日本の兵学において、武器の使い方と戦略だけではなく、呪術や卜占への依存が重要であった。主なものとして、指揮官が戦いの結果を占うために利用した易断風の儀式や、戦場で武士の身を守ると信じられていた呪文や護符などがあった。戦国時代ごろ発生した兵学の研究を行う流派の多くは、そうした古来の習わしもカリキュラムに組み入れ、戦場での慣習や儀式、呪術的習慣、易断法といったものを取り扱っていた。身を守る類の卜占には、怯えている兵士の恐怖心を緩和したり、勇気づけるという役割があったため、好ましい結果を予言する傾向があった。

武術流派に関しては、十二世紀後半頃から戦場での経験を活かして戦闘技術が体系化され始め、十五世紀からはさまざまな武芸流派の誕生によって、それらが統合整理されていった。

武術流派の成立について、中林信二は三つの条件を示している。①天才的な人物の出現が必要である（流祖も後の弟子も名人でなければ、その流派は存続しない）。②その技法が非常に高度なものでなければならない。③そして技法が高度であるならば、その技法の大系を教習する課程、つまりそれを密事伝授するため技術体系・伝授方法等を持っていなければならない[26]。

江戸時代に入ると、武術流派が総合武術ではなく、剣術・槍術・弓術・柔術などに分派し、一つの武器を専門に教えることが多くなり、「理論的叙述」なども見られるようになった[27]。こうして、幕末までに数百の流派が存在するようになるが、その多くの源流と考えられるのは、室町時代まで遡ることのできる①神道流系統、②新陰流系統、③一刀流系統の三つの流派である[28]。

技術と理論の両面における軍事教練を日々たゆまず行うことが、武士の特有な日課となっていった。このような持続的な鍛錬には、型を通じて基本技を習得するための徹底した基礎訓練が含まれている。基礎訓練は非常に細部にまでおよび、流派ごとに厳しく定められている武器の基本的な扱い方を、各々の武士は身につけていった。基礎訓練の段階が完了すると、奥伝（奥義）と呼ばれる高度な技へと進み、これらを習得できれば武術の技量に一段と磨きがかかることになる。戦闘において敵を打ち負かすことができるか否かは、この最高度の技の習得にかかっていた。ここで武術流派の例として、小野派一刀流を紹介する[29]。

小野派一刀流の心技

小野派一刀流は、十六世紀後半伊藤一刀斎影久によって創始された代表的な武術（主に剣術）の流派である。伊藤一刀斎影久は、念流・中條流・富田流や鐘捲流《かねまきりゅう》を修め、「幾多実戦の危機を通り、体得し創意工夫した剣の妙技を深い思索と宗教三昧の霊験の上に一刀流の一大系を創建」(30)した人物で、後に弟子小野次郎右衛門忠明に流儀を伝授した。忠明は、徳川二代将軍秀忠の剣術兵法師範役となり、「必勝不敗の剣心一如のことを教え、更に十二ヶ条目録、仮字書目録、本目録、割目録を制定し、宇宙観、人生観、社会観の基となる剣道の原則を確立した」(31)。

一刀流の理念と技法を確立した以降、代々将軍家・諸大名家にその剣術兵法を伝え、数多くの門弟が一刀流の指導を受けることになった。その後、小野家四代忠一《ただかず》により津軽五代藩主津軽土佐守信寿に正統派が相伝され、爾来小野家と津軽家に一刀流は受け継がれることになった。以降も一刀流には多くの分派が生じたが、その正統は小野派一刀流といわれている。

一刀流の最も重要な技は切落《きりおとし》という技である。切落は全ての技の初めであり、終わりでもあるといわれている。一見素朴な技のようだが、相手の太刀を受けてから打突を応じ返すという二段技ではなく、敵の刀を切り落としながら同時に敵を制するという、「攻防一致」の非常に高度な技である。

また、「一刀即万刀　万刀即一刀」という一刀流の中心概念は、全てのものは「一」に始まり、「一」に終わるということを表している。要するに、全てのものは、多様な形に変化しても飽くまでその本《もと》は一つであり、最終的には必ず元の形に戻るという教えである。このように、切落という技においてもさまざまな応じ技やバリエーションが可能で、本をコントロールできれば、相手の攻撃に応じると同時に制することが、一刀流の秘訣である。

一刀流には数多くの技があるが切落が中心で、門下生が初心者から上級者までそれを徹底的に訓練する。「一刀流」という流派の名義は、この「一刀即万刀　万刀即一刀」という極意から生じたのである。

以上のような一刀流の技・哲学体系は多少抽象的であるが、その修行段階は明確になっている。一刀流の技と哲学を全部マスターするまでには、次の八つの、「志道」「入門」「初心」「未熟」「熟練」「上達」「精妙」「円満」段階がある。その道に入ろうという意思があったら、門を入り、玄関に上がり、控えの間に進み、最終的には奥の間に通されるというプロセスである。そこで、その流派の奥義や秘伝の技と理念を授かる。

また、一つ一つの技を裏づける思想に、小野派一刀流では「五格一貫《ごかくいっかん》」という教えがある。①「心―実」＝一切の本元、気を起こす。②「気―用」＝心の発動、理を呼ぶ。③「理―則」＝気に促されて現れ機を生ずる。④「機―兆」＝理に従って出、技（術）を招く。⑤「術―手練」＝機に合し投じ心に随って成る、の五つである。これらの五つの要素が全て合わさって完全な技となる。

また、「心気一元一如」＝心と気は本来一元であるということで、この場合、心は「実」で「静」、気は「用」で「動」、つまり心は行動の潜在力、気は能動力である。心の知情意が一つに連結し相手に向かう時、気が発動する（気合の発生）。そして、「気理合一」＝気と理は一つのものであって、別々になると技は乱れてしまう。気が乱れてしまう原因は七病、つまり心の七つの病気だといわれる。その心の病とは「恐《おそれ》」「怖《おののき》」「惑《まどい》」「疑《うたがい》」「臆《おくする》」「侮《あなどり》」「驕《おごり》」だと伝えられ、稽古を繰り返す過程の中で、技を磨きながら心の病＝弱点を追い払うことが修行の目的だと教えられている。

これらの教えを全部守ることができれば、一つの技として成り立つというのが、一刀流の考え方である。しかしそれにはさまざまな位があり、全てを習得できれば、最終的には「円満」という域まで到達できる。これを「事理一致」といい、「事」＝技と「理」＝理念が一致しなければならない。

五　武術流派の役割

小野派一刀流の教えは、武芸一般に関する技法や心法を系統的に説いたものではなく、それは各流派によって違っていた。今村によると、近世に「戦場生活から解放された武士達は、その精妙な技法、心法を神・儒・仏・老荘等の語をかりて潤色し成文化する」ようになった。[32] 古代から軍事訓練の最も大きな目的は、戦場での働きを出来る限り増大させることである。訓練の大半は、直接的であれ間接的であれ、ストレスに満ちた戦闘環境に兵士が対処できるよう鍛錬することに費やされている。例えば、多くの武術流派の教えの中で、いかなる時においても冷静な心情を保つことの重要さが強調されている。弓術の流派である日置流の秘歌に、「物合の早き射手とは何をいふ　こゝろ静まる人をいふなり[33]」は実に良い例といえる。

これについて、戦場でのストレスは非常に大きく、その対策に関する一般的な理論を戦場という特殊な状況にも適用することは可能であった。[34] 戦場でのストレスは、訓練で抑えるしかなかった。戦場における兵士の行動の大部分は、技術と理論の両面における武術訓練の成果の表れである。[35] 武術修練の動機と目的意識は、時代の社会的風潮に適合すべく生じたもので、戦時であれ平時であれ、常に武士の存在にとって中核的なものであり続けた。

そのような武士を諌めている一節として、宮本武蔵の『五輪書』にある次の文を取り上げる。

武士の兵法をおこなふ道は、何事におゐても人にすぐるゝ所を本とし、或は一身の切合にかち、或は数人の戦に勝ち、主君の為、我身の為、名をあげ身をたてんと思ふ。是兵法の徳をもつてなり。(36)

また、徳川幕府の「武家諸法度台徳院」の中にも同様な趣旨の諫言が見られる。

文武弓馬之道、専可二相嗜一事。
左文右武、古之法也。不レ可レ不二兼備一矣。弓馬者是武家之要枢也。号レ兵為二凶器一、不レ得レ已而用レ之。治不レ忘レ乱、何不レ励二修錬一乎。(37)

しかし、時代状況が大きく変化した十七世紀初頭から、武術は「文明化」＝「武芸化」されるようになった。平時における武術の意義の変化について、湯浅が「戦乱のない平和なこの時代にかえって『武術』が発展した」(38)としているように、江戸時代の武士は武術というものを単に戦闘技術を上達させる手段としてのみならず、心身両面における自己陶冶の手段としても捉えるようになってきた。勿論、戦時において精神力を養うことが武功の鍵であったが、平和の江戸時代では、精神力は実戦の戦闘能力から自己修養に結びついていった。

ともかく実戦において、傷痍や死に対する恐怖心を抱くことは非常に不利な条件となる。恐怖心があると人は心を取り乱し、集中力・瞬発力やタイミングを計る能力が鈍ってしまう。また、自分の恐怖心を制御することができない兵士は、武器を操る技術にいかに優れていようとも、結局何の役にも立たないことになる。逆にいえば、恐怖心を制御できかつ死を恐れない武士は、敵にとっては最も恐ろしい存在になってくる。

カール・フライデーが指摘しているように、「生死を決する戦いに耐えうる究極的な戦闘能力には、恐怖心を捨て去り起こりうる戦闘結果を考えない超然とした態度を維持することができる能力が不可欠となる」のである。(39)

それぞれの武術流派は、以上のようなことを念頭に置いて独特の技を編み出すことにより独自色を強め、いわゆる奥伝はその流派内の世襲的財産と考えられ、門外不出であった。時代の経過につれ流派の細分化は避け難いものとなり、夥しい数の流派が創設されると、流派間に嫉妬の入り交じった激しい競争心が生じ、それが表面化してきた。

その結果、自分の流派が最も優れていることを証明したいという気持ちの表れとして、自分の到達度を試すつもりで武者修行に出たり、他流試合を行う武士が多くなってきた。武者修行の動機について、異なる武術流派の武芸者と試合をすることにより「技術を練り、心身を鍛うと共にこの道の工夫研究を進め、又教を乞う者があればこれを指導して、おのれの流儀の拡張に努めた」と富永堅吾は指摘している。(40)それ以外の動機として、廻国修行をしながら「他城地の要害兵備や地理人情等を探る」というスパイ的なことや、「いい主君を見出し、自分の出世を目指して武を練り歩く者」もいたという。(41)とにかく個々の武士が流派から学んだ武術能力は、生き残るためだけではなく、出世ができるかどうかに関しても重要な要素であり、個人の「文化資本」を積み上げるための必須な道具で、武士のアイデンティティーに不可欠な技術だった。

技術の反復演習の場合と同様に、価値観も激しい武術修練において繰り返し強調されることによって、人の心に染み込ませることができるようになってくる。[42] 名誉意識に基づいている軍律の主要な目的、恐怖心を制御することだけでなく、恐怖心によって引き起こされる行動をも制御することである。名誉の軍律は、敗走によって生じる社会的・精神的なダメージの方が、戦闘自体によって生じる身体的なダメージよりも不愉快なものになるように作られて、敗走を見られるよりも、戦って死ぬ方がよいと考えられていた。従って武術修練の主眼点としては、死や重傷を恐れる気持ちを制御する方法と、人を殺害する意志を見つける手助けをすることが挙げられる。

密集した部隊教練には、士気を高揚させるための重要な儀式的役割がある。戦士としての身分を意識させる重要な役割を演じているように、軍事教練も加わってみると奇妙なほど心地よく感じられることがある。[43] このような訓練を受けた人は自分がエリートであると考えるようになり、自分を他とは異なる種類の人間であると見なすようになる。つまり「これは事実上、文化的な疑似新種形成の過程であり、この過程は基礎訓練に始まり、さらに兵役を体験することによって完了する」のである。[44]

前述の小野派一刀流のような修練過程によって流派の奥伝を極めた者は、実戦という究極の試練に直面しても、身につけた電光石火の早業でそれに対処することができるという、確信を持つことができた。しかも奥伝を通して多数の技術を体得した武士は、戦いのための一つ一つの動きの効力と限界も十分に認識していた。[45]

六　武術修練の精神的・身体的作用

武術修練は、武人の道徳的価値として称揚される過程でもあった。つまり、勇気、自制、忍耐、慎重な判断、礼儀作法、質素などの精神的価値が、武芸の技術面での進歩と並行して身につけられていった。[46] その結果、武士は非常に強い団結心を持ったエリート戦士集団になったが、どうしてこのような事態が生じたのであろうか。

七　冷静な精神状態

戦闘人類学者であるリチャード・ヘイズは、戦闘のこのような心理的要素について次の三つの範疇にまとめた。①脳（精神）によって支配されている特性、②身体によって支配されている特性、③体の動きによって支配されている特性、に分類している。[47] そのうち、ここで取り扱っている主題との関連において特に興味を引くものが精神的・身体的な特性から①「不動心・平常心」（steadfast/imperturbable mind）、②「認識・直観」（cognition/intuition）、③「意志作用」（volition）である。

デビッド・ホールによると、「五感（視覚、聴覚、触覚、嗅覚、味覚）が脅威を感じたとき、その脅威の情報は大脳の右半球と左半球による処理を経て認識的に知覚され、かつ直観的に理解される」[48]。脅威を感じるとは、例えば小野派一刀流の七病にある恐《おそれ》、怖《おののき》、惑《まどい》、疑《うたがい》、臆《おくする》に相当する。次に、体の精神物理系が「全身適応症候群」（General Adaptive Syndrome—以下ＧＡＳ）を引き起こしながら反応する。[49] ヘイズはこの症候群を①警告反応段階、②抵抗段階、③停止段階の三段階に分類している。警告段階においては、体の交感神経系が脳下垂体ホルモンと副腎皮質ホルモンの分泌によって刺激され、敵に直面した体に「闘うか逃げるか」のいずれかの行動の準備をさせる手助けをしている。ストレスが長引き過ぎてパニック状態に陥ると、身体の保護機能が破綻し、有機体としての身体が虚脱状態になる。[50]

しかし、警告反応によってGASが引き起こされる前に、体の特定の部分におけるGASの発生を抑制することができるホルモンを、大脳は分泌することができる。ホールは「認識機能と直観機能が稼働している状況にありながら、警告反応が部分的にまたは完全に抑制されている場合、このような状態を不動心、平常心と呼ぶことができよう」[51]。戦闘において警告反応を抑制することができなければ、恐怖心やパニック状態が引き起こされ、場合によっては死に至ることさえあり得る。GAS発生を抑制することは、身につけた技量を発揮し、難問を処理し戦術を考え出すといったようなことができる能力である。

全身適応症候群を抑制することができる能力を表す用語が、ほとんどの社会で使われている。例えばフランス語ではsangfroidといい、英語ではcold-bloodedという表現がある[52]。ホールがいうように日本語の場合は、「平常心」など仏教由来の表現がある。似た言葉と概念を表す言葉が多く存在するが、酒井利信は「平常心＝常の心、無心＝平常心、無心＝常の心、不動心＝常の心」とし、「常の心」「平常心」「不動心」「無心」は、「いずれも、何ものにもとらわれない平常のままの心の状態を意味する」としている[53]。

現代武道においての「平常心」という概念について、全日本剣道連盟は次のように定義している。「物事（事象）の変化に対し、日頃の気持ちで動揺することなく冷静に対応できる磨かれた心の状態」[54]。

警告反応を遮断し、GASの突然の発生を妨げるこの心理状態は、戦闘において極めて重要な役割を演じている。なぜなら、この能力は残りの二つの精神的・身体的特性の発現のみならず、身体によって支配されている次の三つの特性で①「全身の構え」(omnipoise)・②「腹部」(abdominal)・③「呼吸・発声」(respiratory/vocality)と、体の動きによって支配されている二つの特性①「威力・屈する」(force/yield)・②「同時性」(synchronous)[55]の発現をも助長し、決定づけている。つまり「パニック状態に陥ったり、恐怖心や知性の欠如した激情にとらわれていれば、日本の武士も熟知していたように、呼吸や心理状態が戦闘に必要な身の動きを円滑にすべく機能するということもあり得ない」と考えられる。[56]それ故に、平常心は残り全ての特性の根源であり、日本の武術のさまざまな流派において教えの中核を成すものであった。

例えば、宮本武蔵の『五輪書』には次のような一節がある。

兵法の道におゐて、心の持ちやうは、常の心に替る事なかれ。常にも、兵法の時にも、少しもかはらずして、心を広く直にして、きつくひつぱらず、少しもたるまず、心のかたよらぬやうに、心をまん中におきて、心を静かにゆるがせて、其ゆるぎのせつなもゆるぎやまぬやうに、能々吟味すべし。[57]

武術に求められた心理状態（いわゆる「心法論」）を、柳生宗矩の『兵法家伝書』や澤庵宗彭の『不動智神妙録』によって詳しく説明している。前林清和は「敵との立合の場は生死に直面した極限状態であり、普通の精神状態ではいられない」と述べている。[58]さらに前林は「時代が下がって平和な時代を迎えても、見苦しい振る舞いや心の乱れを極度に嫌う武士には、名に恥じない心持ちや態度が要求され」たとしているが、[59]それは個々の武士の内面的な問題として要求され、「心法論」は数多くの武芸伝書に記録された。

例えば『不動智神妙禄』には次のように記されている。

貴殿の兵法にて申候へば、向より切る太刀を一目見て、其儘そこにて合はんと思へば、向より斬る太刀に其儘心が留まり候て、手前の働が脱け候て、向の人に切られ候。是を留ると可レ申候。向より打太刀を見る事は見れども、そこに心をとゞめず、向の打太刀の拍子に合はせて打たうとも思案分別にも染めず、ふりあぐる太刀を見ると否や、心を卒度も留めず、其儘つけ入て向の太刀にとりつかば、我を斬らんとする刀を我方へ押取つて、還て向をきる刀と可レ成候。(60)

また『兵法家伝書』には、敵に直面して武器を使おうという気持ちが生じれば、それに拘泥することになり、逆にうまく探ることができなくなるが、余計なことを考えず常の心で戦えば好結果が得られるという、勝負の秘訣が述べられている。

弓射る人は、弓射る心をわすれて、何事もせざる時の、常の心にて弓を射ば、弓定るべし。太刀つかふも馬にのるも、太刀つかはず、馬のらず、物かかず、琴ひかず、一切やめて、何もなす事なき常の心にて、よろづをする時、よろづの事難なくするとゆく也。道とて、何にても一筋是ぞとて胸におかば、道にあらず。胸に何事もなき人が道者也。(61)

前林が、「全体に気持ちが行き届いた精神状態、この心の状態こそが、何事にも動揺しない精神であり、しかもあらゆるできごとに対処できる精神なのである」(62)が、それは意識的に行うのではなく、武士の自然な動きと心構えに現れてこないと、動揺して殺されてしまう。「無意識領域をいかに意識に取り込んでゆくか」が武士の大きな課題であったと前林が指摘した通りである。(63) このようなことは湯浅晃も主張しているように、「『病気』を克服して心の平静を保つことこそが武術家にとって最も重要な課題であり、生死に関わる問題であった(64)」。

八　「機」・「先」と意志作用

ヘイズの説に戻ると、戦闘に関する三つの精神的・身体的特性のうちに二番目のものは、顕在的な「認識」と「直観」である。感覚器官が受け取った情報が、脳の右半球と左半球による処理を経て断続的に認識され、[65]直観されるが、戦闘という状況における感覚器官からの情報は、危険と脅威の兆候を選別するために絶えず篩《ふるい》に掛けられ、訓練してきた戦闘方法で応酬することができるようになる。[66]危険や脅威の兆候を察知すると、脳は「認識」と「直観」の双方の機能を駆使し、緊急性に応じていかに反応すべきかを間髪を入れず決定する。

しかし瞬間的な反応をするためには、三番目の精神的・身体的特性である「意志作用」を必要とする。日本の武術において「意志作用」は、「後の先」「先の先」「先々の先」などの言葉で表現されている。[67]さまざまな呼び方はあるが、宮本武蔵はこれらを「懸の先」（自分から懸かっていく時）、「待の先」（敵から先に掛かってくるとき）、「躰々の先」（相打ち）と表現している。[68]これらの用語は、全て戦闘状況に関連して取られる特定の動きを意味している。言い換えると空間と時間の間合《まあい》、さらには相手との心理的な間をも意味している。[69]

敵の隙を認識し、それに適した反応をすることは、例えば『兵法家伝書』には「機」として「機と云は、胸にひかへ、たもちたる気也。機とは気なり。敵の気をよく見て、其気の前にてあふ様にはたらくを機前と云也」とされている。[70]これに対して湯浅は、「一対一の剣術も、組織の管理や組織対組織の競争も、この『機』をいち早く察知して相手が行動を起こす前に適切な処置を施すことこそ重要なのである」としている。[71]

「型《かた》」の意義

前述の三つの精神的・身体的特性、つまり平常心、認識・直観、意志作用は一つの統合体として機能し、身体によって支配されている特性と、体の動きによって支配されている特性を促している。日本の武士の場合、このような特性を助長するために、「型」（模範となる方式・定められた技のパターン）の習得に長い歳月を費やした。「型」について源了圓は、「身体を通じて技を磨くことによって心のありようを深めつつ、その深まりゆく心のありようを捉えるという一種の行為的認識である」と述べている。[72] 武士にとって、型に命を吹き込み、生きた技として適切に応用するためには、平常心と認識・直観作用を介して意志作用を発動させる必要があった。武士は三つの精神的・身体的特性と、他の特性と協和して機能するよう修練を積んでいたため、高度に発達した三つの精神的・身体的特性も備わっていた。[73]

源が武術の型を「狭義の型」と「広義の型」に分け、前者は「各流派で完成された剣技の型であり、また教育上の『教則』である」とし、[74] 後者は「剣の技を身につけてゆく過程における身と心との関係とか、修行とか稽古の問題とか、技の訓練の方法とか、技術上の進歩の際に突き当たる壁を乗り越えてゆく上の心法の工夫とか、剣を学ぶ全過程における自己修練の型をさす」と解説している。[75]

このように武術の技というものは、ただ単にある武器を振り回すという次元を超えており、精神的・身体的特性が「円熟」の境地に達しなければ生まれないという考え方が主流であった。このように、死を怖がらずに気・剣・体が一体となって機能するようになると、敵を圧倒できるようになる。技は通常の認識作用によって編み出される意図的な創作ではなく、戦いの真っ最中や長期にわたる徹底した修行の末に、自然で直観的に見出されるものである。

西山松之助は武芸という「芸道」の求道性について、「その究極においては、『入神の技』とか、『無念無想』とか、『遊戯三昧《ゆうげざんまい》』とか、『無心・無位』といわれるような、宗教的悟道、解脱の心境に通ずる、聖なる精神的境地に没入して、人間的至高の存在に昇華するのが芸道の極致だとする考え方がある」と述べている。[76] 厳しい修行を通じて一つ一つの型を完全に身につけ、最終的にその型の拘束から解放されることが最大の目的で、名人・達人（あるいはギアツがいう「聖人」）なのである。

型を学ぶ過程は、流派により呼び方はさまざまで、一つの普遍的な表現として「守《しゅ》・破《は》・離《り》」がある。それは、あらゆる芸道で使われる概念で、先に紹介した小野派一刀流においては、次のように習得プロセスが説明されている。

> 初めはよく師の教えを忠実に守って一点一画も過ちなからん事を期し、これを体得し、進んで自ら発明する所があると、その形を破り意を破り術をやぶってこれを離れ、新たな領域へと新天新地への道を拓き、無限世界に邁進し、遂に一切合切の完成した一に達することを心懸けなければならない。[77]

このように、流派の型を通じて「心法」と「技法」を習得しておけば、実戦でのストレスを軽減させることができる。理論的に稽古を重ねることにより、実戦において動揺することはなくなり、警告反応によって引き起こされるＧＡＳのレベルもそれに比例して低いものとなる。三つの特性が共同して作用すると、冷静さと意識変容状態も生じさせる、このような現象を「フロー状態」と呼ばれている。[78] この精神状態とは、時間が歪められ、幸福感に圧倒されるという心理状態である。[79] このような意識変容状態にある人は、非常に創造的な心理状態に入ってゆき、「物事が万事うまくゆくように思われ、はつらつとした気風になり、自分がしていることに配慮が十分行き届いていると感じる」とホールは述べている。[80]

敵と相対した状況が生死を懸けた状況であるか否かということで、精神的・身体的作用の支配度は、危険と脅威のレベルによって左右される。しかしホールがいうように、生か死のどちらに転ぶかも知れない不安定な状態である実戦では、「精神的・身体的作用の支配度は際限のないものとなり、どのような展開になるか分からない危険に満ちた立合において要求されるどのような事態にも無制限に適応しようとする」のである。[81]

ヘイズはさまざまな戦闘形態を、①「低地」(lowland) モード、②「内陸」(midland) モード、③「高地」(upland) モードの三つに分類している。[82]「低地」モードは精神・身体的作用の支配度が制限されている状態で、ボクシングやフェンシングのようなスポーツにおいて、比較的に危機感はあまり感じない状態である。次に「内陸」モードは、無制限の状態の中で、殺すか殺されるかの戦いにおいて見られる状態である。

命を懸けた戦いでさまざまなストレスを受けながらも、平常心と直観作用と意志作用を最適に発現させることができる戦士は、極めて優れている。武士は厳しい修行を積むことによって、禅の用語を利用し、無心・無念無想などの心境を理想的な形で体現するという実現を目指したのである。すなわち、武士の修行の最大の目的は、自己を磨き「完璧な存在状態」の域に達する「生死超越」の境地であった。例えば、武田信繁の家訓に「参禅可レ嗜事。云、参禅別無二秘決一、只思二生死切一[83]」とあるように、禅の修行を通じて生と死の根本を追究することが重要で、これはさらに高度な「高地」(upland) モードと呼ばれ、達人・名人の証拠である。[84]

九　平時における武術修練

湯浅が江戸時代における武術から武道への進化について、「『わざ』や『芸』という文化的価値の追求を通して、自己の心身のあり方を求めるという『自己修養』という教育システムをも包含するものへと変質していく」としている。[85] 纏めると、武士はいつ死ぬかも分からない状況に置かれており、それにどのように対処すべきかということが大きな問題であった。その答えを見出す上で、型の稽古は大いに役立ったのではないかと思われる。

いかなる流派でも、各々の型のほとんどは一方の「死」で終わる。模擬的とはいっても死の体験をすることは、人を殺傷する方法を習得することと同様に重要である。型稽古は、模擬的とはいえ「本当に相手を斬り殺す」という気迫と、「一歩間違えば斬り殺される」という危機感を持って行われ、並々ならぬ緊張感に包まれている。実際の戦場における緊張感にできるだけ近いものを稽古場に作り出し、一時的であれ実戦の雰囲気に浸らせるという訓練は、武士としてのアイデンティティーを強め、実戦のストレスに慣れさせる上で効果的な方法であった。

江戸時代になると、戦場で実際に死に直面することが稀になった。武士にとって武芸の意味もそれに応じて変化し、武芸は戦場で生き残るための技術を身につけるためだけのものではなくなり、武士としてのアイデンティティーを確立する手段として、その象徴的役割がますます大きくなっていった。戦士としての死の現実味が薄れ、『葉隠』などに見られるように、武芸は観念化され理想化されるようになっていった。

このような風潮に呼応して、「型」も徐々に実戦的なものから観念的な「華法剣法」なるものへと変化していった。所謂「華法剣法」とは、天下泰平の中で他流試合が禁止されたため武者修行が衰退し、型稽古も「形式主義的」になってしまい、各流派が「型」の数を増やした結果生まれたもので、「目付、構えなど技法についても途方もなく多くの種類をあげ、実際に役に立たず、また意味もなく、ただの一種の飾りのようなもの」になったと、今村は指摘している。[86]

このように稽古内容は次第に儀式化され、技も派手で非実用的なものになっていった。湯浅によると、各流派で継承されていた「型」は、「定められた攻防パターンの習得の故に変化に乏しく、実戦を余儀なくされた時代から遠ざかるにつれて、真剣味がなくなっていった」と述べている。[87] しかし、稽古中の真剣な心構えと緊張感に関しては、昔のままに保とうとする努力がなされていた。

したがって、想像上の真剣勝負といえる型稽古は、武士にとって不可欠な修行であり続けたが、天下泰平における武士の「士風」凋落を示す材料とされた。その後、八代将軍吉宗が享保の改革で経済的・政治的な改革ばかりではなく、凋落した武術を奨励した。しかし、吉宗退位後の武術は実戦性がさらに失われ、型稽古だけではなく「防具を着用し、しないをもって行う稽古形式」が台頭するようになった。[88]

「撃剣」の発達

ここで、型稽古の後に発生した竹刀打込稽古法（撃剣）と農民、町人剣術について、一言付け加える必要がある。剣術における防具と竹刀を使った安全な打込稽古法は、十八世紀の初期から徐々に見られるようになった。

打込稽古の発展について下川潮の『剣道の発達』には、直心影流で山田平左衛門光徳が「形稽古の形式のみに拘泥して氣勢の缺如せるを慨《なげ》き全氣勢を傾注して打込稽古をなすも危險の虞《おそれ》なき防具の工夫を創め其子　長沼四郎左衛門國郷の時代正徳年間に至り完成せしを以て之を製作使用して全氣勢を傾注して打込稽古を創む是れ竹刀打込稽古の始めなり」と記してある。(89) それから五十年ほどを経て一刀流もこの稽古法をさらに発展させたが、この手法に反対する「古流」主義者も少なくなかった。

例えば津軽藩一刀流の山鹿高美は、防具と竹刀の導入について中西忠蔵に次のような質問をしている。

> 木刀は敵の気に当って後に勝を制す。竹刀は躰へ当って而して後に勝を制す。然れは竹刀は又竹刀にて仕合存分打合うて其自得有る事なり。別して竹刀は業を存分軽く、譬へは子供の遊の如くにし、勝負の処を深く思う事を嫌うて事可ならん。(90)

この疑問に対して、忠蔵は以下のように反論している。

> しないは心を留めず、童の遊の如くして可ならんとの事　愚案するに刄引　木刀は人々身を捨てて打つ事雖き故、巧者成る者に勝多く有之物なり。しないは面具足にて打相い微弱なるもの又は業に未熟の人も、身を捨て相打て懸る心になり。恐るる心薄き故、勝負分り兼候也。依て元師よりしないは乱に取扱不致様に誓文状にも有之候。乍去刄引木刀ばかりにては強く打相こころみ難き事多有之、末々に至り業弱く気相の論、或は禅言を用、剣術の物語に沈む物なり（省略）(91)。

このように同じ流派の中でも意見が分かれ、それが中西派と小野派との分岐点となった。一刀流だけではなく、他流派においても型稽古を主とすべきか、打込稽古（撃剣）を導入すべきか、という考えの相違によって派閥が形成され、その結果、完全に袖を分かつことになる例は多く見受けられるようになった。そして、江戸時代後期・幕末まで時代が推移するにつれ、打込稽古が主流となっていった。勿論型稽古も決して消えた訳ではないが、型のみという考え方を持つ流派は徐々に少なくなっていった。江戸中・後期から商業目的の武道場が現れ、経済的に豊かな町人も数多く入門した。(92) また、幕末までに打込稽古は江戸だけではなく、「地方にも非常な勢いで広まり、武士のみならず町人、農民にいたるまで広く行われ、剣術を修行する人々も増加していった」と中林信二は述べている。(93)

ここで注目したいのは、農民・町人は幕末以後のスポーツ的な撃剣の発展に大きな影響を与えた。現在、農民武術に関する研究は非常に乏しいといわざるを得ない。高橋敏はこの問題に、「農民剣術の伝承といった否定し難い歴史的事実と叙上の大前提との矛盾をどのように受けとめたらよいのか」(94)という重要な問いを発し、江戸時代に活躍していた剣豪の多くは百姓だったと指摘している。それにも増して「苗字帯刀はもとより、道場を開き一派をなし、多くの百姓町人の門弟を擁し、門人中には武士身分のものも含まれている」としている。(95) 幕府も、藩の「百姓町人をすべて民兵として訓練する」(96)という政策の疑いから、事態を問題視し、文化一年、文化二年、天保一〇年（一八〇四・〇五・三九）の三度にわたって庶民に対する武芸禁止令を出すほどであった。文化一年の武芸禁止令は、「且又町方ニ借宅致シ、稽古場補理、町人共へ武芸指南致シ候族有之ハ、此度申渡候趣ヲ以テ、早々相改、町人共武芸稽古ノ儀ハ、堅相止候様可レ致候」というものであった。(97)

高橋は農民剣術家同士の衝突において、興味深いエピソードを紹介している。それは、天保一年（一八三〇）法心流の須田房吉が、須田の流派普及を止めようとした神道一心流の山崎孫七郎らに殺される、という事件である。高橋は、「この事件の背景には、流派をなした農民剣術が村々に浸透し、道場を開くなど門弟を奪い合うといった、広汎かつ濃密な普及があった」とし、同時に江戸の剣術道場においても農民の「剣術の修練への欲求が高まっていた」[98]。高橋は「先祖は武士であり、隠れてではあるが武士としての道を相承しつづけていると観念していたのであろう」[99]と推測しているが、それは武士文化への農民のあこがれを示す好例である。

武術における武士と庶民の違い

榎本鐘司が指摘しているように、農民剣術は「武士を基盤とする流派剣術とは別の剣術の存在」[100]で、農民が参加していたスポーツ的な撃剣（打込稽古法）こそ、現代剣道のプロトタイプといっても過言ではないかもしれないが、残念ながら史料が乏しいためどこまで普及していたかは定かでない。農民武術は武士文化のシミュレーションで、以上述べたような農民同士の殺人事件があったにも拘わらず、一般的に武士が常に意識していた生と死を比較的問題にしていなかった。

武士にとって武術の訓練は、魚住孝至が「覚悟を核とした武士としての生き方に及ぶ」としているように、武士の「道」を志向するのであった[101]。推測に過ぎないが、武士とは対照的に江戸時代の農民・町人武術家たちにとって、剣術とは自己存在を解明する手段というより、娯楽的な要素が多かったのではないかと思われる。

一方、型稽古法は一種の「死の儀式」といってもよかろう。つまり、多くの場合防具・竹刀ではなく真剣や木刀を使用する方が非常に危険であった。各流派に独特の作法と型を裏づける哲学的・宗教的理論もあり、型自体は実戦を経験した武士から代々伝承され、それを通じて先祖との繋がりを持つことができると信じられていた。勿論農民だけではなく、多くの武士も修行の重要な一部として撃剣の試合や稽古に参加し、型稽古を同時に行うことは一般的になっていった。庶民と違い、武士は幼少の頃から藩校などで徹底的に型を通じて武術の稽古に励んでいた。藩校の設立時期は藩によって異なるが、多くは享保の改革の流れで十八世紀の中・後半以降から設立された。中林は「文武教育の充実によって、士風を刷新し、藩政改革に役立つ人材を養成すること、内外緊迫した状勢の変化に対応する施策を確立すること、といったものがその主なねらいであった」としている。[102] さらに、「藩士やその子弟の教育に有用な流派が重視されるようになり、教育的な性格が強くなった」とも述べている。[103]

ともかく、若い頃から強制的にこういう教育を受けさせられた武士にとって、打たれても決して怪我はしない撃剣は、確かに心身を鍛える優れた稽古法であったが、それでは先述の「低地」モードという心理レベルで終わってしまう。それとともに、真剣や木刀を使用する危険性のある型稽古を併せて行うと、「内陸」モードには到達することができる。

このように、死の問題は、太平の世においても武術を通じて武士のアイデンティティーの中核的要素の一つとして残存したのは、いつ何時死に直面するかも知れないという想いが、武士の脳裏から離れなかったからである。しかし、ここで付記しておかなければならないことは、太平の時代が進むにつれ、「華法剣法」に見られるように、死の問題は非常に抽象的で観念的なものになっていったということである。しかし、平和だからといって、武士にしか感じられない緊張感が残ったことは確かである。

既に述べたように、家臣としての武士は、風習である殉死によって、自分の命に対しては自分自身が自由裁量権を有していることを証明して見せた。「自己の意志による見事な死」という概念の基盤となっているのは、高い武術の技量を有していることに基づく、軍事的エリートとしての武士の自尊心であった。また武士は自分の運命を自らの意志により決めることができる、という自律能力の存在も意味していた。

従って、自らの意志による死という風習は、主君に仕える臣下としての武士の地位と、自律的な個人としての地位とを同時に示すものであった。それはまた、庶民に対する武士の優越性を意味するものでもあった。ここに武士の武術と庶民の武術の大きな違いが見られる。

ここまでの主張をまとめると、武術は、武士の歴史のどの時代においても武士の日常生活の極めて重要な一側面であり、武術に備わる特性は武士のアイデンティティーを一層強固なものにし、武士を庶民と区別する上で最も重要な要因であった。武術は、武士の「気風」や「動機」が武士特有のものであるという感覚の醸成を促したのである。

十　まとめ

実戦や儀式化された戦闘訓練の最中には、日常を支配している最も主要な「現実」が容易に切断されている。実戦や訓練は日常の現実を相対化し、武士は自分が全く異なる「現実」（世界）に置かれていることに気づくことになる。

ここでバーガーが述べていることを参考にしたい。

人は、ほとんどの時間、自分が知っている他のほとんどの人々と一緒に通常の日常生活という甚だしく現実的な世界に置かれていることを自覚している。しかし、人はまた、このような平凡な現実の中で日常生活の断裂も体験する。このような断裂は日常を支配している最も主要な現実の極限状態とか限界状況として経験する。(104)

このような状態は非常に異質な「現実」であり、その中に、明らかに生理的状態（例えば夢や睡眠状態と覚醒状態の狭間）に基づいているものもあれば、強烈な肉体的知覚（例えば、厳しい武術の鍛錬などによっても引き起こされる苦痛や快感）や幻覚体験、実戦に加わったり、自分の命を懸けたり、人の命を奪ったりすることよって自然に生じる高揚感に基づいているものもある。このような経験をしている時、突然自分が日常世界の外にいる気分になり、日常世界が不合理な世界に見えてくる。それどころか、日常自体が幻想の世界に思われてくることすらある。日常世界の現実性が突然薄れ、場合によっては消滅することもある。

このような陶酔感は、夢の中や「日常世界が全く目に入らない」というさまざまな状況、例えば真剣で型の稽古を行ったり、敵の首を刎ねたり、切腹をしたりするなど、特有のものである。このような恍惚的断裂経験のいずれにおいても、かかる経験の内側からは日常世界が相対化されて見えるだけでなく、以前には気づかなかった日常世界の特性も見えてくる。

力説すると、このような経験をした場合、統一性のある包括的な世界を展望することができるようになる。この別世界は、初めからずっとそこに存在していたものとして知覚され、否定することのできない現実として意識に焼きつけられるのである。そして異質の現実への旅の体験は、自己の認識のみならず、他人についての認識も変容させられる。[105]

ギアツが下した宗教の定義の最後の部分からも推測できることだが、一般的な存在秩序についての武士のさまざまな概念は、武士の「気風」と「動機」が比類なく真っ当に見えるような効果をもたらす揺るぎない真実の力を帯びていた。よって、「武士道」という武士の生き方を表す概念は、武士のみの宗教的な生活様式であった。

ここまで、ギアツの宗教定義を利用し、武士の独特な文化体系を描き、武士以外の者がいくら憧れを持っても、真似できない、真似させない独特の文化体系であった。では、総人口の五〜七％しか占めていなかった武士層が解体する明治期以降から流行した「武士道」の概念とは何だったであろうか。最後の二章で検討する。

1　C. Geertz, *The Interpretation of Cultures*, p. 112
2　同右, p. 113
3　同右
4　同右, p. 119
5　同右
6　同右, p. 122
7　二木謙一が指摘したように、武家故実書に見られる中世武家社会における慣習・しきたりや作法は、「弓馬軍陣の作法」「武家奉公の作法」「室町幕府の格式と作法」「人生儀礼の作法」と大きく四つに分けることができる。「弓馬軍陣の作法」は軍陣における作法のことを言い、弓矢・馬・馬具・武器・武具、門出の祝や行軍の隊列・軍営・首実験などが含まれている（『中世武家の作法』六頁）。
8　R. Holmes, *Acts of War*, p. 28

9 福田豊彦（編）『いくさ』一三八頁
10 藤木久志『戦国の作法：村の紛争解決』四九頁
11 福田豊彦、前掲書、一三九頁
12 高橋昌明『武士の成立　武士像の創出』二五一頁
13 首取りの歴史と意義について鈴木眞哉著『刀と首取り』を参照。
14 R. Kaeuper, *Chivalry and Violence in Medieval Europe*, p. 166
15 ヨハン・ホイジンガ（里見元一郎訳）『ホモ・ルーデンス』一六六～一六七頁
16 E. Ikegami, *The Taming of the Samurai*, p. 99
17 同右, p. 99
18 ヨハン・ホイジンガ、前掲書、一六七頁
19 石井進『鎌倉幕府』一三四～三九頁
20 鈴木国弘『日本中世の私戦世界と親族』九四頁
21 E. Ikegami, 前掲書, p. 141
22 今村嘉雄『十九世紀に於ける日本体育の研究』四三八頁
23 同右、七九頁
24 J. Rogers, *The Development of the Military Profession in Tokugawa Japan*, p. 66
25 同右, p. 67
26 中林信二『武道のすすめ』二三頁
27 今村嘉雄、前掲書、七九頁
28 中林信二、前掲書、二九頁
29 小野派一刀流に関する情報は、前宗家である笹森順造著『一刀流極意』と、現宗家である笹森建美の二〇〇四年に行われた日本武道館主催の第一六回国際武道文化セミナーの講義「小野派一刀流について」を参考にしている。
30 笹森順造『一刀流極意』二七頁
31 同右、六一頁
32 今村嘉雄、前掲書、七九頁
33 徳山勝弥太『日置流弓目録六十ヶ条釈義』（六高操弓会　一九八七年）四七頁
34 R. Holmes, 前掲書, p. 28
35 同右, p. 36
36 魚住孝至（校注・著）『定本 五輪書』七五～七六頁

37 石井紫郎（注校）『近世武家思想：芸の思想・道の思想　三』四五四頁
38 湯浅晃『武道伝書を読む』四三頁
39 K. Friday, *Legacies of the Sword*, p. 15
40 富永堅吾『剣道五百年史』六四頁
41 同右
42 R. Holmes, 前掲書 , p. 39
43 同右 , p. 42
44 同右 , p. 48
45 K. Friday, 前掲書 , p. 15
46 D. Draeger, *Classical Bujutsu*, p. 56
47 以下は D. Hall, "Marishiten- Buddhist Influences on Combative Behavior", D. Skoss (ed.), *Koryu Bujutsu* と R. Hayes, "Hoplology Theoretics: An Overview Parts 1-8", *Hoplos* (Spring 1987 Vol.5, No.3 〜 Winter 1994 Vol.7, No.3) を参照。
48 D. Hall, "Marishiten- Buddhist Influences on Combative Behavior", D. Skoss (ed.), *Koryu Bujutsu*, p. 94
49 同右
50 同右
51 同右 , p. 95
52 R. Hayes, "Hoplology Theoretics: An Overview- Innate/Manifest Cognitive Intuitive Trait", *Hoplos* (Fall 1988 Vol.6, No.3) p. 7
53 酒井利信「『兵法家伝書』にみられる武道関係用語に関する一考察」『武道学会二七回大会発表抄録』一九九四年
54 全日本剣道連盟『剣道和英辞典』三三頁
55 R. Hayes, "Hoplology Theoretics: An Overview Part 1- The IAT/MAT", *Hoplos* (Spring 1987 Vol.5, No.3 & 4) p. 24
56 D. Hall, 前掲書 , p. 96
57 魚住孝至、前掲書、九六頁
58 前林清和「近世武芸における心身観」『武と知の新しい地平』二二頁
59 同右
60 澤庵宗彭『不動智神妙録』井上哲次郎『武士道全書　第二巻』一二五頁
61 柳生宗矩『兵法家伝書』今村嘉雄『日本武道大系　第一巻』一一〇頁
62 前林清和、前掲書、二三頁
63 同右
64 湯浅晃、前掲書、六一頁

65 R. Hayes, "Hoplology Theoretics: An Overview- Innate/Manifest Cognitive Intuitive Trait", *Hoplos* (Winter 1988 Vol. 6, No.1 & 2) p. 25
66 D. Hall, 前掲書 , p. 97
67 同右
68 湯浅晃、前掲書、九七頁
69 全日本剣道連盟の『剣道和英辞典』によると、これらの用語は次のように定義されている。「先々の先 ― 相手と相対し勝負を争うとき、相手の起こりの機微を認めて直ちに打ち込み、機先を制することをいう。懸りの先ともいう。先 ― 隙を認めて相手より打ち込み来るを、相手の先が功を奏せざる前に早く先を取りて勝ちを制することをいう。先前の先ともいう。後の先 ― 隙を認めて相手より打ち込み来るを、切り落としたり、太刀を凌ぎて後に、相手の気勢が萎えた所を強く打ち込みて勝つことをいう。先後の先、待ちの先ともいう」六九頁
70 今村嘉雄『日本武道大系　第一巻』一〇三頁
71 湯浅晃、前掲書、四八頁
72 源了圓『型』一六五頁
73 D. Hall, 前掲書 , p. 99
74 源了圓、前掲書、一七六頁
75 同右
76 西山松之助〔ほか〕『近世武芸論』五八六～五八七頁
77 笹森順造、前掲書、六三二頁
78 D. Hall, 前掲書 , p. 108
79 同右
80 同右 , p. 109
81 同右 , p. 112
82 R. Hayes, "Hoplology Theoretics: An Overview- Part 8- Transcedant Synergy of the Manifest Adaptive Traits", *Hoplos* (Winter 1994 Vol. 7, No. 3) p. 24
83 酒井憲二『甲陽軍鑑大成　一』四六頁
84 R. Hayes, "Hoplology Theoretics: An Overview- Part 8- Transcedant Synergy of the Manifest Adaptive Traits", *Hoplos* (Winter 1994 Vol. 7, No. 3) p. 24
85 湯浅晃、前掲書、四三頁
86 今村嘉雄『日本武道大系　第十巻』七四頁
87 湯浅晃、前掲書、一六九頁

88 今村嘉雄『日本武道大系　第十巻』七四頁
89 下川潮『剣道の発達』二七〇頁
90 笹森順造、前掲書、六三五頁
91 同右、六三八頁
92 特に、いわゆる「三大道場」といわれる千葉周作（北辰一刀流）の「玄武館」、齋藤弥九郎（神道無念流）の「練兵館」、の桃井春蔵直正（鏡心明智流）の「士学館」が、身分問わず数多くの会員を有していた。
93 今村嘉雄『日本武道大系　第十巻』七七頁
94 高橋敏『近世村落生活文化史序説』二五七頁
95 同右、二五八頁
96 今村嘉雄『十九世紀に於ける日本体育の研究』四四一頁
97 同右
98 高橋敏、前掲書、二六八〜二六九頁
99 同右、二六九頁
100 榎本鐘司「再考『撃剣試合覚帳』―近世農民武術と試合」『武道学研究二四―二』（一九九一年）一〇〇頁
101 魚住孝至「東アジアにおける武術の交流と展開」『武道・スポーツ科学研究所年報・第一一号』三二一頁
102 今村嘉雄『日本武道大系　第十巻』七八頁
103 同右
104 P. Berger, *The Heretical Imperative*, p. 39
105 同右 , pp. 42-43

第六章　武士身分の解体と武士文化の活用

本章ではまず武士身分の解体過程と、元武士（士族）が直面した諸問題を検討する。また、その当時ほとんど壊滅状態であった伝統武術が、「撃剣興行」という形で一部の士族に職を与えるために復活した過程についても考察する。「撃剣興行」の開催により、武士文化である伝統武術に一般的に携わったことがない平民でも日本中で武術を見ることができるようになった。そのお陰で伝統武術が生き残り、さらに自由民権運動においても武術は大きな役割を果たし、数多くの平民が見るだけではなく武術を実際に体験できた。そして伝統武術は徐々に見直され、明治後期・大正期には大日本武徳会の結成と武術の教育現場への導入が、芽生えつつあった国家主義的思想（明治武士道）を補強するための重要な要因となった。このような武士文化が、平民でも名誉ある誇り高い武士文化の後継者たり得るという考えを生み、国民的団結力を強める結果となった。本章では以上の展開を検討し、次章で取り上げる「明治武士道」が「発明」された時代背景を明確にする。

一　明治維新の概要

嘉永六年（一八五三）、アメリカ海軍准将マシュー・ペリー率いる黒船の来航が、日本の鎖国を終焉に向かわせる大きな契機となった。その後、薩摩藩や長州藩など尊皇攘夷派の武士たちが、幕府を徐々に追い詰め、徳川慶喜の幕政刷新と外交姿勢を見て、倒幕が実行不可能になるのではないかという不安に駆られた。土佐藩は、慶喜は将軍を辞し天皇の権限を認めるべきであるという大政奉還の建議を提出した。これは二院制の議会を敷き、才能のある者にその門戸を開き、陸海軍を設置するという内容であった。そして慶喜が拒否するようなことがあれば、三雄藩が結束して倒幕を決行するという計画を立てた。慶応三年（一八六七）末、慶喜は建議を受け入れたが、明治一年（一八六八）一月三日、薩摩勤皇派は、天皇の御前会議において幕府の旧制度を廃止するという勅命を出させ、京都御所守護の名目で御所を取り囲んだ。慶喜は京都に向けて出兵し、これが戊辰戦争へとつながり、一八六九年六月の旧幕軍敗北を待たずして、一八六八年に年号は明治と改められ、王政復古が宣言された。

新政府は、勝利した藩の武士と公家から構成され、全国の統一と中央集権国家の設立が進められ、江戸は東京に改名され日本の首都となった。明治四年（一八七一）には全国の藩は廃止され、三府三百二県となり、同年末には三府七十二県になった。県知事として中央政権によって任命された役人が派遣され、これに伴い二百五十年以上続いた徳川の幕藩体制は終わり、明治の諸改革と広範囲に及ぶ近代化計画の土台が築かれた。また、大政奉還の翌年、士農工商の身分制度が廃止され、華族、士族、平民の新身分が制定された。(1)

園田英弘はヨーロッパにおける身分制の解体について、「身分的特権層とそうでない階層の『闘争』という形態で進行したために、国家機構の中枢ほど、平等主義的原則が貫徹されにくい分野として残存していった」と分析している。それに対して、日本は武士の「自己変革」という「内部崩壊」が進み、「平等主義的原則が早期に定着するという、ヨーロッパの歴史体験からみれば、一つの逆転現象がもたらされた」としている。(2)つまり、武士が衰退し旧政権が崩壊したのは、庶民からの攻撃などが原因ではなく、武士自らが引き起こしたのである。

これまで見てきたように、武士社会は多くの矛盾を抱え、極めて複雑であった。その根本に、自己・主君及び「家」

のために必要であると判断すれば、いかなる時でも命を賭すことができるという、武士の名誉があったからである。もちろん江戸時代には、命を捨てるという武士の思想、徳目を実行に移す機会はあまりなかった。

また、武士といっても上級・下級武士の間には、出世などの機会において大きな差があった。多くの武士を苦しめていたのは伝統的な身分制度で、その解体を望んでいたものは少なくなかった。福沢諭吉は抜本的な社会倫理的変化とともに、武士特有の精神的威厳は維持することも主張していた(3)。最終的に、伝統的な身分制度は解体していったが、第七章で述べるように、福沢が期待した武士の「精神文化」はますます強調されるようになった。

しかし、武士自らが身分制解体の道を選んだかという疑問への回答は、園田英弘の社会的・歴史的分析に見出すことができる。園田は家臣と主君間の絆の重要性に関連する、武士の特殊な義務（職分＝武職）の意義を指摘している。外国からの圧迫により、日本の伝統的な身分制度に対する批判に拍車がかかり、武士社会の伝統的な制度を内部から崩壊させる契機となった。

二　「武職」の改革

結果的に、武士の職分であった戦闘という職務の再活性化が、武士崩壊のきっかけとなった。既に見たように、戦《いくさ》のなくなった江戸時代に武士の名誉に関する感覚、自尊心、他の武士との関係、そして武士の社会的役割は劇的に変化した。

戦《いくさ》で自己を試すことがないまま、武芸はますます「形式化」（華法化）していき、結果としてより実戦には不向きなものになってしまった。有能な戦士というよりも、現実には武士は飼い慣らされた官職と化し、戦闘者としての武士とは名ばかりであった。それでも、武術は武士文化の要として残り、前章で見てきたように武士を三民とはっきりと区別する上で、重要な象徴的基盤であった。しかし、彼らが修練した武術には精神性や宗教性が増し、次第に実用性が失われていった。

平穏な時代だったにもかかわらず、家禄を与えるために幕府は武士に武人として武芸に精進させたため、十七世紀以降実戦離れをした武術流派が過剰に氾濫したことは、前章で検討した。抽象的な哲学体系や神秘性が持ち込まれた十七世紀初頭の武術流派が実戦的な技を磨くより、自己鍛錬の道として捉えるべきで、評価は実戦能力より、免状や稽古中の態度が基準となってきた。[4] ペリー来航の際、そのような武士ではあまり役に立たず、幕府と多くの藩は軍事改革の必要性を強く認識させられた。「実戦的」軍事訓練へ戻るという考え方は注目を集め、最新の西洋技術を取り入れ、また「文武兼学」と「国防力強化」のために軍事学校（講武所）を開設することになった。[5]

講武所は、旗本・御家人とその子弟のために安政三年（一八五六）に築地鉄砲洲に正式に開設され、最盛期には五百人以上の講師が剣術・槍術・弓術などを教えていた。西洋式砲術・小火器訓練の他に柔術や剣術などの授業もあり、伝統兵術の有効性を再主張し、小火器訓練より伝統武術の訓練が授業の半分を占め、それを教える講師も全体の三分の二を占めていた。[6]

そして、時代遅れの兵法訓練を奨励したのは幕府だけではなく、例えば稽古館を擁する彦根藩も同じような考え方であった。稽古館の掟の中に「武を講ずるのは肝要の弓馬剣槍の芸を学び、礼儀廉恥として武道を期として専ら[7]」とあるように、戦闘技術の習得のみならず、武道を学ぶのは従来通り自己鍛錬のためであると述べている。

このように幕府と多くの藩は、存亡の危機の真っ只中にあるにもかかわらず、刀や槍が八世紀にわたって武士身分の象徴であったことを考えると、この行動心理は理解できる。しかし長州藩・薩摩藩が実行した方針は違っていて、軍事関係全般の再定義をしたことが、後に武士の崩壊につながるのである。

廃刀令制定の中心人物であった森有礼は、兵器の重要度はその時々の社会状況に左右され、刀が持つ力は、たった一人の人間しか守ることができない些細なものである。[(8)] 列強から日本を守るためには、西洋の技術を取り入れるほかないと、判断するようになった。しかも、技術以外に旧式の軍編成も大きな問題があった。江戸時代には、兵類は家禄により決められた人数を供出するのが、武家の幕府に対する義務であった（慶安の軍役人数割り）。しかし、それにはさまざまな装備の運搬役などの非戦闘員を付き従わせるという無駄も含まれていた。園田が指摘しているように、時には軍役として派遣された人数の十分の一以下が実際の戦闘員であった例も見受けられた。例えば、五百石取の武士は、「戦争人」でない侍・甲冑持・立弓持・鎗持など、合計で十一人の人員を差し出された。[(9)]

一人ひとりの兵士が小火器で武装するという西洋式に倣い、佐賀藩などは兵士以外の者を編成からはずすことに着手し、全ての武士に小火器の訓練を受けさせ、兵士として戦う準備をさせた。[(10)] これは当たり前のように見えるが、伝統的戦闘方式を変更するには、武家社会という身分制度の徹底的な見直しが必要とされた。武士の気風や動機、武力行使の究極の源であったので、その変更は大変な出来事であった。

三　身分制度の廃止

幕府による新しい常備軍の設置などの改革にもかかわらず、主君と家臣間における強い個人的繋がり、つまり主従関係というものを無視して身分制度を廃止することは非常に困難であった。しかしながら、徳川政権終焉までに、武将の多くは心情的な「団結力」より「火力」が効果的な戦闘を可能にすると気づいた。火力とは最新兵器のことで、主に近代的小銃や大砲で、新しい武器は効果的な訓練法や組織の再編を必要とされた。しかし、それは武家社会のトレードマークであった伝統的な行動様式と、人間関係を放棄することを意味していた。

新しい軍隊において、「武士は身分制度内で家縁に埋もれた家臣ではなく、最新武器を備えた新しい戦争人」でなければならなかった。[11] 武士がその戦闘者としての義務（職分）を全うするために、武士としての意識を徐々に進化させ、主従関係の繋がりなどを排除し、武士の特権を捨てなければならなかった。園田のいうように、「武士は一個の独立した戦力の主体となっていくのであり、主従関係的紐帯を離脱した『単身』化された『戦争人』へと転成していくのであった[12]」。しかし、常備軍において誰が指揮官になるのかという問題が残っていた。これまでの伝統にのっとり主君を指揮官に任命することを許すか、それとも有能な一般兵（武士とは限らない）を任命すべきかのジレンマに陥った。このような事例も、伝統的身分制を崩壊に追い込むものでしかなかった。

改革が進むにつれ、武士は抜き差しならない状況に置かれていった。名誉という見地からすれば、職分に命を捧げるしか選択肢はなく、存在意義と感情のよりどころ、また何百年も武士の存在基盤となってきた身分社会とその「動機」と「気風」の崩壊を招くことにもなった。武士の新しい存在意義は、家禄と身分にではなく、戦闘要員としての活躍、即ち個人の能力が求められたからである。しかし、当時の境遇改革が、武士としての職分に生きようとしたことが招いた自然の成り行きだったことを考えると、苛立ちを感じたことが推察できる。改革を命じた藩主側も、自らの手で家臣との伝統的主従関係に終止符を打つことになった。この結果、武士でない者にも要職への道が拓かれ、才能のある者は社会的地位に関係なく平等に出世を望めるようになった。[13]

要するに、武士の崩壊はその武士世間自体の中で起こったのである。これは自らの意思で招いた死、つまりある意味で「社会的切腹」であった。この「機能主義」は、「実力主義」に基づく明治時代の士族再編成を理解する上での重要な鍵となってくる。

四　士族の失業

明治政府発足後、政府や陸海軍の役職選出に関して政府内で激しい論争が行われ、原則として才能ある平民には士族と同じように昇格の機会を与える、という決意があった。明治政府が行った改革の一つに、陸海軍の入隊試験があった。この入隊試験は、士族であるか否かに拘らず、誰でも試験が受けられ、能力があるとみなされれば入隊が許された。しかし、園田が述べるように、明治時代の「平等」とは、侍の職務をこなせる能力がある者に平等な機会を与えるということが根本であった。「機能主義的平等主義」ともいえる。[14]この構想は徴兵制および明治五年（一八七二）の学制導入時に大々的に実行された。

政府は、一八七〇年代からかつて士族の既得権であった社会的・政治的および経済的特権を徐々に廃止していった。しかし前述したように、軍事・内政事務の適任者選出権を奪われたことが、士族にとって最大の打撃となった。徴兵令（明治六年）は、全ての日本国民に三年間の兵役を義務づけるという革命的なものであった。そして社会的・政治的特権だけでなく、武士の特権とされていたものが、全国民に許されることになった。

例えば、「無礼」という理由のみで一般人を殺害できた、非道で残忍な「斬り捨て御免」なども廃止され、士族も農業や商業に携わることが可能となった。そしてついに明治四年（一八七一）の散髪脱刀令に続いて、明治九年（一八七六）、廃刀令が布告された。これは、武士の名誉の証である「髷を断ち、腰の刀を脱してからは、表面上武士と農工商との相違は見られなくなった[15]」。福地重孝が指摘したように、「明治初年における廃刀令と切腹の禁止とは、当時の武士―士族に大きな衝撃を与えたとともに、いわゆる武職としての武士階級を形式的には消滅させることに役立った[16]」。その上、明治六年から開始された秩禄奉還の処分により、家禄が廃止され、収入源を失った。家禄の金禄公債への切り替えは、最初は任意であったが後に義務化され、士族を貧窮生活へと追い込んでいった。

地位と禄を奪われた精神的苦しみや経済的困難のため、士族による暗殺・暴動、そして内乱が相次いだ。役人を葬り去った暗殺者は、大村益次郎や大久保利通といった明治の指導者たちにも矛先を向けた。明治二年の大村、明治九年の大久保暗殺は暴動の最中に行われている。内乱の主なものには明治七年二月の佐賀の乱、明治九年十月の萩の乱、明治九年十月の神風連の乱、明治一〇年の西南戦争がある。一部の士族が反乱を起こしたにもかかわらず、多くは官僚・将校・教員・実業家などとして新しい社会的地位を占めたものの、このような変化についていけない者の参加も多かった。

五　榊原鍵吉の「撃剣興行」

政府による支援のほか、わずかではあったが生活の糧はあった。直心影流の榊原鍵吉が、武士伝統の「文武」の「武」を使って生き延びることを考えついた。先に述べたように、徴兵制と西洋式兵器及び戦略の導入に伴い、大名に仕えた昔ながらの武術の達人たちは失業に追い込まれたが、それでも多くの士族にとっては、武術だけが取り柄であった。

明治六年二月、榊原鍵吉は、数多くの失業士族の悲惨な状況を軽減するため士族たちが得意とする武術を披露する撃剣興行（大衆向け娯楽としての武術演武）を考え出した。これは部屋制のある相撲興行を参考にしており、武術熟練者が竹刀・薙刀・槍などで試合をする興行であった。

鍵吉は天保一年（一八三〇）下谷金杉大塚仲村に生まれ、父は幕臣であった。仕事に関しては怠けものとして知られていたが、武術に対する態度は全く違い、父による計らいで井上伝兵衛の下で直心影流剣術を懸命に学んだが、⒄天保一三年（一八四二）に伝兵衛は暗殺されてしまう。その後男谷精一郎の指導を受けるようになり、安政三年（一八五六）に免許皆伝、同年三月に、男谷の推薦により講武所剣術指南役に任命され、最初の妻である勝海舟の妹の娘タカとの結婚もこの年である。安政五年、鍵吉は講武所において剣術師範役となる。

維新後、剣術を活かすことができる就職先といえば、新しく設置された警察しかなかったが、その役職は薩摩・長州・土佐・肥後藩士により独占され、他藩はほとんどなかった。伝統武術の急速な衰退に悩まされながらも、鍵吉は稽古会および演武会を彼の下谷車坂道場で明治六年初春に行い、流派に関係なく参加者を募り、一般人は無料とした。見物人の中には、近くの寺の僧侶である田沢俊明や茶屋の主人である屋形家直次郎の姿があった。演武会を初めて目にした彼らは非常に興奮し、早速演武の興行化の話を持ち出したため、鍵吉はこれが成功すれば伝統武術の復興と貧窮した武術家の収入源を確保できる、という可能性を察知した。[18] 鍵吉は早速当局に、高弟の一人である野見鍉次郎の助言を容れて、興行許可の申請書類には「剣術」とは書かず、役所からの疑いを避けるため「撃剣」と記入し、興行許可の書類を提出した結果、明治六年三月八日、正式に「撃剣興行」を認められた。[19]

興行の試合規定は、「竹刀鎗薙刀ヲ取交セ、一本試合三番勝負」にし、「竹刀之儀ハ三尺八寸」に定め、「華士族平民ニ致ルマテ縦観ノ者ヨリ角觝同様一小片之紙幣ヲ申請、剣士ノ労ヲ犒ヒ且此会ノ費用ニ相当度事」という方式であった。[20] 撃剣興行の興味深い点は、演武に関して画期的なほど寛大だったことである。それまで武術演武が公衆の面前で行われることはまずなく、入場料を払った一般人が見物を許されるという案は前代未聞であった。また見物客からも挑戦者を迎え入れたことは、伝統的武術が流派と家元制度によって閉ざされていた門戸を開き、もはや秘術ではなくなったことを示している。これは武術を一握りの武士エリートだけのものとせず、興味を持つ者すべてに公開するという狙いを持っていた。相撲と同じく見物料を取る「娯楽」としての伝統武術は、日本のプロスポーツの先駆けでもあった。

六　撃剣興行の人気

撃剣興行は、当局から興行を開催する許可が出ると直ちに多くの新聞に取り上げられ、最初の興行が新聞報道されると全国に知れ渡った。浅草左衛門河岸において明治六年四月二十六日、最初の撃剣興行がどれほど一般観衆の興味を集めたかは、来場者数が収容可能な人数をはるかに超え、入場できなかった者が多く出たという事例が報告されている。

大盛況で終わった浅草興行に続き鍵吉は、五月二十日の横浜興行では二回目の興行もその人気を見込んで、より大きな会場を設置した。新しい会場は、紅白の垂れ幕で覆った二十間四方のものにしたり、板張りの床の代わりに、五間四方の土盛りをこしらえた。

榊原武術興行団は、開催地横浜の武芸者を参加者に加えたこともあり、一団が横浜へ向かう前から評判になった。鍵吉が一団を率いて行脚を始めてから二カ月の間に撃剣興行熱が上昇し、同じような団体が日本中で数多く結成され、自分の団体を作ろうと鍵吉の一団を脱退する者も出てきた。また他の武術家も懸命に鍵吉の興行を真似ようとし、次の表に見られる如く撃剣興行は「東京ばかりではなく、名古屋・大阪・九州など、全国に広まった」[21]。中には女性のみの興行や、馬術や柔術の興行も行われた。

撃剣会興行表

分類	日付	場所	人数
直	明治六年四月二十六日	浅草左衛門河岸の原	
他	明治六年五月二十四日	両国回向院境内	剣士五十名、総勢八十三名
他	明治六年五月末日	神田神保町一丁目	剣士九十名、総勢百九名

他	明治六年六月一日（十五日間）	深川御船蔵前の大観音境内	剣士七十六名、他に長刀七名、鎖鎌二名、貝吹三名、太鼓打二名、呼上五名
他	明治六年六月	浅草西福寺境内	剣士五十七名
他	明治六年六月～七月		
他	明治六年七月	名古屋若宮八幡町元旅所境内	剣士五十八名
直	明治八年十一月十七日	埼玉県黒浜村	総勢百三名
合	明治八年十一月二十日	埼玉県第二区越ヶ谷駅	総勢九十名
直	明治十二年七月四日	下谷通新町円通寺	
直	明治十二年七月六日	浅草観音堂前	総勢五十九名
直	明治十二年九月十日	牛込神楽町出雲神社境内	剣士五十四名
直	明治十二年十月十五日	埼玉県武揚新田（幸手町）	剣士七十三名
直	明治十二年十二月二日	埼玉県南埼玉郡増富村石塚幾右衛門庭中	剣士五十二名
合	明治十三年一月二十五日	上野公園地内精養軒庭前	撃剱試合十七組、柔術試合十三組
直	明治十三年二月十五日	埼玉県北足立郡丸ヶ崎村氷川神社境内	剣士五十名
直	明治十三年三月十五日	埼玉県南埼玉郡岩槻町眞浮寺境内	剣士六十名
直	明治十三年七月九日	埼玉県北埼玉郡芋茎村醫王寺境内	剣士六十七名
直	明治十三年七月十四日	浅草観音堂境内	剣士六十八名
諸	明治十三年十一月二十七日	埼玉県北足立郡草加駅四丁目	剣士六十名
諸	明治十四年四月十六日	埼玉県浦和公園招魂社	
合	明治十四年五月十五日	埼玉県北葛飾郡藤塚村	剣士八十名
直	明治十四年十月中	山梨県谷村、猿橋、甲府など	剣士十四名、鎖鎌一名，長刀一名
直	明治十四年十二月三日	埼玉県南埼玉郡大野島村（現岩槻市）木村新右衛門庭内	剣士六十九名
直	明治十五年四月十六日	埼玉県浦和公園招魂社	剣士三十六名

直	明治十五年四月二十日	埼玉県下和戸村（現宮代町和土）	剣士三十二名
諸	明治十五年七月二十四日	埼玉県岩槻町愛宕山社内	剣士百二十一名
合	明治十五年八月三十日	甲州街道外豊田村	剣士五十六名
他	明治十六年七月十五日（十日）	浅草雷門仲見世	女性剣士三十三名（剣術、長刀、柔術、鎖鎌など）
直	明治十六年九月十九日（三日間）	本郷根津神社境内	
他	明治十六年十月	茨城県土浦	剣士七十四名
他	明治十六年十月十五日		剣士六十名
他	明治十六年十一月二十二日（八日間）	横浜伊勢崎町粟田座	剣士四十九名
直	明治十六年十二月十四日	埼玉県西立野村百観音	剣士八十名
直	明治十六年十二月二十八日	埼玉県南埼玉郡百間村（宮代町百間）	剣士五十一名
直	明治十七年二月二日	南足立郡千住三丁目三番地	剣士五十八名
諸	明治十七年四月	横浜松ヶ枝町	剣士七十三名、長刀一名
諸	明治十七年四月	横浜松ヶ枝町	剣士四十名
諸	明治十七年七月十四日	横浜、場所不明	剣士四十六名、長刀四名、鎖鎌四
諸	明治十七年十一月二十八日	埼玉県北足立郡草加宿（草加市）一九〇番地	剣士百六十八名
諸	明治三十年一月五日（十日間）	本所回向院境内	剣士七十八名
直	明治三十一年四月八日（五日間、但し八日は雨のため流会）	東京各所	
他	明治三十四年十一月二十日（五日間）	浅草座	
直	明治三十五年六月十三日（三日間）	歌舞伎座	
合	年代不明四月四～五日	常陸国河内郡古渡村興禅寺境代	剣士三十五名
他	年代不明五月十七日より	公園地（浅草）	剣士二十四名
他	年代不明九月四日より	神田連雀町	剣士三十五名

他	年代月日不明		
直	年代不明九月二十二日より三日	藤沢駅藤沢山境内	
諸	年代不明十月十九日より二日間	埼玉県北埼玉郡不動岡村不動尊境内	剣士五十八名、長刀二名
諸	年代月日不明	埼玉県北葛飾郡平沼	剣士百六名
諸	年代月日不明	千葉県東葛飾郡船戸村	剣士八十七名
他	年代月日不明（五日間）	名古屋大須境内真本座	剣士百七十四名

（石垣安造著『撃劔会始末』一五一～六二頁より作成。直＝直心影流（榊原・野見の撃剣会）、合＝直心影流と他流の合同撃剣会、諸＝直心影流、各流との諸流撃剣会、他＝直心影流以外）

七　撃剣興行に対する批判

撃剣興行は前表以外にも全国各地で数多く行われていたが、興行の正確な数や携わった武術関係者の数は、記録が少ないため知ることができない。ただ、興行団体数の急激な増加は演武全体のレベル低下を招き、観客数は徐々に減少していった。人気の低下に対処すべく、娯楽性を高めたり、観客が喜びそうなアクロバット的な武術に演武を変えていったものも多かった。そのため最初は興行を高く評価していた新聞各紙も、徐々に批判的な記事を出すようになっていった。

主な批判は、撃剣の団員が名誉を安売りしていると評され、思いも寄らないほど低レベルにまで落ちぶれた元武士に集中していたので、まるで「大道芸人」となって名誉の象徴かつ「武士の魂」の象徴である刀を汚しているかのように見えたのであろう。[22] 武術を復興するというのは口実で、酒と娯楽のためのはした金を得ようと武士の誇りでもある武術を悪用している、と受け取られたのである。長年かけて培った技の披露ではなく、振りつけされた人目を引くだけの立ち回りで、真剣勝負の雰囲気はひとかけらもなかった。撃剣興行は、批判が増す中、興行をはじめてから三カ月後、「人民実業ノ妨碍ニ」という理由で明治六年七月十五日、東京で禁止されるに至った。(23)

東京以外の地域でも撃剣興行が禁止されたが、真の理由はもっと政治的なものであったことは確かである。これまで見てきたように、廃藩置県によって多くの武士が職をなくし、撃剣興行に不平不満を抱えた武術の達人である浪人たちが一カ所に集まるという危険性を考えると、突然出された撃剣興行中止の命令は、暴動を避ける安全対策として妥当なものと想像できる。(24)明治初期の政情（特に京都以西）は不安定で、実際に集会を開くような多くの若者は政府危険分子と見なされ、京都は特に厳しく、捕らえられると二条城内に拘束されるということもあった。(25)

明治一〇年に勃発した西南戦争が完全に鎮圧されるまで、政府は西日本での武術演武再開を許可することはなかった。しかしながら、九州で激しい戦いが繰り広げられている最中、東京では四年ぶりに撃剣興行再開が許可された。明治一〇年四月十七日付の読売新聞に、四月末浅草公園において榊原一行の免許皆伝による「竹刀」及び「和杖」（「剣」という字を避けた）による演武が再開されると報じている。内戦が勃発する中、政府は撃剣そのものを恐れるというより、撃剣演武者が反乱を起こさないように配慮した。同じ時期、武術は平民の間で流行するようになった。

薩賊が乱暴を始めてより官軍に抜刀隊といふができ是が元で府下も遠國も急に劔術の稽古が流行だした事ハ

先頃も新聞に出ましたが此節ハ榊原鍵吉氏の家へ七ツ八ツから十五六までの娘たちが数人弟子入をして頻りに武芸を励むといふから今に女隊を組で薙刀でも擔ぎ出し西郷の睾丸でも打切る了簡か知らんハテ合点のゆかぬ。(26)

鍵吉が最初に興行をした時と同じように、再開許可が下りるや否や全国各地で興行団体の再結成が行われ、演武が始められた。しかし、再結成と初回結成時とでは内容に大きな違いがあった。興行は、見物人の楽しめるように構成されていたことは以前と変わらなかった。出演した武術家たちが互いに切磋琢磨する場、警察官の人員確保の場、という非常に重要な側面が内実していた。西南戦争後、政情不安定な日本が必要としていたのは、警察強化のための有能な警官を探していたので、「次々と警察の武術師範へと転身していった(27)」。

八　警視庁の剣術活用

警視総監川路利良は、刀のみで武装した抜刀隊が田原坂の戦い（一八七七）において目を見張る活躍をしたことに非常な敬意を抱き、剣術を含む伝統的武術に新たなる価値と可能性を見出した人物である。川路は明治一二年（一八七九）諸外国の警察を視察する前に、伝統的武術の価値について「剣道再興論」と題する論文で、往時の剣術家のように警察官がよく鍛錬し、心身の準備をすることの大切さを発表した。また、警察官は自己防衛や犯罪者逮捕のため、よく鍛練されておらねばならないと力説した。この発表が、武術指南役として剣術家を警察に迎え入れる契機となった。これには警察官に効果的な訓練を積ませるという利点だけではなく、他の組織に取り込まれる前に才能のある剣術家を警察に入れる、というヘッド・ハンティングの要素もあった。そして、川路だけが抜刀隊の成功に影響された訳ではなく、一般大衆の剣術に対するイメージも変化していった。

此節ハ諸方で釼術の稽古をはじめ百姓たちハ月夜の晩に山で試合ひ又ハ寺の庭を借り受てヤットヲ〳〵をやッて居りますが抜刀隊から思ひついたのか。(28)

警察学校の具体的な指導方針が明治一三年（一八八〇）一月十九日に示された。その中に、全警察学校生は、他の授業と共に剣術を履修しなければならないと明記された。

撃劔ハ巡査の職務上に有益のものなれバ是まで修業仕来りし處尚公務の餘暇にハ油断なく修業する様にと昨日巡査総長より各巡査屯所へ諭達されました。(29)

こうして撃剣は再び全国で隆盛し、警察は剣術指南候補を確保する絶好の場として撃剣興行に注目した。撃剣興行の花形剣術家たちは、そこで活躍すれば警察の師範職につけるチャンスが広がった。このようにして、一流の剣術家の多くは警察の剣術指南役という安定した職に就いていった。

これは、一部の士族にとっては劇的な運命の変化であったが、同時に撃剣興行の終わりを告げることにもなった。撃剣のスターが安定した警察剣術指南に就いてしまえば、興行のレベルは下がり、大衆の興味もまたなくなっていった。佐竹鑑柳斎の一行は別として、多くの興行団体は自然消滅した。[30]こうして撃剣時代は終焉を迎えたが、一般大衆は別の形で武術に接するようになった。それは、自由民権運動と共に数多く結社が作られ、そこでは武術見学だけではなく、実際に武術を学ぶようにしたからである。

撃剣興行を衰退させたもう一つの原因は、元武士に組織運営の経験がなく、例えば、売り上げで養うことができる以上の数の武士が所属する有り様であった。しかし本論において何よりも重要なのは、中林が指摘しているように「見たこともなく、よく知らなかった一般庶民や田舎の人たちに、剣道を見せ、普及啓蒙した」ことである。[31]撃剣興行は、時代と時代を結ぶ懸け橋の役割を果たし、伝統武術を絶滅の危機から救い、明治政府があらためて武術を見直し、教育機関を通じて国家主義の道具として使うようになるまでの存続過程を保証した。そして武術の生き残りに、撃剣興行と並んでもう一つ重要な役割を果たしたのが、自由民権運動である。

九　自由民権運動と武術の役割

撃剣興行が切迫する武術消滅の危機を救った後、武術の発展と繁栄に最も影響を与えたのは自由民権運動である。自由民権運動とは、明治初期の全国的政治運動で、士族と平民で構成された結社が主体であった。自由民権運動の主な目的は、国会の開設など西洋式民主主義を構築し新たな明治の政治を生み出すことであった。一八七〇年代から八〇年代にかけて、自由民権運動の政治活動が全国に高まり、「運動の中核に『結社』といわれる組織が数多く誕生し[32]」、運動の担い手になった。

明治政府はさまざまな民権運動を軍と警察が厳しく取り締まり、活動家を何百人と捕らえ、処刑される者もいた。しかし、明治一三年（一八八〇）に抑制法案が発せられ、言論、出版、組織化及び集会に厳しい規制がかかった。当局に妨害され、数々の暴動に困惑し、党内の改革派と過激派の不和に苦しんだ、日本最初の全国政党である自由党は明治一七年十月末に解党し、組織的運動は衰退した。そして、明治二二年（一八八九）の大日本帝国憲法発布に伴い、自由民権運動はその幕を閉じた。

この自由民権運動と武術に関する研究は少ないが、湯浅晃の最近の研究では、武術が自由民権運動において重要な役割を果たしたことを発表している。民権思想を会員及び大衆に普及させるため、表向きの理由として競技会を開き、集会、交流、演説の場とした。『自由党史』の一文から明治一六年（一八八三）の集会の様子をうかがうことができる。

是に於て到る處に地方懇親會の盛行を見ざるなく、而して撃劍、要馬、騎射、若くは旗奪等の武技専ら用ひられたり。是れ實に精神的結合を求むる自然の風潮、此に至れるものにして、壮士激徒皆既に言論に頼て、政體改造の功を立る方法絶へたるを信じ、竊に天下の變を思ひ、一死を賭して事を擧げんとする兆候を見せり。(33)

湯浅は、「撃剣をはじめとする武術は、演説会を前座役として、開場の雰囲気を官憲に対して対抗的なものへと緊張感を高め、志気を高揚させる意図で用いられた」と述べている。(34)試合は個人戦のほかに、野試合、旗取りなどの団体形式でも行われた。特に団体試合は、群集心理を誘発し助長するために行われ、過激な活動家である「壮士」を育て、反政府感情を煽った。[35] 勿論、当局もこのような集会を注意深く監視し、また手に負えなくなることを危惧していた。明治一〇年（一八七七）以降警察が武術に力を入れたのはこうした事情による、と湯浅は指摘している。つまり、反体制勢力の取り締まりや鎮圧に役立つというだけでなく、優秀な剣術家たちが反政府団体に入る前にできる限り警察に引き入れようとしたことである。

武術の訓練は警察という職務の一部となり、次のような記事から、「武者修行」とはおそらく地方の結社を調査するスパイ活動だったと推測できる。

武者修業　警視庁に於て劍術に達したる若者三名を撰みて全国を漫遊せしめらるゝ計画ある趣きハ曾て本紙に記載したるが漸く諸事整ひたるに付抜擢者のうちなる川崎善三郎、高橋久三郎の両氏ハ此程中国筋へ向け出発されたり（中略）兎も角も三氏ハ巡査奉職中の漫遊なれバ諸入費ハ皆警視庁に於て支弁さるゝ由。[36]

全国に約二千五十五の結社があったが、そこには武術の伝統と技術に初めて接した者がかなり多かったはずである。[37] このように平民が武術訓練を広く行うことによって、明治二八年（一八九五）に設立された大日本武徳会（武術の奨励を目的として立ち上げられた団体）は、大勢の会員を集めることができた。そして、大日本武徳会が武術を貴重な文化遺産として国内外で普及できたことも、武術が国家主義のイデオロギーを急激に推進するものとして存在したことの延長線上にあるといえる。

武術は、明治初期に撃剣興行や自由民権運動で庶民層へと広がり、その後大日本武徳会など、学校教育正課採用の請願運動の結果、武術は課外であったが公立学校へと普及していった。武士の誇り高き伝統というイメージを武術に与え、後に「武士道」として喧伝することになる国家主義的思想は、教育の場に武術が参入したことによって、より支持を広げることができたといっても過言でない。

十　教育制度の武術導入

武士の象徴的遺産である武術が、徴兵の常備軍という新制度の成立に伴い、消滅の危機に瀕していた状況を述べてきた。だが、そうした状況があったからこそ、榊原鍵吉の努力により撃剣興行が誕生し、そして自由民権運動を通して、一部の士族が生きるためにその才能を活用するようになった。さらに平民までもが、かつてない情熱で伝統的武術に触れることになったが、これは明治期における武士精神の復興において重要な要因であった。実際に武術を体験したことで、一般庶民も栄えある武士文化の正式な継承者となる可能性が生まれたのである。その基盤は、学校の必修科目として武術を取り入れることによって固められた。それでは、その過程とはどういうものだったのか。

明治五年	学制公布。小学校教科に「体術」と「養生」が示される
明治一一年	体操伝習所設立
明治一二年	教育令公布。体操は随意科として実施
明治一五年	講道館柔道の創始
明治一六年	文部省、体操伝習所に撃剣及び柔術を学校体操としての適否を諮問

明治一七年	体操伝習所、文部省に「撃剣、柔術の教育上利害適否に関する申報」→競技主義、鍛錬主義を排して適度の運動奨励という伝統的な立場から否
明治二九年	文部省、学校衛生顧問会議に撃剣・柔術の正課適否を諮問→時期尚早。十五歳以上の強壮者の課外運動として認める
同	第十議会に「撃剣、柔術を中学校の正課に加うるの件」を請願→否決
明治三三年	第十四議会に「撃剣を各学校の正課に加うるの件」を請願→否決
明治三八年	第二十一議会に、中学程度以上の諸学校に撃剣及び柔術を正課にとする「体育に関する建議案」を提出→否決
明治四四年	新公布の高等中学校規程第十三条でも「撃剣及び柔術を加うる事を得」と規定（事実上は随意科）
大正二年	中学校と師範学校の男子生徒には「撃剣及び柔術」を加えてもよいとしている

本村清人「日本の学校体育における武道」より作成[38]

明治五年（一八七二）、初の教育法令発布と共に明治政府は体育教育を制度化したが、それは欧米の体操競技を基に作られたものだった。[39]当然ながら、教育制度を西洋化することに反対する者も多く、少しでも「日本らしさ」をカリキュラムの中に残そうとする動きが生まれてきた。

例えば阪谷素は、体育の必須科目として武術を含めれば軍の備えになる、と声高に主張した。彼は明六社で演説を行い、「養精神一説」の題名で『明六雑誌』に掲載されている。その内容は、藩校では剣術・柔術・棒術などが必須であったが、「今士族ノ其術ニ熟スル者猶多シ」という状況のため、小・中学校のカリキュラムに武術訓練を導入すれば、子供は心身共に強く育ち、愛国精神及び日本の伝統的文化への畏敬の念も持つようになり、さらには将来の兵士を育てる効果的手段ともなると強調している。[40]

しかし阪谷の考え方への反応は厳しいもので、頭を打つことは子供の発育に極めて悪影響を与えるので、剣術を学校教育の中に取り入れるべきではないという批判を受けた。阪谷は反論しないまま他界したが、死後その論争はより激しさを帯びて再開された。阪谷理論の信奉者たちは、愛国心の養成、心身の鍛錬及び軍事訓練を理由に、武術の実用性の再評価及び学校教育への採用を迫った。

反対派は武術に文化的価値はなく、体育教育という点での武術の価値は低い、と否定し、繰り返し頭を打たれることによって起こる脳障害のリスクが高過ぎると指摘した。そして、武術を教育カリキュラムに採用することの是非は、遂に元老院での議題になり、明治一三年（一八八〇）文部省は、武技は理想的身体の発育を妨げ、また当時の財政状況下で学校教育に軍事訓練を織り込むのは時期尚早であるとし、坂谷理論の主張を却下した。よって体操という言葉はそのまま残ることになり、武技をカリキュラムに加えるという目標は果たされなかった。

しかしながら、何らかの形で学校教育に武術訓練が導入されるべきだという思いは、政府官僚の意識にあったに違いない。なぜなら、文部省は却下後も体操伝習所に調査を預け、明治一六年五月に武術の体育上の利害について徹底的に調べ始めたからである。まず、調査は主に柔術が適正かどうかについて集中的に行われ、同年剣術も付け加えられた。剣術指導者たちは、その道の専門家として意見を述べるチャンスを与えられたのである。

今度體操伝習所にて劍術、柔術の教育上所用の利害適否を調査するため柔術ハ澁川流の教師を雇ひ其勢法等已に大畧の調査を遂げしが尚ほ各流に就き調査せんが為め現に府下等にて柔術の伝習に従事する者両三名を招きて其勢法等を討問視察し又劍術も右同様の方法により調査する事に決せし由。(41)

また、

體操伝習所にてハ劍柔の二術を教育上に兼用するの利害適否如何を調査せんがため諸流に就て試察討問等を

為せし事已に数回に及びしが尚ほ去る十一月十二日以来同所に於て同様實視したる剣柔の二術家ハ直心影流剣術藤川寛、関口流柔術関口柔心、一刀流剣術千葉一胤、田宮流居合田宮倶義、北辰一刀流剣術千葉之胤の諸氏なりしとぞ。(42)

この調査は、武術のような活動が子供の健康と心身発育にどう影響するかどうかを見極めるためのものであった。武術が戦闘能力を高めるためにふさわしいかどうかという問題は、今回の調査には関係のないものであった。武術が若者の身体へ与える影響を見るこの調査は、東京帝国大学の生理学者が中心となって行い、医師団の中にはエルウィン・ボルツ(Erwin Bälz)とジュリアス・スクリバ(Julius Scriba)という外国人二人が含まれていた。ボルツは武術を高く評価していたが、結局長期にわたる柔術の修練は骨の発育に良くない、剣術は相当に頭を守らなければ、重大な脳障害を引き起こすとの調査結果を発表した。(43)

興味深いことに、体操伝習所での調査結果が知られるようになるにつれ、その結果の正当性について医学界で論争が大きくなっていった。一方、竹刀で打撃を頭部に受けることによって、脳の発達が脅かされることが医学的に「証明」されていたが、剣術経験者からはそのようなことはないと主張した。また、政府官吏の多くは旧武士層であり、若い時に藩校などで武術の訓練を受けていた。

とにかく、明治一七年(一八八四)一〇月、体操伝習所は研究結果を文部省に提出し、剣術及び柔術の利点と欠点を次のように述べている。

二術を利とする方(一)身体の発育を助く(二)長く体動に堪ふる力量を得しむ(三)精神を壮快にし志気

を作興す（四）柔惰の風恣を去りて剛壮の姿格を収めしむ（五）不虞の危難に際して護身の基を得しむ。害若くは不便とする方（一）身体の発育往々平等均一を失はん（二）實修の際多少の危険あり（三）身体の運動適度を得しむること難く強壮者脆弱者共に過劇に失し易し（四）精神激し易く輙もすれば粗暴の気風を養ふべく（五）争闘の念志を盛にし徒らに勝を制せんとの風を成しやすし（六）競進に似て却て非なる勝負の心を養ひがちなり（七）演習上毎人に監督を要し一級全体一斉に授けがたし（八）教場の坪数を要するこ と甚大なり（九）柔術の演習は単に稽古着を要するのみなれども劍術は更に稽古道具を要し且常に其衣類及道具を清潔に保つこと生徒の業には容易ならず。(44)

調査の結果は、「（一）学校体育の正科として採用することは不適当なり（二）慣習上行はれ易き所あるを以て彼の正科の体操を怠り専ら心育にのみ偏するが如き所に之れを施さば其利を収むることを得べし」(45)と判断され、学校教育への武術導入は不適切であるというのである。しかし、武術は知識中心の学校教育を精神修養という観点から補うことが可能であり、有意義であるという認識もあった。その一方で、体育の本来持つべき医学的・生理学的利点を備えていないとされ、加えて身体がバランスよく発達することを阻み、暴力性・競争意識を増して危険であるし、教授法にも共通性がなく費用がかかり、不衛生であると考えられていた。

それでも議論は続き、次には大日本私立衛生会が論者に加わった。武術がもたらす利益を強調する側は、体操に対して以下のような反論を展開した。西洋体操術を非とする根拠として、「大和魂を養成せず」「護身の用をなさず」とし、武術の利点は「全身平等に発育す」「脳の振盪白痴失気脱臼労働過度等の患なし」「多人数同時に行ふことを得べし」などの理由を挙げた。(46)

議論の結果、武術の導入は再び先延ばしになったが、十年後の明治二九年（一八九六）五月、学校衛生顧問会の設立によって再びこの議論が持ち上がった。そこでは学校教育における武術の危険性については前回の見解と同様であったが、十五歳以上の生徒が課外活動の一環として行う分には反対する理由はない、と付け加えられた。(47)激しい討論はその後も続き、最初の「学校体操教授要目」の制定によって、中学校と師範学校の男子生徒には「撃剣及び柔術」を教授してもよいとされ、ついに正課として認められたのは大正二年（一九一三）のことであった。

それでも、体操伝習所などが指摘した武術教育の問題点を克服しようとする教育者は多く、体育の一環としてふさわしいものにするにあたって、彼らは健康への危険性や、体系化・統一化もされていない教授法を問題視した。そこで日清戦争を契機に、教育関係者などは武技を利用した体操を編み出し、解決を試みた。この案はすぐに取り入れられ、間もなく日本中の学校で木刀・薙刀を使って行われる新しい「武術体操」が許可された。

この武術体操考案に携わった人物の中に小沢卯之助がいた。武術体操は身体を錬るに効果的な科目であり、また、「大和民族」の体格にあった課外活動かつ素晴らしいレクリエーションで、しつけと身体的健康全般を促進する遊戯なのである、と小沢は主張している。(48)小沢は二種類の武術体操を考え出した。それは「武術遊戯」と「武術体操」で、前者には薙刀遊戯・棒術遊戯・剣術遊戯と射撃遊戯が含まれ、後者には薙刀術・棒術・剣術・槍術・懐剣術があった。後者はさらに、決められた型を基本にした「武術形体操」と競技性を中心とした「武術試合体操」の二つに分類され、基本的に木刀を手にした準軍事的体操であった。(49)

小沢の他にも武術を基にした日本風体操の研究をしていた教育者がおり、彼らが各地で行った講習会でその体操は日本中に広がり、すこぶる評判が良かった。しかし、ここでもまた批評家の徹底的な反対が見られた。反対の理由はさまざまだったが、主に使われている技が非現実的で効果がないというものであった。例えば刃筋にあまり注意を払わなかったり、ひねる動作と回転動作が非常に多く盛り込まれていたり、派手な動作が多いというのが反対者の言い分であった。

さらに、何を体育で教えるのかが議論された結果、文部省は英国・米国・スカンジナビアで主流となっていた、リングの体操学習法を正規の体操として定め、大正二年に学校体操教授要目を配布した。この新要綱は、軍事訓練と遊戯が補足され、各学校が新要綱に沿って独自のカリキュラムを工夫するということになり[50]、武術体操は本質的な終焉を意味していた。

しかし、武術体操によって、伝統武術は二人一組である必要がなく、専用指導で教授または習得でき、費用もかからないということが証明された。このようなことから、武術体操は初心者教授法が後に発展する上で十分に貢献した。結局、学校体育に最も適した武術の技を導入するために、教育者と武術家がお互いに学び合い、協力した成果であった。武術体操という名称は武術家に避けられ、明治四四年以降、特に武術が公式カリキュラムとして導入された大正二年以降、棒を持った単なる演技運動でしかないという批判を受け、完全に消えてしまった。しかし団体教授法の面などにおいて、武術体操が以降の武道教育に大きな影響を与えたことは間違いない。

十一　国家主義の波と大日本武徳会の設立

これまでの話の背景に、伝統武術の全国的普及と保存の先駆けにもなった組織の存在が欠かせない。それが大日本武徳会（以下武徳会）である。その起源は明治二五年（一八九二）九月二十三日、桓武天皇が都を京都に定めてから千百年を迎える明治二八年に記念式典を開催するため、市民の代表と公官吏が招集され会議が開かれたところにまで遡る。その記念式典で武徳会設立に繋がる催しも行われ、京都収税長の鳥海弘毅は、「武士道の頽廃を恢復するの好時機」と発言した。[51]さらに鳥海は「武士道」には華々しい歴史があり、祝典のために高名な武術家が京都に集結するので、その技を披露するよい機会ではないかと提言した。

当初誰も鳥海の提案を真に受ける者はいなかったが、それが的外れな意見でなかったことはその後の歴史が証明している。明治二七年八月に日清戦争が勃発し、日本は優勢と思われた清国軍に勝利した。それによって日本は東アジアの雄となり、軍の影響力の強大化とともに、外交における植民地拡大路線が明確になり始めたのがこの頃である。その結果、国内には日本の成功に対する誇りも、「伝統文化」に対する関心も高まっていった。特に武士文化の「勇ましい精神」は、政治家及び民衆の間で再認識されるようになった。

明治二八年四月一日、本部道場の武徳殿を平安神宮の敷地内に建設することが決まり、同年四月十七日の設立総起人総会をもって大日本武徳会は正式に始動した。以後武徳会は、全国の武術家を束ね、また伝統武術を後世に伝えるためいかなる努力も惜しまないという目的を持つ団体となった。奨励のため常時指導者を置くことが決定され、また消え去りつつある流派の保護に全力で尽くすべきだということも述べられている。世界中の新旧型武器を集め展示する博物館建設も計画し、武術の歴史及び武器の研究をすることと並び、軍事に関する月刊誌を発行することになった。さらに国中に武徳会支部を設け入会意欲を高めるため、政府高官を次々と幹部に登用した。伊藤博文（内閣総理大臣）、山縣有朋（前枢密院議長・第一軍司令官）、西郷従道（海軍大臣）ら、政治・陸軍・海軍を代表する人物が役員に就任した。[52]組織を各都道府県に拡大するため、「地方委員長は府県知事に、幹事は府県高等官に、委員は町村長其他有志者等へ嘱托すること」も決議された。[53]

こうして、武徳会の会員になりたいという希望者が大波のように押し寄せる状況の下地が出来上がった。そして入会希望の殺到が武徳会支部の設立をさらに推し進めることとなり、明治二九年二月二十五日富山県に最初の支部が設立されて以降、明治四二年までに海外（米国・台湾・韓国・中国）も含めた武徳会員数は、百五十万人以上に及んだ。

また、明治三五年に、武道振興に貢献した者の表彰制度、明治三八年には武術教員養成所が設立された。明治三九年四月二十四日、青木周蔵会長に代わって第五代会長に就任した大浦兼武は、内務省（特に警察）の組織を活用して武徳会の拡大化をはかった。明治四二年六月三日には財団法人の認可を受け、武徳会を文字通り全国的な団体へと作り上げていったのである。

その目的と事業は次の通りである。

第四条　本会ハ武徳ヲ涵養シ武術ヲ奨励シ国民ノ士気ヲ振作スルヲ以テ目的トス。
第五条　本会ハ前条ノ目的ヲ達スル為メ左ノ事業ヲ行フ。
一　平安神宮ノ境内ニ武徳殿ヲ造営、保存スル事。
二　毎年武徳祭及ヒ大演武会ヲ挙行スル事。
三　学校、演武場其ノ他必要ノ教育機関ヲ設置スル事。
四　武徳ヲ修メ武術ニ秀タル者ヲ表彰又ハ優遇スル事。
五　武庫ヲ建築シ武器ヲ蒐集スル事。
六　古武術ヲ保存スル事。

七　武徳、武術、武器ニ開スル史籍ヲ編纂シ及ヒ本会々誌ヲ発行スル事。[54]

さらに明治四四年、武術教員養成所が武徳学校に校名変更された。明治四五年に武徳学校は、専門学校令公布よりは武術専門学校に改称された。そして大正八年（一九一九）、「術と云ふ無意識な語を去り、道と云ふ武道の精神に適つた高尚なる語を用ひて剣道と呼び又柔道武道と称し以て世間一般の通弊たる義術とか勝負とか云ふ観念を取り払」うという目的で、当時武術専門学校の校長であった西久保弘道が、武士の伝統文化である武術の精神性を強調するために「武術」から「武道」へ名称を変え、以降武道専門学校となった。[55]

ちなみに、武徳会の初期から発展に携わり、講道館柔道の創立者であった嘉納治五郎も、一八八〇年代から武術と教育の可能性について検討し、多大の貢献をした。嘉納も「武術としての他に、知育・体育・徳育として、まことに貴重なるもののあることを考えるに至り」、「柔術とは言うものの、実際根本となる道があって、術はむしろその応用である」と考えた人物であった。[56]

後に「武専」として知られるようになる武道専門学校と東京高等師範学校とは、全国の学校で武道を指導する若者を育て上げる武道教員養成機関として、武道界の先駆者となった。

十二　武徳会と軍国主義

一九三〇年代は、日本の軍国主義が先鋭化した時代である。昭和三年（一九二八）、文部省は「海外から入って来た思想はすべて徹底的に日本化し、奇異な思想を一掃し、すべての教育者は国体を断固として支持しまたその意味を違い無く理解しなくてはならない」と通達した[57]。満州事変の最中に剣道及び柔道が、断固たる愛国精神の養成と心身鍛錬上有益であるという理由で中学校教育に取り入れられた[58]。

一九三〇年代半ばまでに、日本政府の実権はほぼ軍部に握られるようになった。当然軍国思想は学校に徹底し、愛国心と精神訓練に重点をおくよう命令された。この傾向は太平洋戦争突入とともに強まり、昭和一六年（一九四一）に体操は体錬と改められた。昭和一七年までに政府は、西洋スポーツへの参加を禁止し、さらに武道に力を入れた。昭和一七年三月、学校体育では剣道・弓道・柔道・薙刀（女子）そして銃砲訓練が集中的に行われた。これらの武道訓練は実戦を念頭において行われる、厳しいものであった。剣道もこの時代に大きく変化し、試合で勝利を得る技術よりも、破壊的捨身の一刀を放つことが理想とされた。実際の戦場を想定し、試合は一本勝負（三本勝負ではなく、最初に一本を取ったものが勝利する）とされ、また間合いが縮まれば組み打ちをするように指導された。武道教育がこのように「戦技」として教育の場において強調されるようになった。

また次のように、「武士道」を基調とした「国民的気魄」を養う手段として武道が重要視されるようになった。

皇国臣民タル者ハ、武道ヲ修練履践シ、以テ忠勇義烈ノ国民的気魄ヲ鼓舞振励スルト共ニ、節義廉恥ノ志操ヲ涵養シテ武道ノ真諦ヲ国民生活ニ具現シ、一旦緩急ノ際ハ一死以テ皇恩ニ報ゼザルベカラズ（中略）『葉隠』に、武士道とは「死ぬこと丶みつけたり」といみじくも喝破したる如く、武道を修練する者は、平時に於ては武道の真諦を国民生活に具現し、而も一旦緩急の際は一死皇恩に報ぜざるべからず[59]。

第二次世界大戦後、日本はGHQ（連合国軍総司令部）に武道の禁止を命じられた。次に挙げるGHQ報告書には、武徳会の果たした役割と戦後の武道禁止の理由について書かれている。

一九四一年、軍部が徐々に権力を強め、東条英機の総理大臣就任で最高潮に達した日本の軍事政権において、武徳会は日本国民に軍国精神をより浸透させる手段となった。[60]

さらに、この報告書には敗戦後の武徳会の解散についても書かれている。

敗戦後、大日本武徳会関係者は、おそらく占領軍からの解散命令を恐れてのことであろうが、一九四二年以前の姿に戻すべく組織を再編成した。これは民主組織への再編成という見せ掛けであり、戦時中の活動記録を隠し、活動を続けるための一歩であった。[61]

GHQから武徳会は危険な団体として見なされ、昭和二一年九月十三日の武徳会常務理事会で自主的解散の方針を決議し、勿論武道教育は禁じられていた。山本礼子は近著『米国対日占領政策と武道教育』において武徳会の戦中・戦後の歴史と解散に至るまでのプロセスを詳しく研究している。その中で戦後武道の現状について、「精神主義は形をかえて戦後も残った」とし、一九四〇年代後半から五〇年代前半にかけて、文部省が徐々に武道を学校教育に復活させ「心身鍛錬、人間形成、礼節を尊ぶことであり、さらにこれを国際的な理解に高める」ことを述べている。[62]戦後の武道・武士道に対する関心はこの論文では取り扱えないが、今後の研究課題と考えている。

十三　まとめ

この章では、徳川政権の崩壊にともなって武士が存在しなくなってから、どのようにして武術が生き残って利用されたかを検討してきた。ほとんど絶滅の危機にあった武士文化の象徴である武術が、榊原鍵吉のような人物の出現により、撃剣興行・自由民権運動・警察などを通じて生き残り、平民の間に広く普及できるようになった。その後、武徳会のような組織の下で日本の伝統武術は普及したが、一方愛国主義・軍国主義が受容される土台をも作っていった。

歴史上において、明治後期ほど「武士道」という言葉が注目された時代がなかったことは明白である。武術の奨励は、武士という身分こそなくなったにも拘らず、その精神は日本人の心に宿っているとの主張が基になった。つまり、武士の「文化資本」が国民の所有物に進化したのである。日本人は、自分たちがある意味で近代に生きる武士であると信じ込まされるようなプロパガンダを受け、「武士道」は日本国民の一種の信念となった。

この章では、武士の解体から武士文化のシンボルであった武術の普及までの過程を描いたが、武術だけではなく、武士の「魂」といわれる刀でさえ、福地重孝が指摘した通り「帯刀の禁止が実行されてからは、刀はもはや本来の用をなさなくなり、実用から離れた」。それがまた、「教育に加うるに国粋主義的思想の抬頭につれて、日本刀は一種の精神教育の具に供せられるに至った(中略)これによって武士の気魄に触れようとする風が旺になった」[63]。このように、武士の「文化資本」は新たな国家主義的なイデオロギーのアクセサリーとして、またプロパガンダと教育の道具として復活した。

ここまでは主に剣術に関する内容を検討したが、最後に武道の復活と普及に大きく貢献した講道館柔道の創立者である嘉納治五郎の言葉を参考に挙げたい。当時、嘉納ほど国際的な視野を持っている人物はいなかったと思われる。

戦前の強く誇り高い国家と、そのための人材育成の要求を見事に描いているため、それを引用する。

個人の実力、社会の融和、国力の増進、国際融和協調、これが柔道の心身を最も有効に使用するという原理の徹底によって実現されることを思えば、柔道の将来における使命は実に大なるものがある。昔は単に攻撃防禦の術として行なわれた柔道は、今日、個人の力を充実し、国内の融和を図り、国力を増進し、国際間の融和を実現せしむる使命を持つ大道となり、現在から将来へと果さなければならぬものである。(64)

最後の章では、本章のような現象を背景に携わったいわゆる明治の独特な「武士道」解釈（伝統の創出）を検討する。

1 明治一五年（一八八二）までに士族の法的権利は廃止され、大正三年（一九一四）までには戸籍から士族という言葉は消えた。昭和二二年（一九四七）には士族およびその他の階級は廃止された。

2 園田英弘（編）『士族の歴史社会学的研究』一七頁
3 Sonoda Hidehiro, "The Decline of the Japanese Warrior Class", *Japan Review* (1990), p. 79
4 J. Rogers, *The Development of the Military Profession in Tokugawa Japan*, p. 140
5 今村嘉雄『十九世紀に於ける日本体育の研究』五五二〜五四頁
6 J. Rogers, 前掲書 , p. 205
7 今村嘉雄、前掲書、一四五頁
8 Sonoda Hidehiro, 前掲書 , p. 83
9 園田英弘、前掲書、八頁
10 Sonoda Hidehiro, 前掲書 , p.85
11 同右 , p.87
12 園田英弘、前掲書、九頁
13 Sonoda Hidehiro, 前掲書 , p.95
14 園田英弘、前掲書、一一頁
15 福地重孝『士族と士族意識』二頁
16 同右、二二頁
17 石垣安造『直心影流極意伝聞』一一二頁
18 同右、一二四頁
19 全日本剣道連盟（監修）『剣道の歴史』四六一頁
20 中村民雄『剣道事典』一五五〜一五六頁
21 今村嘉雄『日本武道大系　第一〇巻』九三頁
22 中村民雄、前掲書、一六〇頁
23 全日本剣道連盟（監修）『剣道の歴史』一六三頁
24 長谷川昇『博徒と自由民権：名古屋事件始末記』一〇七〜一〇八頁
25 全日本剣道連盟、前掲書、一六三頁
26『読売新聞』明治一〇年（一八七七）八月一八日
27 中村民雄、前掲書、一六四頁
28『読売新聞』明治一〇年（一八七七）五月一六日
29『読売新聞』明治一五年（一八八二）一〇月一〇日
30 撃剣興行は、今日行われている剣道の形態形成に多くの面で貢献している。例えば、試合場や試合時間の制限、審判員の任命、三本勝負などは、剣術の競技化を促進する改革の成果であった。プロスポーツとしては成功に程遠かったが、現在世界で数百万人が修行する剣道の繁栄の先駆け、および促進剤になったことを考えると、撃剣の影響を過小評価してはならない。

31 今村嘉雄『日本武道大系　第一〇巻』九三頁
32 新井勝紘（編）『自由民権と近代社会』四八頁
33 遠山茂樹（校訂）『自由党史　中』三八七頁
34 湯浅晃「自由民権運動と武術について－考察」『武道学研究三二―（二）』二頁
35 全日本剣道連盟、前掲書、一七〇頁
36『読売新聞』明治二一年（一八八八）五月二七日
37 湯浅晃、前掲書、一頁。新井の計算によると二一一六の結社の数が確認されているが、実際にもっと多かったであろうと指摘している。（『自由民権と近代社会』五〇頁）
38 本村清人「日本の学校体育における武道」山田奨治、アレキサンダー・ベネット（編）『日本の教育に〝武道〟を―二一世紀に心技体を鍛える』五七〜五八頁
39 A. Guttmann, L. Thompson, *Japanese Sports: A History*, p. 90
40 阪谷素「養精神一説」『明六雑誌　四一号』（一八七六年二月）七〜八頁
41『読売新聞』明治一六年（一八八三）一〇月三〇日
42『読売新聞』明治一六年（一八八三）一二月二六日
43 大道等、頼住一昭（編）『近代武道の系譜』三二頁
44 高野佐三郎『剣道』二九〇頁
45 同右、二九一頁
46 中村民雄、前掲書、一七九頁
47 同右、一八〇頁
48 小沢卯之助『武術体操論』（中村民雄（編）『近代剣道書選集四　武術体操』）一〇九〜二六五頁
49 中村民雄、前掲書、一八一頁
50 A. Guttmann, L. Thompson, 前掲書 , p. 153
51 中村民雄、前掲書、一九〇頁
52 同右、一九三〜一九五頁
53 同右、一九五頁
54「日本武徳会規則」（明治四二年）中村民雄（編）『史料近代剣道史』四九頁
55 西久保弘道『武道講話』警察協会北海道支部（一九一五）一七頁

56 村田直樹「術から道へ ― 講道館柔道の誕生」山田奨治、アレキサンダー・ベネット（編）、前掲書、二二二頁
57 A. Guttmann, L. Thompson, 前掲書 , p. 155
58 同右 , p. 156
59 『武徳』第一二四号、昭和一七年（一九四二）（全日本剣道連盟（監修）『剣道の歴史』（資料編）四四六頁）
60 "Political Reorientation of Japan", September 1945 to September 1948; Report Book by Supreme Commander for the Allied Powers, Government Section; U.S. Govt. Print Off., (1949)　pp.68 ~ 69
61 同右 , p. 69
62 山本礼子『米国対日占領政策と武道教育：大日本武徳会の興亡』一三八頁
63 福地重孝、前掲書、三三頁
64 村田直樹、前掲書、二二四頁

第七章　国民武士道の創造――「サムライ魂」の再発見

ホブズボームの『造られた伝統』では、「伝統文化」の「創造」は国家に正当性を加えるために行われ、「ナショナリズム、民族国家、国家の象徴、および歴史その他に深く関わっている」と指摘している。(1) 武士の名誉文化は、明治維新後も形を変えさらに進化した。武士文化を再解釈または巧みに操作しようというナショナリズム活動が非常に活発になってきた。前章では伝統武術が果たした役割を紹介したが、本章では武士の象徴性の具体的な普及経過をたどりながら、士農工商身分崩壊後の武士思想の再解釈を検討する。特に、西周の「軍人勅諭」、井上哲次郎と新渡戸稲造の武士道論を分析する。

一　武士文化と明治ナショナリズム

十九世紀半ば、日本のナショナリズムに影響を与えた要因は、欧米からの強い圧力に対して、徳川幕府の消極的な対応に対する不満であった。一八五〇年代、会沢正志斎や吉田松陰は「尊皇攘夷」を唱え、これに少数の政治家も自国への忠誠心の対象として天皇というシンボルを掲げ、明治国家の建設に一役買ったのである。「和魂洋才」や「富国強兵」に向けて、政府官僚たちは強力かつ効率的な国家を目指し、新しい陸海軍、教育制度、法制度、「明治憲法」、「教育勅語」などの整備によって、十九世紀末からますます「国家主義」は国民が国家に服従し忠誠を尽くすことを求めた。また、「民族主義」という流れも、国民であることのみならず日本のユニークな歴史と優れた伝統や習慣で成り立つ「日本人」であることに重点を置くものであった。こうしたイデオロギーの出現と時を同じくして、武士エトスが新しい観点から解釈され、「士道」ではなく「武士道」という言葉として広まっていった。

明治二〇年（一八八七）に西村茂樹は『日本道徳論』を出版し、「我身を善くし、我家を善くし、我郷里を善くし、我本國を善くし」とし、国家を礼賛するのでなく、誇るべき国民の資質を築き上げるべきであると唱えている。[2] 保守的な国家主義者は、不平等条約の改正に本腰で取り組まない政府を非難した。日清戦争や日露戦争の勝利によって、日本が列強に対抗できないのではないかという不安にとらわれていた国民に、こうした保守的な国家主義が浸透することとなった。

そのピークとして、一九三〇年代から四〇年代初期に「『国民精神作興』運動の形をとり、他方では明治国家をイエ原則に基づく倣いの拡大体、つまり単一イエ国家、として理解する『家族国家観』の強制の形」をとり、[3] 武士文化はこのような目的達成のために重要な役割を果たした。津田左右吉は「現代の國民生活と沒交渉な過去の風習を復興しようとする一種の時代錯誤的思想がある」として、この傾向を早くから厳しく批判したが、これは当時の学者としては珍しいことであった。[4]

例えば、第六章で紹介したように、武道が日本の伝統的文化であるという通説は存在するが、井上俊の近著『武道の誕生』により「武道」は近代の発明であり、「武術や武芸が『武道』と呼ばれるようになり、武士道思想とも結びついて独特の形をとり始めるのは、明治も後半になってから」と指摘している通りである。[5] しかし、井上がいう「武士道思想」も、十分に「近代の発明」として明治期に「創造」された要素も多く含まれていた「伝統」に分類できる。

本論でも見てきたように、武士エトスは数多くの異なる言葉で表されてきている。勿論「武士道」という用語自体は明治時代に創られたものではないが、武士の思想が明治後期以降に形を変えながらも、前例のないスケールで国民の間に普及し、人気を得たことは明白である。

武士道人気の絶頂期はいくつかあり、特に日清戦争から日露戦争にかけて著しく高まったといえる。福地重孝によると、弱小国と思われていた日本が日清戦争で勝利を挙げたのに対し、欧米各国は日本とその国民を各方面から研究するようになり、「武士道」は日本人の資質に大きな影響を与えた精神的な要因の一つとして認識されるようになった。また、武士文化の強烈な象徴であった切腹でさえ、「日本人もまたその特質を認め、切腹に哲学的な説明をつけて、武士道を鼓吹する風潮が俄かに盛んになった」としている。[6]さらに、乃木希典とその夫人の自殺から、「伝統的な武士教育によって養われた武士は明治末年まで生きていたばかりでなく、今次の終戦で、多くの自決者を出したことはこの間になんらか連綿として続いている」と、読み取ることが可能であった。[7]

このように武士の象徴や日本国民の描く武士道像が、明治時代に創られた部分は少なくない。誰が武士文化を改め、武士道を新しい近代思想として広げたのであろうか。その点について菅野覚明は『武士道の逆襲』の中で「軍人勅諭」の重要性を強調し、「軍人精神と呼ばれるものが、それまでの『武士道』に代わって、新たに近代における戦闘者の思想を形づくることになる」と述べている。[8]次に、この「軍人勅諭」及びその草案を作成した西周について見てみる。

二　西周と「軍人勅諭」の成立

西周は文政一二年（一八二九）に津和野藩侍医の息子として生まれ、教育者・思想家かつ政府官僚で、十九世紀末に荻生徂徠の影響を受け、西洋文明は日本の国家再建モデルであると強く主張した最初の人物の一人である。津田真道と一緒にオランダに留学し、フィセリングから学んだ実証主義と功利主義の原則を講義や著作活動により普及させた。そして明治七年（一八七四）に、森有礼と一緒に設立した明六社を通して自らの思想を発表し、文明開化運動の先駆けとなった。西は、特にジョン・スチュワート・ミルに影響を受け、ヨーロッパ文学と科学を広く紹介した。西著の『百一新論』や『人生三宝説』の中で、儒教的な奉公・質素という道徳観念の代わりに、功利主義哲学者が強調した健康・知識・富に目標を定めることを日本国民に盛んに勧め、「啓蒙思想家群のなかでひときわ自由主義的かつ実証主義的な主張を掲げている」と、紀田順一郎が指摘している(9)。

「軍人訓誡」と「軍人勅諭」の起草とは関与したが、これからは近代日本における軍事制度の発展をみる上で非常に重要な勅諭で、天皇制下の軍隊の性格を明示したものである。忠節、礼儀、武勇、信義、質素など軍人の徳目と、兵馬の大権を天皇が直接掌握することが示された。このような考え方は、戦前における日本の道徳指針を提供したといえる。

その後、全兵士の行動についてさらに厳格な規範を示す「軍人訓戒」が山縣有朋の依頼で西によって作成され、明治一一年（一八七八）十月に配布された。要旨は、軍の統制した規律の厳正化、階級の順序を乱さないこと、軍人は政治に関与しないこと、などが述べられている(10)。

「訓戒」において注目すべきは、その中に武士の心情に訴えかける表現が使われていることである。

蓋し此の三大元行の軍人の精紳を維持し、徳義を成立するは、我が陸軍に於て特に今日に始まるに非ず、我が國古来より武士の忠勇を主とするは、言を待たざる事にて、忠臣勇士の亀鑑たるべきもの、世に之無きは莫く歴代の青史に垂れて、千載に灼々たる所なり（中略）今の軍人たる者は、縦令世襲ならずとも武士たるに相違無し。されば武門の習ひにて、忠勇を宗とすべきは言う迄も無き事なり。(11)

西は「軍人訓戒」公布の数カ月前、将校に「兵家徳行」という題で講義をしながら、このような思想を練り上げた。その講義で、近代軍隊の組織や武器などの特質は「メカニズム」であると述べている。菅原光が主張しているように、西がいう「節制」という用語は「mechanism」の和訳であり、戦闘技術のみならず、軍人として必要とするすべてのことを意味していた。(12)

人ヲ器械ノ如ク用ウル考ヘナリ即チ千軍万馬モ大将一人の自ラ手足ヲ動カス如ク指揮スル考ヘニテ此「メカニズム」ノ意ヲ訳スレバ節制ノ兵ト謂フベシ。（『内外兵事新聞』第一六六号附錬による）(13)

軍人社会において何よりも重要な絶対服従の思想は、一般社会における平等権と区別され、国家に二つの違う「平常社会」と「軍人社会」が存在すると西は主張した。「平常社会」は西洋の自由主義的理想は許され、「軍人社会」では規律のある武士のような態度が必要とされた。西は儒教思想を兵士の行動規範に適用し、兵士から服従を引き出すには将校が、まるで江戸時代の武士のように、「徳行」を示すことが必要であると強調した。市民社会生活において利益追求などが当然のこととされていたが、武家社会と同様に、「武人ニ於テハ絶テ此風習ニ染ム可ラサルナリ[14]」と、兵士もそれを避けるべきだとしている。西は軍人にふさわしい行動は、「日本陸軍ハ日本固有ノ性習」を基にし、日本軍は日本特有の規範に基づかねばならないとした[15]。その規範とは、過去の封建制度と結びついた忠誠心や謙遜などの徳目であった。西は武士の倫理観を適用することで、規律と忠誠心が備わった強固な軍隊になると判断していた。

「軍人訓戒」に示された原則は、明治一五年（一八八二）に発布された「軍人勅諭」の中で、「軍人訓戒」にある軍隊の徳目三項目に二つ付け加え、五項目に拡大した。小澤富夫が指摘しているように、「これらの徳目はいずれも山鹿素行の『士道』における武士としての当為規範であった」とし、注目すべきは「天皇と臣民の関係においておいて忠孝を人倫の最大義である」ということである[16]。

「軍人勅諭」の概念は次の通りである。

一、軍人は忠誠を盡すを本分とすべし
一、軍人は礼儀を正しくすべし
一、軍人は武勇を尚ぶべし
一、軍人は信義を重んずべし
一、軍人は質素を旨とすべし[17]

西の論は、近代軍人のイデオロギーは武士の思想と根本的に同じでなければならない、という信念を明らかにしている。西の視点では、軍人は士族出身ならずとも天皇の臣下であり、武士社会の精神をもたたき込まれるべき存在であった。本居宣長の「敷島ノ大和心ヲ人問ハバ朝日ニ匂フ山桜花」という歌を引用し、(18)武士の精神は、近代軍隊のエリートたるべき精神的基盤を作り上げようとした。新しい軍隊の形式は明らかに西洋の模倣で、西の持つ新たな知識は不可欠だが、軍隊に気力と団結力を与えるために過去の遺産を武士の規範に応用した。

三　天皇と忠誠

福地重孝によると、天皇は「中世以来単に形式的儀礼的な官位の叙任権や、元号、暦などの制定を行い、主権の形骸のみ温存していて、政治の前面には立たず、一般国民からは忘れられた存在であった」が、維新後の天皇は、「天照大神の後胤である現人神として、その神聖性が強調され、みずから大元帥として政治、軍事の前面に登場した」と述べている。(19)

新しい軍隊用に作られた規則や規律によると、「天皇ハ陸海軍ヲ統帥」し、徴集兵も軍の上層部も絶対的忠誠を天皇に誓うように求められたが、これは端的にいえば主従関係の再来であった。しかし、当時の多くの日本人に「国家」という概念は浸透していなかったため、いきなり国に仕えるというのはかなり飛躍した考え方であった。既に述べたように、武士は古くから戦《いくさ》において命を懸けることによって、主君と強い絆で結ばれていた。主従には共通の利害があり、その絆は家の継続的繁栄をもたらし、武士と主君の心情的絆を、明治期の一般の人々と天皇の間に再現することは不可能であった、また天皇は形式上日本軍の最高指揮官であったとはいえ、実際に戦場に行くことは決して許されなかった。

菅野覚明はこの点に関して次のように述べている。近代国家日本の軍隊は、「『天朝さまに御味方する』諸藩の連合軍＝官軍であってはならない。それは、天皇自身が『大元帥』として統率する帝国軍隊＝皇軍でなければならない」[20]といい、武士の代表的な「気風」と「動機」が、強い絆で結ばれた人間関係の新たな統制原理となったのは、「軍人ノ精神」の「天皇に忠誠を尽くす精神」であり、「きわめて特異な人格への忠誠としてその姿をあらわした」としている。[21]西が示唆した軍人精神は、完全に忠誠を天皇に尽くすことが中心にあった。菅野が述べたように、このような問いが明治の指導者たちの間で、必ずしも意識されていたわけではなかった。「天皇を核として築かねばならなかった『メカニズム』と、すぐれて心情的な道徳である『忠』との間のジレンマが、構造的にはらむ問い」であり、それに対する西の答えは「大和心」であった。[22]日本の近代とは、鎖国の弊害から抜け出し、一歩も二歩も先を行く欧米列強に向き合うことが当面の目標であった。全てが混沌とした国際社会の中にあって、日本は天皇を主君とした巨大な家であるという認識は有効であった。

西の著作に、「武士」「武士道」という言葉は見当たらない。これは、不安定な政情と、当時多発した士族の反乱や自由民権運動のためだと推察できる。西の答えた「大和心」という言葉こそが、日本民族にとって新しい「忠」の根源となり、明治武士道の主軸となった。「明治憲法」と「教育勅語」には尊王主義・愛国主義的献身という要素が見られ、一般教育イデオロギーの土台となっている。

四　明治武士道の始まり

「明治憲法」下での教育現場の倫理指導原則は、天皇は神聖であると宣言し、明治天皇の神格化が始まった。また、国家＝家、天皇＝家長などと孝心と尊王を結びつけることで、国家を擬似家族化したり、天皇を「国民の宗家」[23]とする考え方を普及させることができた。そして、武士の倫理観を普遍化させ、教育の場からも新しい道徳基準にしようとした。

「教育勅語」は大衆に天皇への忠誠心を植えつけながら広まり、「明治武士道」確立への道程が整った。明治二八年の日清戦争勝利とともに「武士道」という言葉は全国に広められ、早い時期から武士道について論じた人物として重野安繹がいる。明治二五年に重野は、「武士道は物部大伴二氏に興り法律政治は藤原氏に成る」とした論文を発表した。鈴木康史は、武士道の淵源を天皇中心の国家であった物部・大伴時代とする説に、「武家から大政を奉還された明治国家を『武士道』によって支えねばならないがゆえに要請される歴史の創造なのであり、ここには日本国体と武士道を結びつけるための論理操作が潜んでいよう」と、重野の論文に反論している。[24]

武士道という言葉を使って関心を集めた論文は、他にも山岡鉄舟や福沢諭吉らによるものがある。明治二〇年、山岡の武士道に関する講話と教えが『武士道』という題名で記録されたが、それは明治三五年まで一般には出版されなかった。山岡は日本の独特な精神、特に祖先や皇室の崇拝、仏教や儒教などから影響を受け、西洋から輸入した科学技術、物質主義や利己主義的な考え方は、結局日本を堕落させてしまうものとして批判している。山岡は結論として、武士道こそが日本の伝統的精神であると強調している。[25]また、明治初期に武士道について触れている例として、福沢諭吉の「痩我慢の説」(『奥羽日々新聞』明治二四年)や『福翁百話』などに見受けられる。福沢の場合、決して「武士道」を中心として扱ってはいないが、「肯定的に用いる傾向がある」のは間違いなかった。[26]

佐伯真一によると、山岡鉄舟と福沢諭吉の政治的スタンスはかなり違っていたが、「武士道」という概念を「目先の利益を追い求める功利主義に対置される方向で用いられている」という点は、福沢と山岡の武士道観は共通していた。二人によって「武士的なるものは、失われた古きよき日本を象徴するような位置に押し上げられていった」が、武士の身分が存在していない時代において武士文化の徳などを復活し、日本をより強い名誉のある国家に作り上げようという動機は同じだった。[27]

このように、明治後期には武士道礼賛者が増加した。武士道人気に最も影響を与えたといっても過言ではない二人の人物を紹介する。それは、日本主義的な学者である井上哲次郎と、キリスト教信者の新渡戸稲造である。両者の間には、武士の歴史及び文化に関する知識とその伝え方において大きな違いがあったが、武士道が日本の民族道徳であるという点では一致している。

五　「尚武民族日本人」――井上哲次郎

まず、井上哲次郎は、明治一三年に東京帝国大学を卒業後母校で哲学を教え、日本の学術界にドイツの理想主義を導入したことで名声を得た。井上は熱烈な国家主義者で、キリスト教が日本独特の国体に害を与えるとして批判し、新渡戸稲造のキリスト教的な武士道観や解釈に大いに反論した。井上は、武士道と日本の道徳に関し数多くの著作物を残している。

井上によると、武士道は「殆ど日本民族と共に形成」され、「日本民族氣質の顯現」であると述べている。[28] 西洋哲学の専門家でもあった井上は、武士道とストア哲学（Stoicism）並びに騎士道の擬似性も指摘している。ストア哲学は「倫理に富むものにあらず、而してその果斷決行の精神、迥に之れに優れり、また武士道は中世の騎士風（Knighthood）に似たれども、騎士が美女救護を主とするが如く、女性崇拝に流るゝものにあらず」と結論づけている。武士道の定義については、「武士道は實行に伴ふ一種の精神的訓練（Mental Discipline）に外ならず、蓋し日本固有の尚武の氣象之れが基礎にして、後、儒教と禪と之れに交はり、此の三者の融合調和により て發達せるものにて、我邦に一種特異なる産物と謂ふべし」としている。[29]

井上は、明らかに日露戦争での日本の勝利に誇りを持ち、多くの文書においてその奇跡的な勝利を裏づけるものが武士道精神であると語っている。

例えば、『現代大家武士道叢論』の序論に次のような文章が書かれている。

我邦が一朝斯る大敵と戦を交へ、優に勝を制するに至りしは、デヴヰツドがゴライアスに打勝ちたる決闘よりも迥に目ざましき大勝利にして海外萬國の人をして眞に舌を捲いて驚嘆せしむ。[30]

既に見てきたように、維新後の日本は西洋の最新技術・武器などを輸入し、近代国家にふさわしい軍隊を作り上げたが、日清・日露戦争の勝利は必ずしもテクノロジーのお陰だけとはいえないという「和魂洋才」的な考えを、井上は述べている。

機械は戦争に必要であるけれども、之れのみにて戦争の出來るものではありません。機械を運用する精神が第一であります。精神が本で機械は其の用具たるに過ぎぬのであります。(31)

また武士道と「教育勅語」の関連について、「武士道の精神を探ってゆくことが、教育上に必要であるといふことは、我々の屢々唱道した所である」と強調し、「教育勅語」にある「博愛衆ニ及ホシ」という文言は、武士道とは「相容れない」と指摘した「或新聞」を厳しく批判している。それどころか井上は、「武士道の精神を探れば勅語と符節を合するが如きもの」で「軍人に賜はった勅語と、教育界に賜はった勅語と、寸毫の違はない。一は武士道を示され、一は國民道徳を示されたもので、この両者は、鳥の雙翼、車の両輪のやうに、相待って効を奏すべきものであると思ふ」としている。(32)

さらに、武士道があるから日本人はユニークな民族だという主張が、井上の著作の目を引くテーマとして存在している。

我が國に於ては從來歴史的に發達して來た所の武士道の精神があります(中略)我が國の軍隊が斯の如く名譽ある大勝利を得るといふ、其の原因の一の大なるものは此の武士道の精神に外ならぬこと、思はれます(中略)支那若しくは露西亜に於ても、武士道はあるではないか、武士道なるもの何ぞ獨り日本のみに限るべけんやといふやうな疑問を發するものでありますけれども、それは抑も我が國の武士道を十分に理解せざるところから起きる謬見であります。(33)

このように井上は、日本人の独特な国民性は武士道によるものだとたびたび強調している。この論文の最も興味深い主張は、明治維新以来の武士道復活に関わるものである。

ここで井上は、明確に武士文化を国民に移植し、天皇を近代国家の「主君」として忠節の的にするべきであるとしている。

封建制度の時代に於て、或一地方の藩士が其の主君に對して忠節を盡すことが、武士道であったとしましても、今は其の範圍が擴充せられて日本全國となったのであります。今日の軍隊が天皇に對して忠節を盡すのは、矢張り封建制度の時代に、特殊の藩士が君主に對して忠節を盡したのと同じ精神であります。[34]

さらに、武士の象徴であった刀についても、「武士道のシムボル即ち標號として日本刀があります。之れを内にしては武士道の精神、之れを外にしては、日本刀であります」とし、「日本刀は日本人の最も得意とする所のもので、今日に在っても之れを廢することが出來ませぬ」と、考えを述べている。[35]

またこのような武士文化が代々、自然と日本人の心に染みついているため、日本人は世界の人々と比較してユニークであり、逆に武士道がなければ日本人は大した民族にはならない、とまで強調している。

我が國が維新以來國威を發揚して來たといふのは、此の武士道の精神に依ることが多いのであります。然るに若し武士道の如きものを、日本の國民性から全く除却したならば何うでありませう。日本國民は誠につまらないものになってしまうでありませう（中略）武士道は日本國民として日本國民たらしめた所の大精神大骨頭であります。[36]

菅野は、井上哲次郎が武士道精神と呼んでいることについて、「外国に対しては、日本の自立、主体性の意識としてあらわれ、国内的には統一国家の国民意識となってあらわれる」ような「いわば民族・国家の『自我』意識に当たるもの」と分析している。[37]井上のような武士エトスの国家主義的解釈は、徐々に当たり前のものになっていった。井上はこのイデオロギー普及の先頭に立っていたが、他の学者や作家も同様の発言をしている。例えば、明治四〇年（一九〇七）に出版された蜷川龍夫著『日本武士道史』は、次のように結論づけている。

維新以後國民平等となり、國民皆兵の主義に復舊せる今日に於ては、更に倍舊の日本魂の發展を見たり、即ち國民皆兵は大に國民の忠君愛國の思想を鼓舞し、その結果武士的精神は冥々の裡に大に發揚せられ、遂に日露戦役に於て、その美果を列國環視の裡に結ぶに至れり。[38]

小澤によると、井上哲次郎が強調していた家族国家思想では、「各家族は国家という大家族のいわば縮小体であって、家族の家長に対する孝は、国家の臣民としての天皇への忠となり、この『忠孝一本』は日本固有の国民道徳と考えられた」と述べている。[39]このような考えは、日露戦争後さらに強化されるようになり、「国家統制の下で『忠孝一致』の道徳と我が国固有の国体観とが、修身教育を通じて国民への強化が行われる」。[40]日本民族の中核として、武士道という概念は無条件で受け入れられるようになったが、これは西周と井上哲次郎の誇りと確信に満ちた著作活動の結果だと推察できる。興味深いことに、和辻哲郎は井上らの日本主義運動を、「あらゆる宗教を排し、日本の神話の精神に即した君臣一家忠孝無二の道徳をもってこれに代える」[41]と評し、井上の著作の多くが「着実な歴史的研究ではない」とし、「武士道が皇室を中心としてわが国に発達した特殊道徳であるというような見方は、全然歴史を無視したものといわなくてはならない」と批判している。[42]

和辻は、「日本人が西洋人の理解し得ないような特殊な民族ではないことを示そう」とし、新渡戸稲造の『武士道』を高く評価している。[43] 井上の武士道があるから日本人はユニークであるという論説とは対照的に、新渡戸は武士道があるから日本人は西洋諸国に近い精神を持っていると主張している。次に、近代における武士文化の創造に対する新渡戸の貢献ぶりについて考察したい。

六　新渡戸稲造と海外向け「武士道」

明治三三（一九〇〇）に新渡戸が英語で著した『武士道』こそが、二十世紀における代表的な武士道論で、「武士道」という言葉が大衆化・国際化する上で大きな役割を果たした。新渡戸はこの本を著した理由を『武士道』の序文で述べている。それによるとヨーロッパ留学中、ベルギーの法学者M・デ・ラヴレー教授宅に滞在した折、「日本の学校には宗教教育はないのですか」と問われ、新渡戸は「ありません」と答えると、教授は驚き、再び「宗教なしで、どう道徳教育をしているのですか」と問われたが、新渡戸はすぐに答えることができなかったことがこの問題について考えるきっかけであったという。

その要素を分析してみると、はじめてこれらの観念を私自身にふき込んだものは、実に武士道であったことをようやく見出したのである。[44]

新渡戸が『武士道』執筆当時もそれ以後も、日本あるいはアジア思想の専門家ではなかったということは注目に値する。明治一〇年（一八七七）札幌農学校の第二期生として入学したが、彼は農業史を専門に学んでいたので、武士の歴史や倫理を本格的に研究した上で、この本を執筆したのではなかった。[45]しかし、札幌農学校の授業は英語で進められ、それは学生たちに広い分野で活躍する可能性を広げ、新渡戸の生涯にも大きな影響を与えた。新渡戸の『武士道』を執筆した意図は、武士の道徳的価値観の中から理想的な部分を叙述し、日本社会において受け継がれてきた倫理観を描くことであった。そして日本人の礼儀正しく、寛容で慈悲の心に富み、名誉を重んじ、自制心が強いというような徳が、日本の伝統の所産であるとしている。新渡戸は『武士道』の中で自分がキリスト教徒であることを明言し、札幌農学校第一期生の内村鑑三と同様に、将来の日本においてキリスト教と日本の伝統的倫理が結合し、日本に素晴らしい倫理体系ができることを望むと結んでいる。

ジョージ・オオシロが指摘しているように、「一九三〇年代に軍国主義的傾向が強まる中で、戦場に赴く多くの若い徴集兵が新渡戸の『武士道』を読み」、また文部省が昭和一二年に公布した「国体の本義」にも新渡戸の『武士道』から「多くの項目が取り入れられ、戦場での倫理観を養い、国家に対する忠誠心を植えつけるために利用された」。第二次世界大戦で日本が敗戦すると、「『武士道』の思想は帝国主義を教化する思想であるとして不評を買う」ことになった。[46]

しかし、新渡戸は決して過激的な日本主義者ではなかった。和辻哲郎は新渡戸の『武士道』を評価し、武士道の摘出によって日本人の道徳的バックボーンを明らかにし、井上のような「日本主義者とは全然反対の方向に向いていた」と高く評価した。[47]

以下、新渡戸の『武士道』の概要を紹介する。

第一章「道徳大系としての武士道」では、封建制度がなくなっても武士道は日本人の中に生き残り、その道徳基盤であると説明している。

武士道は、日本を表徴する桜の花と同じように、わが国の固有の花である。その花は、ひからびた古代道徳の標本となって、わが国の歴史の中に保存されているというわけではない。それは現在でもなお、その力と美をもって、わが民族の心の中に生きつづけている。[48]

第二章「武士道の淵源」においては、武士道の淵源ははっきりしないということも述べているが、宗教―主に仏教（禅）・神道・儒教――が武士道に与えた影響について説明している。

仏教が武士道に与えることができなかったものを、神道が豊かに充たしてくれた。主君に対する忠節、祖先に対する崇拝、および親に対する孝行がこれである（中略）厳正な意味における道徳的教養に関しては、孔子の教える道が、武士道のもっとも豊かな淵源であった（中略）孔子についで孟子も、武士道の大きな拠り所となった。孟子の、説得力に溢れ、民主的なところの多い教えは、多くの武士に同感されその心を動かした。[49]

第三章「義または正義」から、新渡戸武士道のキーコンセプトである七徳の義・勇・仁・礼儀・忠義・誠・名誉の説明が始まる。これらの独特な武士世界の美徳の概念を、キリスト教や孟子の言葉を引用しながら描いている。

義は、武士道の中でも最も厳しい教訓である。武士にとつて、卑劣な行動や不正な行為ほど忌むべきものはない。(50)

第四章では「勇気・敢為堅忍の精神」について語っている。ここで、死の話も頻出するが、ただ命を捨てて死ぬことは「犬死」であり、正義のために死ぬことだけが本当の「勇気」であると説明している。

勇気は、義のために行われるものでなければ、徳としての価値はほとんどない。(中略)水戸の義公(徳川光圀)は、次のように言っている。「戦いに臨んで討死することは難しいことではない。それはどのような野人でもできることである。しかし、生きるべきときに生き、死ぬべきときに死ぬことこそ、真の勇気なのである」と。(51)

第五章は「仁・惻隠の心」を取り上げ「武士の情」について説明し、正義の裏に慈愛があると強調している。つまり、人の命の火を消す力を持つ「強い」武士の裏には、優しさも必要不可欠なものであるということである。

愛情、寛容、同情、憐憫は、昔から最高の徳とされ、人の霊魂の属性の中で、最も高貴なるものと認められてきた（中略）伊達政宗の「義に過ぎれば固くなる。仁に過ぎれば弱くなる」という、しばしば引用される格言は、そのことをよく表している。[52]

第六章の「礼儀」では、小笠原流のようにさまざまな流派は存在していたが、礼儀作法は武士にとってどのような役割を果たしたのかを説明している。

次の文章は、キリスト教の「愛の讃歌」（コリント十三章）に非常に近いことで印象的である。

礼儀の最高の形はほとんど愛に近い。われわれは敬愛なる気持ちをもって、「礼は寛容であって人の利をはかる。礼は妬まず、誇らず、たかぶらず、非礼を行わず、自分の利を求めず、軽々しく怒らず、人の悪を思わない」と、言えるだろう（中略）絶えず正しい礼法を修めることによって、人の身体のすべての部分と機能は完全に整えられ、身体とそれをとりまく外部の環境とがまったく調和し、肉体に対する清袖の支配を表現するに至る、ということである。[53]

第七章「真実および誠実」は、明治時代の「士族の商法」も取り上げ、利益を求めることと名誉を重んじることは同じ道ではないと主張している。

礼儀を行うのに、真実と誠実の心が欠けていたならば、それは茶番になりお芝居となってしまう（中略）嘘の言葉と逃げ言葉は、ともに卑怯なものとされてきた。武士は社会的な地位が高いのだから、農民や商人よりも誠実であることが要求された。「武士の一言」というのは、侍の言葉という意味で、ドイツ語のリッターヴォルト（ritterwort）がまさにこれに当たるが、それだけで、言われたことの内容の真実性は十分に保証された。[54]

第八章では「名誉」の意義などを分析し、名誉意識は純粋な徳であるが、名のために野蛮な行為もする武士の両面を批判している。

名誉の感覚は、人格の尊厳とその価値にかかわる明白な自覚から生まれる。したがって自分の生まれながらにもっている身分に伴う、義務と特権を重んずることを知り、そのような教養を受けた武士の特色とならねばならなかった（中略）生命よりも大事であると思われる事態が起これば、きわめて平静に、そして即座に一命が投げうたれた。生命をも犠牲にしてもかまわない、と思う理由の中には、主君に対する忠義があった。忠節の義務こそ、封建道徳を均整のとれた形に構築している土台石であった。[55]

第九章は「忠義」に関する概要で、西洋の個人主義的な傾向とは対照的に日本の家族観は団体（家）を重要視し、家のためなら命を犠牲にすることは当然であることを、武士道の大きな特徴として描いている。

自らの血を流し、それによって自分の言葉の誠実をあらわし、主君の明智と良心に対し、最後の訴えをするのは、武士の常としたところであった。生命は、これをもって主君に仕える手段であると考えられ、その理想は名誉におかれた。(56)

第十一章は「克己」について、日本人の気質として感情・苦しみ・悲しみなどを抑える力の重要性を語っている。

勇気の鍛錬は、どんな事に対しても、ぐちを言わない忍耐の精神を養い、礼の教訓は、自分の悲哀や苦痛をあらわして、他人の快楽や安静を妨害しないようにすることである（中略）克己の極致は、自殺の制度に、もっともよく表れている。(57)

続いて第十二章では、「切腹および敵討ち」を分析をしている。切腹という武士の独特な習慣は欧米人を驚かせ、原則として自殺はキリスト教的な考え方に違反する行為であるが、新渡戸はこの習慣をわがままな行為としてではなく名誉を支える無欲なものとして正当化している。

武士道は、名誉にかかわる死をもって、多くの複雑な問題を解決する鍵としてきた。それ故に、功名心のある武士は、自然の死を、むしろ意気地のないものとして、男子の望む最期のものではないと考えてきた（中略）切腹は法律上ならびに礼法上の制度であった。切腹はわが国の中世にはじまって、武士がその罪をつぐない、過ちを謝し、恥をまぬがれ、友人につぐない、そして自分の誠実を証明する方法であった。(58)

以降、第十六章までは武士の刀の象徴的な意味や女性と武士などについて論じ、最後の第十七章「武士道の将来」では次のように述べている。

武士道は、一個の独立した道徳の掟としては、消え去ってしまうかもしれない。しかしその力は、この地上より滅びはしないであろう。その武勇と文徳の教訓は、体系としては崩れ去るかもしれない。しかしその光明と栄光は、その廃虚を乗り越えて永遠に生きてゆくであろう。(59)

刊行一世紀経ってもまだ世界中のベストセラーということを考えると、少なくとも新渡戸の武士道論は十分に現代でも生き続けている。

七　新渡戸武士道の問題点

新渡戸の『武士道』は、津田左右吉や井上哲次郎など著名な学者の注目するところとなったが、彼らは新渡戸のような門外漢がこのような書物を出版したことを厳しく批判している。井上は新渡戸の武士道論が、山鹿素行などを参考資料として引用していないことから、「素行に及ばざるは何ぞや新渡戸氏の Bushido を見るに、陽明學の武士道に関係のあるを説き、素行に就いては一言の辦もなし」と貶めている。(60)また数多くの西洋人愛読者がいた中で、イギリスのB・H・チェンバレンは新渡戸を「ナショナリスト教授」と呼び、『武士道』を厳しく批判した。チェンバレンが最初に来日したのは明治六年で、通訳・研究者及び教師として長期に滞在し、日本に関する書物を数多く著した。その中で最も知られているのが明治二三年初版の"Things Japanese"で、その後、"The Invention of a New Religion"（一九一二）という短い書物の中で、「忠誠心」と「愛国心」を礼賛する十九世紀から二十世紀にかけての日本の「宗教」に対して、痛烈な批判を述べている。

チェンバレンは武士道を批判する中で、「騎士道的な人間はもちろん、どの時代でも全ての国においてそうであるように、日本でも存在していた。しかし、制度または規則としての武士道は存在していなかった。さまざまな武士道に関しての話は、特に外国向けの、事実無根のでっち上げである」としている。[61]日本の新しい「御門を崇拝する宗教」への支持を集めるために、「武士道」という言葉を「創り上げた」という、チェンバレンの攻撃は、宗教をどのように定義するかにもよるが、実に鋭い洞察力だといえる。しかし、新渡戸が「武士道」という言葉を使うまで、「日本の歴史資料をいくら分析しても表れてこない」という文言から、チェンバレン自身も間違っている。

新渡戸には、門外漢であることからくる歴史的な誤解や知識不足があったとしても、「武士道」という言葉を使って、日本と日本人を国際的に説明しようとした。それによって、日本について予備知識が全くなかった多くの国の読者のために分かりやすく日本の「道徳観」などを論じたことは、大きな貢献であった。

菅野は新渡戸の武士道論について、早期から「武士の思想とは本質的に何の関係もない」という批判があったことを指摘している。[62]また、「明治国家体制を根拠として生まれた、近代思想」であるとし、「大日本帝国臣民を近代文明の担い手たらしめるために作為された、国民道徳思想の一つである」と述べている。[63]菅野以外にも、多くの日本史の専門家が新渡戸を批判しているが、ほとんどは新渡戸の歴史的な事実誤認を指摘しているものが多い。例えば、内村鑑三らの新渡戸の知人でさえも、武士道に関する論文を執筆したという事実があるにもかかわらず、新渡戸は「武士道」という用語を自分で作ったと勘違いしていたようである。

また末松［謙澄］子爵の如きは、かつて日露戦争の頃、倫敦《ロンドン》に駐在されていて、頻《しきり》に武士道を説いた。ところが、あなたの国には、武士道という言葉は昔なかったそうではないか、といわれて、末松さんが非常に面喰い、その出処を探したけれどもない。武士という二字はあっても、武士道の三字はない。弓矢とる身などの文字はあるが、武士道はない。そこで遂に、この字は私が好い加減に拵えたものだろうと、笑い話にいわれたこともある。ところが先日、日日新聞の中安という人が、古い本を探している中に、この字が見つかった。何でも二三ケ所に武士道の字がある、と知らせてくれた。それで私は、自分が創造した名誉を失うと同時に、新しい字を拵えたという罪も免れたわけである。しかし普通には行われていなかった言葉であるようである。(64)

これらの文面からも、新渡戸の日本史理解における限界を表している。しかしながら、この正確とはいえない武士道の論理が、現在も日本人に対する世界の見方に多大の影響を与えている。『武士道』が出版された当時、日本人にとってもほとんど触れたことのない「新知識であった西洋の哲学・倫理学の用語をもって武士の倫理観を体系づける」(65)という、ユニークな日本人論を作り上げたという点では大いに評価できる。

八　海外における「武士道」ブーム

特に日露戦争（一九〇四～〇五）後、強国ロシアに日本のような新興国がいかにして対抗し得たのかという驚異から、西洋では武士道が注目されるようになっていた。例えば、武士道こそが日本の著しい産業革命と驚くべき軍事勝利の源として認め、イギリス国内のさまざまな問題を解決するためにサムライ社会を参考にすればよいという意見を積極的に唱える人が多く見られた。(66)

結果的に、欧米各国で武士道に関する書物が数多く出版された。例えば、ジョン・壽道・今井の"Bushido: In the Past and in the Present"（一九〇六）がある。今井は、英国教会南東京管区の日本人聖職者で、新渡戸と同じくキリスト教が主流である西洋社会において、武士道が理解されるような書物を著した。多くの点で新渡戸と似ているが、新渡戸の長く散文的な文体に比べて直接的で簡潔であり、山鹿素行など、武士道の歴史的背景に触れている点で新渡戸より優れているといえるが、新渡戸より武士道の意味を軽視する内容で、新渡戸のように人気を博すことはなかった。

また、ジェームズ・シェラー（James Scherer）は"What is Japanese Morality?"（一九〇六）を著した。(67)彼は、明治二五年から三〇年まで日本に滞在したアメリカ人のルター派宣教師で、十九世紀の日本の急速な発展のエネルギー源は武士道にあるとしている。また、武士道において強調されている「忠誠心」は、近代日本軍の最大の武器であると同時に、熱烈な忠誠心を宗教（つまりキリスト教）への信心に向けることができるのではないかと結論づけている。

英国の詩人であったモリス・ブラウン(Morris Brown)は、"Proposals for a Voluntary Nobility"[68](一九〇八)を著し、人間の理想像をモデルの一つとして新渡戸の『武士道』を参考にしている。ブラウンはH・G・ウェルズの"A Modern Utopia"(『近代の理想郷』)を読み、明治三九年に詩同好会の友人と一緒に「Samurai Order」(サムライ同盟)及び「Samurai Press」(サムライ出版社)を設立し、ウェルズの造語でもある「voluntary nobility」=「サムライ思想」の発展を促すことを目的にした。

またイギリス人の、フランシス・ジェームズ・ノーマン(F.J.Norman)の"The Fighting Man of Japan: The Training and Exercises of the Samurai"[69](一九〇五)は、日本の剣術について世界で初めて英語で書かれている文献である。内容は剣術だけでなく、柔術、相撲、さらに軍学史や江田島の海軍兵学校のカリキュラムと日常生活などについて、著者の体験や印象などが書かれている。またこの本は、技術的なことよりも、文化・歴史的なことが中心で、当時国際的に注目を集めていた「武士道」精神を厳しく批判している。彼は、武士道は日本の騎士道に相当するものであるという考え方に反対している。特に、西洋の騎士の弱いものに対する「情け」は、「日本の場合、戦争となると何でもあり」という考え方が根底にあるので、武士は集団的目的を達成するためにどんな悪行をしても許される、と批判の根拠を示している。イギリスの同盟国である日本は、「目的さえよければ手段は選ばない」ため、「気をつけたほうがよかろう」と、警告をも発している。

新渡戸の話に戻すと、武田清子が指摘しているように、「日本において消えてゆく運命にある武士道の精神を受け継ぎ、それを新しい生命にみちたものにする役割はキリスト教にあるというのであり、仏教、神道、儒教などを淵源とする武士道にキリスト教を接木しようと試み」、それは「日本的な折衷主義的宗教心」だとしている。[70]

確かに新渡戸は、武士の歴史に関する知識は、井上哲次郎のような専門家に比較して明らかに乏しかったことは間違いない。しかし、子供の頃から英語で教育を受けた新渡戸による独自の解釈を可能としたのは、彼が西洋の歴史と哲学に関して非常に深い知識を持ち、また言語能力と海外に住んだ経験により、日本に対する客観的な見方ができたことが大きな要因だと考えられる。新渡戸は『武士道』を書き上げる中で、ジャポニズムに次いでこの「不思議な国」についてもっと知りたいという列国に、日本人として初めて日本の倫理観を知らしめたのである。日本に関する知識のギャップを埋めるにはちょうど良い時期に、新渡戸の『武士道』は外国人に分かりやすい言葉で世に発表された。もし、彼の本が現代に発表されたならば、日の目を見ることはなかったであろう。

新渡戸の『武士道』は出版当時から非常に高く評価され、百年以上にわたる人気を誇り、今なお世界中の本屋の書棚を飾り、また日本語も含め多くの言語で出版されロングセラーになっている。今日、日本人自身が武士道とは何かを考えるとき、新渡戸稲造の影響は大きいといっても過言ではない。新渡戸の肖像画は五千円札から消えたが、彼の武士道論は、本来の武士のあり方から離れていようと、今なお生き続けている。

九　まとめ

十九世紀後期、西洋の帝国主義と日本の文明開化が同時に頂点に達した時期に、日本は国家主義と武士道を融合してしまった。政治的要因という要素があるにしても、武士の名誉文化が国民に維持されることになった。

列強の脅威に直面せざるを得ない時代に、国家の危機を自己の独立と名誉への挑戦であると捉える必要に迫られ、眠っていた武士の魂は覚醒し、新しい国家主義的感情がその中心となっていった。武士文化再解釈とともに、武士の家制度とその中の独特な人間関係は、天皇の父性イメージによって導かれた国家の大家族イデオロギーへと変化を遂げていった。武士が、家の繁栄は主君の御家存続に依存するものであると理解していたように、明治時代の日本人は家の繁栄もまた国の「強さ」と成功であると教え込まれた。

この章で論じたように、日本はただ単に西洋の影響を受けているだけではなく、西周ら、多くの人たちの決意と野望によって日本は変化していったのである。西らは伝統的な習慣・制度・思想を再構築し、新しい社会に受け入れられる国家主義的な目標を掲げなければならなかった。「近代武士道」もその結果の一つである。

1 E・ホブズボーム、T・レンジャー（編）『創られた伝統』二五頁
2 西村茂樹『日本道徳論』四一頁
3 村上泰亮、公文俊平、佐藤誠三郎『文明としてのイエ社会』四五二頁
4 津田左右吉『文学に現はれたる我が國民思想の研究―平民文學の時代　上』（『津田左右吉全集　別巻第四』）三一〇頁
5 井上俊『武道の誕生』三頁
6 福地重孝『士族と士族意識』四一頁
7 同右、四二頁
8 菅野覚明『武士道の逆襲』二三四頁
9 紀田順一郎『開国の精神』一四一頁
10 「軍人訓戒」の全文書を徳富蘇峰編述の『公爵山県有朋伝　中』七六三～七七八頁
11 同右、七六七頁
12 菅原光「『平常社会』としての軍人論」島根県立大学西周研究会（編）『西周と日本の近代』四一〇頁
13 梅溪昇「近代日本軍隊の性格形成と西周」『人文学報Ⅳ』（一九五四年）二六頁

14 同右、二八頁
15 同右
16 小澤富夫『武士行動の美学』一九七頁
17 井上哲次郎『武士道全書　第一巻』三〇頁
18 梅溪昇、前掲書、二八頁
19 福地重孝、前掲書、五九頁
20 菅野覚明、前掲書、二四二頁
21 同右、二四三頁
22 同右、二五二頁
23 川島武宜『イデオロギーとしての家族制度』四三頁
24 鈴木康史「明治期日本における武士道の創出」『筑波大学体育科学系紀要　二四号二〇〇一年』五〇頁
25 佐伯真一『戦場の精神史：武士道の幻影』二四六頁
26 同右、二四八頁
27 同右、二四九頁
28 井上哲次郎「武士道を論じ、併て『瘠我慢説』に及ぶ」秋山梧庵（編）『現代大家武士道叢論』五九～六〇頁
29 同右、五九頁
30 井上哲次郎「武士道叢論序」秋山梧庵（編）『現代大家武士道叢論』一頁
31 井上哲次郎「時局より見たる武士道」秋山梧庵（編）『現代大家武士道叢論』一七九頁
32 井上哲次郎「勅語と武士道」秋山梧庵（編）『現代大家武士道叢論』一四一～一四二頁
33 井上哲次郎「時局より見たる武士道」秋山梧庵（編）『現代大家武士道叢論』一七〇～一七一頁
34 同右、一七六頁
35 同右、一八〇頁
36 同右、一八一頁
37 菅野覚明、前掲書、二七〇頁
38 蜷川龍夫『日本武士道史』三五〇頁
39 小澤富夫、前掲書、一九九頁
40 同右
41 和辻哲郎『和辻哲郎全集　一三（日本倫理思想史　下）』四五〇頁
42 同右、四五一頁

43 同右、四五〇頁
44 新渡戸稲造、（須知徳平 訳）『武士道』二二頁
45 G. Oshiro「新渡戸の Bushido」『国際交流 第八〇号』二九頁
46 同上、三二頁
47 和辻哲郎、前掲書、四五〇頁
48 新渡戸稲造、前掲書、二八頁
49 同右、四四～四八頁
50 同右、五八頁
51 同右、六六～六八頁
52 同右、七八～八六頁
53 同右、九八～一〇四頁
54 同右、一一四～一一六頁
55 同右、一三〇～一四二頁
56 同右、一六〇頁
57 同右、一七三頁、一八四頁
58 同右、一九二頁
59 同右、二九八頁
60 井上哲次郎『日本古學派の哲學』一二四頁
61 Basil Hall Chamberlain, *The Invention of a New Religion*, pp. 13-14
62 菅野覚明、前掲書、一一頁
63 同上、一三頁
64 新渡戸稲造「武士道と商人道」西口徹（編）『武士道入門』五七～五八頁
65 G. Oshiro、前掲書、三三頁
66 Colin Holmes, Hamish Ion, "Bushido and the Samurai: Images in British Public Opinion, 1894-1914", *Modern Asian Studies*, Vol. 14, Issue 2, 1980 pp. 309-329
67 The Sunday School Times
68 Samurai Press
69 Archibald Constable & Co., London
70 武田清子（編）『思想史の方法と対象：日本と西欧』二九二頁

全体のまとめ

武士道とは何か？

「武士道」を総括的な武士の心性として捉えるならば、この論文で検討してきた武士のエトスを覚悟としてきた「道」というものは、大きく三つのカテゴリーに分かれると考えられる。

一つ目は、「武士道」という言葉が存在していなかった時代の「本来の戦闘的な武士の心性」。つまり源平争乱時代から何世紀にもわたって、生きるか死ぬかという日常生活を送る戦闘者である武士の身分を持つ者の実生活から生まれた思想体系である。これは、武装した個人が、共同体を維持するために戦う生活者（武士）の経験から何世紀にもわたって進化してきた思想体系である（ハード武士道）。

二つ目は、「武士道」が初めて使われるようになった江戸時代、つまり大道寺友山や山鹿素行らによって作り上げられた、天下泰平の江戸時代に発展した儒教的な武士の理想像・生き方（士道）である（ソフト武士道）。

三つ目は、今日流通している「武士道」イメージの元で、明治時代の中期に作られ、武士という身分がなくなった後、武士でない人々が近代国家の形成とともに作り出した概念である（明治武士道）。

これまで見てきた通り、時代によって武士の心性や倫理大系が異なっていることはいうまでもない。しかし、何らかの総括的な定義を見出そうとして、この論文では各時代の武士の思想体系を、ギアツの宗教の定義を用いることによって、武士の全体験を巨視的で包括的な枠に組み込み、「武士道」という用語に一つの定義（それだけで武士道というものを認識し得る定義）を下すことができた。

私の主張を繰り返していうならば、「武士道」とは、主として名誉の概念に基づく象徴の体系であった。その体系は、武士の出現によって初めて、豊かな象徴的・規範的内容のみならず、それを具現化するための独特な表現形式をも有する一つの複合的な名誉文化へと形成されていった。

このような象徴は、強力で広く行き渡った永続的な気風と動機を、武士の中に確立すべく作用した。そして、「気風」と「動機」は、さまざまな程度や形式の主従関係における家臣の主君に対する「忠」と「義」の表示行為や、武士文化において広く見られた行為であった自己の名誉を維持するための、武力示威行為などの中に看て取れる。このような「気風」や「動機」の確立は、「武士世間」という想像上の名誉の共同社会の、一般的な存在秩序についてのさまざまな概念を作り出すことによって、可能となった。さらにこのような概念は、「気風」と「動機」が比類なく現実的に見えるような、真実めいた雰囲気を纏ってきた。

武士は職業戦闘者であり、平時においてもこの身分を維持し続け、戦闘演習（武術の稽古）に励み、多数の独特な慣習（儀式・風習）を身につけることによって、武士特有の考え方や心的態度を涵養できた。その過程で、武士は生死の問題や存在の意味について真剣に考え、世俗的な日常世界と庶民社会ともかけ離れたもう一つの「現実」を体験した。

ギアツが述べているように、宗教の重要性は、世界と自己の関係についての概念をもたらすことによって、個人または集団に役に立つことができる能力を宗教が有していることとしている。このような文化的機能から、宗教の社会的・心理的機能が派生してくるのである。宗教的概念が、特有の形而上的な文脈を超えて広がり、一般的な概念の枠組み（この枠組みを用いれば広範な知的・感情的・道徳的経験に有意義で具体的な形を与えることが可能である）を与えるのである。だからこそ武士の生きる道に意味が与えられたのであり、武士の道が焦点再整合と再解釈の過程を経ながらも、何世紀にもわたってその特徴を保持し続けた。

この意味において「武士道」、つまりこの論文で描出した武士のエトスは、ある種の宗教と呼ぶことができよう。人間の中に誘発する気質が、一体どのようにして人間の道理的感覚、現実的分別、人道意識や道徳意識を特徴づけているかを明らかにすることが、武士の文化に関し私が解明したかったことである。

武士道の三つ目に挙げたカテゴリーは、第六〜七章で見てきたように、武士でない人たちが新しく作り上げた「伝統」でもあった。

いわゆる「明治武士道」は、明治日本の知識層が考え出した一つの「発明品」といっても過言でない。それは、鈴木康史が指摘したように、「内に向かってのナショナリズム、外に向けての倫理主義、という使い分けが可能な一つの構成体として、過去と欧米をそれぞれ参照しながら『創出』されたものである」[1]。理想化・美化された武士像が形成され、武士の象徴体系や武士の独特な「気風」・「動機」・「文化資本」・「象徴的暴力」などを完全に再解釈し、新しいナショナリズムの基盤思想として機能させた。よって新しくできた武士道は、武士の共同社会的意識ではなく、日本国民全体の共同社会のイデオロギー（信仰ともいえる）になった。そのようなイデオロギーの代表的な解釈として、新渡戸稲造の『武士道』が挙げられるが、同時代の日本学者チェンバレンによる「新しい宗教の発明」という批判は、実に鋭い観察である。

二十一世紀の今日でも、日本人の中に「武士道」との感情的な結びつきが非常に強く、「武士道」を世界においてもユニークな（場合によって「優越した」）日本の文化遺産であると考えている人も多数いる。他方、このような感情的ニュアンスに満ちあふれているものに、本気で学術的関心を持つことに疑問を投げかける学者も少なくない。戦後の多くの日本の学者は、「武士道」自体を認めるか認めないかは別として、真面目な学術者としての名を汚すことを恐れ、このような分野を研究することに尻込みし、それを避けようとしているのではないだろうか。

私がこの野心的な課題に取り組む決心をしたのは、このような危険性を念頭においた上でのことであった。願わくは、この論文が私が提示した論点や主張に関して、学究的議論を促すことになれば幸いである。もしそうなれば、それで拙論の目的は果たされたことになると信じている。

1 鈴木康史「明治期日本における武士道の創出」『筑波大学体育科学系紀要 二四号 二〇〇一年』五二頁

参考文献

日本語

あ

・秋山梧庵（編）『現代大家武士道叢論』博文館 1905
・朝尾直弘〔ほか〕（編）『日本の社会史　五巻：裁判と規範』岩波書店 1987（入間田宣夫「撫民・公平と在地社会」）
・葦津珍彦『武士道：戦闘者の精神』徳間書店 1969
・新井勝紘（編）『自由民権と近代社会』吉川弘文館 2004
・家永三郎『日本文化史』岩波書店 1982
　『家永三郎集』岩波書店 1997
・石井紫郎『日本国制史研究』東京大学出版 1986
　『近世武家思想：芸の思想・道の思想　三』岩波書店 1995
・石井　進『鎌倉幕府』中央公論社 1965
・石岡久夫『兵法者の生活』雄山閣出版 1981
・石岡久夫、有馬成甫（篇）『日本兵法全集』人物往来社 1967
・石垣安造『撃剱会始末』島津書房 2000
　『直心影流極意伝開』島津書房 2001
・石田一良（編）『日本精神史』ぺりかん社 1988
・磯貝正義、服部治則（校注）『甲陽軍鑑上・中・下』（『戦国史料叢書巻三〜五』）人物往来社 1965
・今村嘉雄『十九世紀に於ける日本体育の研究』不昧堂書店 1967
　（編）『日本武道大系　全巻』同朋舎出版 1982
・飯沼二郎『石高制の研究』ミネルヴァ書房 1974
・井上俊『武道の誕生』吉川弘文館 2004
・井上忠司『「世間体」の構造：社会心理史への試み』日本放送出版協会 1977

・井上哲次郎『日本古學派之哲學』冨山房 1915
（篇）『武士道全書　全巻』国書刊行会 1998
・井上哲次郎、有馬祐政『武士道叢書　全巻』博文館 1905
・内村鑑三『内村鑑三全集』岩波書店 1980
・植手通有『日本近代思想の形成』岩波書店 1974
・上野晴朗『定本武田勝頼』新人物往来社 1978
・上横手雅敬『日本中世国家史論考』塙書房 1994
・魚住孝至（校注・著）『定本　五輪書』新人物往来社 2005
・氏家幹人『武士道とエロス』講談社 1995
・梅溪昇「近代日本軍隊の性格形成と西周」『人文学報Ⅳ』1954
・榎本鐘司「再考『撃剣試合覚帳』—近世農民武術と試合」『武道学研究二四—二』1991
・大隈三好『敵討の歴史』雄山閣 1972
『切腹の歴史』雄山閣 1973
・大久保利謙「西周の軍部論」『日本歴史』44号 1952
・オオシロ．G「新渡戸の Bushido」『国際交流　第八〇号』国際交流基金 1998
・大道等、頼住一昭（編）『近代武道の系譜』杏林書院 2003
・大橋健二『救国「武士道」案内』小学館 1998
・小澤富夫『武士行動の美学』玉川大学出版部 1994

か

・筧泰彦『中世武家家訓の研究』風間書房 1967
・笠谷和比古『士の思想』岩波書店 1997
『武士道　その名誉の掟』教育出版 2001
『武士道と現代』産経新聞社 2002
『武士道の思想』（ＮＨＫ人間講座シリーズ）ＮＨＫ出版 2002
・勝俣鎮夫『戦国法成立史論』東京大学出版会 1979
・菅野覚明『武士道の逆襲』講談社現代新書 2004

・梶原正昭、山下宏明（校注）『平家物語 上・下』（『新日本古典文学大系44～45』）岩波書店 1991
・梶原正昭〔ほか〕『将門記』東洋文庫 1960
　『陸奥話記』現代思潮社 1982
・川島武宜『イデオロギーとしての家族制度』岩波書店 1957
・岸田國士『日本人とは』角川書店 1952
・紀田順一郎『開国の精神』玉川大学出版部 1977
・清原貞雄『日本武士道』学習社 1942
・古賀斌『武士道論考』島津書房 1974
・小峯和明〔ほか〕（校注者）『今昔物語集　四』「源充平良文合戦語」（『新日本古典文学大系』）岩波書店 1994
・後藤丹治〔ほか〕『太平記』（『日本古典文学大系』）岩波書店 1960
・子安宣邦、古田光（編）『日本思想史読本』東洋経済新報社 1991
・腰原哲朗（訳）『甲陽軍鑑　上・中・下』教育社 1980
・五味文彦『武士と文士の中世史』東京大学出版会 1992
・近藤好和『弓矢と刀剣：中世合戦の実像』吉川弘文館 1997
・近藤齋『武家家訓の研究』目黒書院 1962

さ

・斎木一馬、岡山泰四、相良亨（校注）『三河物語・葉隠』（『日本思想大系26』）岩波書店 1974
・佐伯真一『戦場の精神史：武士道という幻影』ＮＨＫブックス 2004
・三枝博音、清水幾太郎（編）『日本哲学思想全書　第一五巻』平凡社 1955
・相良亨『甲陽軍鑑・五輪書・葉隠集』（『日本の思想　第九巻』）筑摩書房 1969
　『武士の倫理：近世から近代へ』ぺリカン社 1993
・酒井憲二（編）『甲陽軍鑑大成』（巻一～四）汲古書院 1995
・酒井利信「『兵法家伝書』にみられる武道関係用語に関する一考察」『武道学会二七回大会発表抄録』1994
・桜井庄太郎『名誉と恥辱：日本の封建社会意識』法政大学出版局 1971
・佐々木潤之介『江戸時代論』吉川弘文館 2005
・笹間良彦『図説日本武道辞典』柏書房 1982

・笹森順造『一刀流極意』体育とスポーツ出版社 1986
・佐藤進一（編）『日本人物史大系　第二巻〈中世〉』朝倉書店 1959
　『日本の中世国家』岩波書店 1983
・佐藤進一、網野善彦、笠松宏至『日本中世史を見直す』悠思社 1994
・佐藤弘夫（編）『概説日本思想史』ミネルヴァ書房 2005
・重野安繹、日下寛『日本武士道』大修堂 1907
・島田虔次（編）『荻生徂徠全集　第一巻』みすず書房 1973
・島根県立大学西周研究会（編）『西周と日本の近代』ぺりかん社 2005
・清水克行『喧嘩両成敗の誕生』講談社 2006
・下川潮『剣道の発達』体育とスポーツ出版社 1977
・進士慶幹『近世武家社会と諸法度』学陽書房 1989
・身体運動文化学会（編）『武と知の新しい地平：体育的武道学研究をめざして』昭和堂 1998
・鈴木国弘『日本中世の死戦世界と親族』吉川弘文館 2003
・鈴木康史「明治期日本における武士道の創出」『筑波大学体育科学系紀要第二四号』筑波大学 2001
・鈴木眞哉『刀と首取り：戦国合戦異説』平凡社新書 2000
　『謎とき日本合戦史：日本人はどう戦ってきたか』講談社 2001
・鈴木文孝『近世武士道論』以文社 1991
・鈴木棠三（校注）『常山紀談』角川文庫 1965
・関幸彦『武士の誕生：坂東の兵どもの夢』日本放送出版協会 1999
　『武士団研究の歩み　全二巻』新人物往来社 1988
・全日本剣道連盟『剣道和英辞典』2000
　『剣道の歴史』2003
　『剣窓』（二九四号）2006
・園田英弘（編）『士族の歴史社会学的研究』名古屋大学出版会 1995

た

・高橋昌明『武士の成立　武士像の創出』東京大学出版会 1999

・高橋富雄『武士の心日本の心：武士道評論集上・下』平文社 1991
『武士道の歴史　全三巻』新人物往来社 1985
・高橋敏『近世村落生活文化史序説』未來社 2001
・高野佐三郎『劍道』劍道發行所 1915
・武田清子（編）『思想史の方法と対象：日本と西欧』創文社 1961
・武光誠『日本人なら知っておきたい武士道』河出書房新社 2004
・田中義成「甲陽軍鑑考」『史学会雑誌第拾四号』1891
・田中守「武芸伝書に学ぶ」『第一二回国際武道文化セミナーレポート』日本武道館 2000
・田中守〔ほか〕『武道を知る』不昧堂出版 2000
・田原嗣郎、守本順一郎（校注）『山鹿素行』（『日本思想大系三二』）岩波書店 1970
・田村芳朗、源了圓（編）『日本における生と死の思想』有斐閣 1977
・千葉徳爾『切腹の話：日本人はなぜハラを切るか』講談社 1972
『たたかいの原像：民俗としての武士道』平凡社 1991
『日本人はなぜ切腹するのか』東京堂出版 1994
・津田左右吉『津田左右吉全集』岩波書店 1963
・暉峻康隆（訳注者）『現代語訳　西鶴全集第六巻―武家義理物語』小学館 1971
・土井健郎『「甘え」の構造』弘文堂 1971
・遠山茂樹『自由民権運動とその思想』岩波書店 1991
『自由党史　中』岩波文庫 1957
・徳富蘇峰（篇）『公爵山県有朋伝　中』原書房 1969
・徳山勝弥太『日置流目録六十ヶ条釈義』六高操弓会 1987
・富永堅吾『剣道五百年史』百泉書房 1971

な

・中林信二『武道のすすめ』島津書房 1994
・中村民雄（編）『史料近代剣道史』島津書房 1985
『剣道事典：技術と文化の歴史』島津書房 1994

（編）『近代剣道書選集』本の友社 2003
・永積安明（編）『保元物語・平治物語』角川書店 1976
・永積安明、島田勇雄『保元物語・平治物語』（『日本古典文学大系』）岩波書店 1961
・奈良本辰也『武士道の系譜』中公文庫 1975
・新村出（編）『広辞苑第四版』岩波書店 1994
・西口徹（編）『武士道入門：なぜいま武士道なのか』河出書房新社 2004
・西久保弘道『武道講話』警察協会北海道支部 1915
・西村茂樹『日本道徳論』岩波書店 1935
・西山松之助、渡辺一郎、郡司正勝（校注）『近世芸道論』（日本思想体系）岩波書店 1972
・新田次郎、堺屋太一、上野晴朗『「風林火山」の帝王学：武田信玄』プレジデント社 1988
・新渡戸稲造（須知徳平訳）『武士道＝Bushido』講談社インターナショナル 1998
・蜷川龍夫『日本武士道史』博文館 1907

は

・長谷川昇『博徒と自由民権運動：名古屋事件始末記』平凡社 1995
・平泉澄『武士道の復活』至文堂 1933
・廣瀬豊（編）『山鹿素行全集』岩波書店 1940
・藤井忠俊、新井勝紘（編）『人類にとって戦いとは―三　戦いと民衆』東洋書林 2000
・藤木久志『戦国の作法：村の紛争解決』平凡社 1998
　『刀狩り：武器を封印した民衆』岩波書店 2005
・福田豊彦（編）『いくさ』吉川弘文館 1993
・福地重孝『士族と士族意識：近代日本を興せるもの・亡ぼすもの』春秋社 1956
　『軍国日本の形成：士族意識の展開とその終末』春秋社 1959
・藤原正彦『国家の品格』新潮社 2005
・二木謙一『中世武家儀礼の研究』吉川弘文館 1985
　『中世武家の作法』吉川弘文館 1999
・二木謙一、入江康平、加藤寛『武道』（日本史小百科）東京堂出版 1994

・古川哲史『武士道の思想とその周辺』福村書店 1957
　『日本倫理思想史概説』大阪教育図書 1960
　「武道の古典をめぐって」『第一回国際武道文化セミナーレポート』日本武道館 1989
・ブルデュー・P（今村仁司、港道隆ほか　訳）『実践感覚1』みすず書房 2001
・古田光、子安宣邦（編）『日本思想史読本』東洋経済新報社 1979
・ホイジンガ・J（里見元一郎　訳）『ホモ・ルーデンス』河出書房新社 1989
・法制史学会編、石井良助校訂『徳川禁令考』創文社 1959.1-1961.5
・ホブズボウム・E、レンジャー・T（編）（前川啓治、梶原景昭他訳）『創られた伝統』紀伊國屋書店 1992

ま

・松前重義（編）『武道思想の探究』東海大学出版会 1987
・水林彪『封建制の再編と日本的社会の確立』山川出版社 1987
・岬龍一郎『新・武士道：いま、気概とモラルを取り戻す』講談社 2001
・源了圓『型』創文社 1989
・村上泰亮、公文俊平、佐藤誠三郎『文明としてのイエ社会』中央公論社 1979
・元木泰雄『武士の成立』吉川弘文館 1994

や

・柳瀬喜代志〔ほか〕（校注・訳）『将門記　陸奥話記　保元物語　平治物語』小学館 2002
・山内進、加藤博、新田一郎（編）『暴力：比較文明史的考察』東京大学出版会 2001
・山岡鉄舟（述）、勝海舟評（論）、安部正人（編）『武士道』大東出版社 1939
・山口志郎『武人万葉集』東京堂出版 1999
・山田孝雄、〔ほか〕（校注）『今昔物語集　四』（日本古典文学大系）岩波書店 1959
・山田奨治、アレキサンダー・ベネット（編）『日本の教育に〝武道〟を――21世紀に心技体を鍛える』明治図書 2005
・山本博文『殉死の構造』弘文堂 1994

『サラリーマン武士道：江戸のカネ・女・出世』講談社現代新書 2001
『2時間で分かる図解・武士道のことが面白いほど分かる本』中経出版 2003
『武士と世間：なぜ死に急ぐのか』中央公論社 2003
・山本礼子『米国対日占領政策と武道教育：大日本武徳会の興亡』日本図書センター 2003
・湯浅晃「自由民権運動と武術について一考察」『武道学研究三二（二）』日本武道学会 2000
『武道伝書を読む』日本武道館 2001
・横田冬彦『天下泰平』講談社 2002
・吉田豊（訳）『甲陽軍鑑』徳間書店 1971
（訳）『武家の家訓』徳間書店 1972

わ

・綿谷雪『日本武芸小伝』人物往来社 1961
・綿谷雪、山田忠史（編）『武芸流派大事典』東京コピイ出版部 1978
・和辻哲郎『日本倫理思想史上・下』岩波書店 1952
『和辻哲郎全集』岩波書店 1961

英語

・Armstrong, H. "The Two Faces of Combatives", *Hoplos* 7 #3: International Hoplology Society, 1994
・Becker, C. *Breaking the Circle: Death and the Afterlife in Buddhism*, Southern Illinois University Press, 1993
・Befu, H. "The Group Model of Japanese Society and an Alternative", *Rice University Studies* 66, Texas, 1980
・Bito, Masahide. "Introduction of Studies on Bushi", *Acta Asiatica*, Tokyo, 1985
・Benedict, R. *The Chrysanthemum and the Sword: Patterns of Japanese Behavior*, Houghton Mifflin, 1946
・Berger, P. *The Homeless Mind: Modernization and Consciousness*, Penguin, 1974

The Heretical Imperative, Anchor Press/Double Day, 1980
・Blomberg, C. *The Heart of the Warrior: Origins and Religious Background of the Samurai System in Feudal Japan*, Japan Library, 1994
・Brown, M. *Proposals for a Voluntary Nobility*, Samurai Press, 1908
・Chamberlain, B. H. *The Invention of a New Religion*, Watts & Co., 1912
・Cleary, T. *The Japanese Art of War: Understanding the Culture of Strategy*, Shambhala, 1991
・Danaher, G. (et. la) (eds.) *Understanding Bourdieu*, Sage, 2002
・Day, S. Inokuchi, K. *The Wisdom of the Hagakure: Way of the Samurai of Saga Domain*, Kyushu University Press, 1994
・Doi, T. *The Anatomy of Dependence*, Kodansha International, 1973
The Anatomy of Self, Kodansha International, 1986
・Draeger, D. *Classical Bujutsu*, Weatherhill, 1973
・Eibl-Eibesfeldt, I. *The Biology of Peace and War: Men, Animals, and Aggression*, Viking Press, 1979
・Farris, W. *Heavenly Warriors*, Harvard University Press, 1992
・Friday, K. *Legacies of the Sword: The Kashima Shinryu and Samurai Martial Culture,* University of Hawaii Press, 1997
Samurai, Warfare and the State in Early Medieval Japan, Routledge, 2004
・Furukawa, T. "Classical Budo Texts", (Text Book of the First International Seminar of Budo Culture), Nippon Budokan, 1988
・Fukushima, S. *Bushido in Tokugawa Japan: A Reassessment of the Warrior Ethos*, (Unpublished Ph.D. Dissertation), Univ. of California Berkeley, 1984
・G, Cameron Hurst III. "Death, honor, and loyalty: The Bushido Ideal", *Philosophy East & West* Vol. 40, October 1990
・Geertz, C. *The Interpretation of Cultures: Selected Essays*, Basic Books, USA, 1973
・Guttmann, Allen. Thompson, Lee. *Japanese Sports: A History*, University of Hawaii Press, 2001
・Hall, J.W. "Rule by Status in Tokugawa Japan", *Journal of Japanese Studies* 1-1 (1974)
・Hayes, R. "Hoplology Theoretics: An Overview Parts 1-8", *Hoplos*, International Hoplology Society (Spring 1987 Vol.5. No.3-Winter 1994 Vol.7, No.3)
・Henshall, K. G. *A History of Japan*, Macmillan Press, 1999
・Hobsbawm, E. Ranger, T. (eds.) *The Invention of Tradition*, Cambridge University Press, 1984,
・Holmes, C. Ion, H. "Bushido and the Samurai: Images in British Public Opinion, 1894~1914", *Modern Asian Studies* Vol. 14, Issue 2, 1980
・Holmes, R. *Acts of War: The Behavior of Men in Battle*, Free Press, 1986
・Howes, J. F. (ed.) *Bridge Across the Pacific*, Westview Press, 1995
・Ikegami, E. *The Taming of the Samurai: Honorific Individualism and the Making of Modern Japan*, Harvard University Press, 1995

- Imai, John Toshimichi. *Bushido: In the Past and in the Present*, Kanazashi, 1906
- Itasaka, G. (ed.) *Kodansha Encyclopedia of Japan*, Kodansha, Tokyo, 1983
- Jansen, M. (ed.) *Warrior Rule in Japan*, Cambridge University Press, 1995
- Kaiten Nukariya, *The Religion of the Samurai*, Luzac's Oriental Religions Series, London, 1913
- Kaeuper, R. *Chivalry and Violence in Medieval Europe*, Oxford University Press, 1999
- Langer, S. K. *Philosophy in a New Key: A Study in the Symbolism of Reason, Rite, and Art*, Harvard University. Press, 1963
- Lebra, T.S. *Japanese Patterns of Behavior*, University of Hawaii Press, 1976
- Leeds-Hurwitz, W. (ed.) *From Generation to Generation*, Hampton Press, 2005
- Mass, J. and Hauser, B. (ed.) *The Bakufu in Japanese History*, Stanford University Press, 1985
- Mass, J. (ed.) *The Origins of Japan's Medieval World*, Stanford Univ. Press, 1997
- Matsuno, T. (trans.) *A Comparison of Bushido and Chivalry*, TM International Academy, 1984
- Masuda, K. (ed.) *Kenkyusha's New Japanese English Dictionary*, Kenkyusha, 1974
- Mathews, R. H. *Mathew's Chinese-English Dictionary*, Harvard University Press, 1931
- McCullough, H. C. (trans.) *The Taiheiki: A Chronicle of Medieval Japan*, Columbia University Press, 1959
- Nakane, C. *Japanese Society*, Charles E. Tuttle Company, 1984
- Otake, R. *The Deity and the Sword*, Minato Risaachi, 1977
- Peristiany, J. G. (ed.) *Honor and Shame: The Values of Mediterranean Society*, University of Chicago Press, 1966
- Rogers, J. *The Development of the Military Profession in Tokugawa Japan*, (unpubliahed Ph.D. Dissertation), Harvard Univ. 1998
- Rosenberger, N. R. (ed.) *Japanese Sense of Self*, Cambridge University Press, 1992
- Sadler, A. L. *The Code of the Samurai: A Translation of Daidoji Yuzan's Budo Shoshinshu*, Charles E. Tuttle Company, 1988
- Sansom, G. *A History of Japan* (Vols. 1-3), Charles E. Tuttle & Co, 1963
- Sato, H. *Legends of the Samurai*, Overlook Press, 1995
- Sawyer, R. *The Seven Military Classics of Ancient China*, Westview Press, 1993
- Scherer, J. *What is Japanese Morality?*, The Sunday School Times, 1906
- Schutz, A. *The Problem of Social Reality*, Nijhoff, 1982
- Schwartz, Frank J. Pharr, Susan J. (eds.) *The State of Civil Society in Japan*, Cambridge University Press, 2003
- Seyle, H. *Stress Without Distress*, Lippincott, 1974
- Skoss, D. (ed.) *Koryu Bujutsu*, Koryu Books, 1997
- Sonoda, H. "The Decline of the Japanese Warrior Class", *Japan Review*, International Research Centre for Japanese Studies, 1990

- Totman, C. *Politics in the Tokugawa Bakufu*, 1600-1843, University of California Press, 1988
- Turnbull, S. *The Samurai- A Military History*, Japan Library, 1996
- Varley, P. *Warriors of Japan as Portrayed in the War Tales*, University of Hawaii Press, 1994
- Watson, P. *War on the Mind: the Military Uses and Abuses of Psychology*, Basic Books, 1978
- Weber, M. *Economy and Society: An Outline of Interpretive Society*, University of California Press, 1978
- Wilson, W. S. (trans.) *Hagakure: The Book of the Samurai,* Kodansha International, 1979
  The Ideals of the Samurai: Writings of Japanese Warriors, Ohara Publications, 1982
  (trans.) *The Unfettered Mind*, Kodansha International Ltd., 1987
- Wuthnow, R. *Cultural Analysis: The Work of Peter L. Berger, Mary Douglas, Michel Foucault, and Jurgen Habermas*, Routledge & Kegan Paul, 1984

索引

あ

愛国心 212・221・251
愛国精神 212・221
会沢正志斎 229
アイデンティティー 23・56・63・74・79・83・84・89・99・104・115・124・147・154・155・160・167・177・182・183
悪源太義平 80
赤穂藩 60・141
赤穂浪士 87
足利尊氏 39
足利義満 39
足軽 10
仇討 87・110・111・249
悪口咎事 108
『吾妻鏡』 31・32
新井白石 161
ありのまま 45・46・50・82

い

家 32・38・39・42・43・45・48〜50・53・69・74・79・86・87・99〜101・108・110・127・141・155・156・192・235〜237・248・256
家永三郎 17・34・97
戦の手順 159
意志作用 169・173・174・176
一分 126
一騎打ち 102・157
伊藤一刀斎影久 163
伊藤博文 218
犬死 246
井上哲次郎 16・18・26・229・238・242・250・254
井上伝兵衛 199
今川状 39・43
今川義元 100
今川了俊 39・43
院政期 32

う

氏文読み 157
内村鑑三 17・244・251
『尉繚子』 161
右翼的 14・19
運命共同体 99

え

易学 52
易断風 161
易断法 161
江田島 254
H・G・ウェルズ 254

江戸城内 105
江戸武士道 51
エリート 106・168・169・183・200・235
エリック・ホブズボーム 20・229
エルウィン・ボルツ 214

お

追い腹を切る 111
応仁の大乱 44
大石内蔵助 87
大久保忠教 86・103
大久保利通 198
大伴家 237
大村益次郎 198
小笠原流 39・247
荻生徂徠 54・161・232
奥伝 141・162・167・168
小沢卯之助 216
押込 86
男谷精一郎 199
小野家四代忠一 163
小野次郎右衛門忠明 163
小野派一刀流 162〜165・168・169・175
小幡影憲 45
親孝行 41
恩地 36

か

界 74・76・81・89・100・106・114・115・121・126・158
会稽の念 79
貝原益軒 54・55・63
カオス 122〜124
家格 157
加賀藩 141
格式 44・132
家訓 16・35〜38・75・84・102・103・176
学校体操教授要目 216・217
家臣 33・34・36・44・46・58・87・89・98・100〜103・105・116・129・130・182・193・196・197・260
仮想共同社会 24
仮想文化共同体 88
華族 192
型 72・162・174・175・177・178・180〜182・184・216
片岡高房的忠義 87
敵討 110・111・249
刀 58・72・104・132・138・139・145・153・159・163・172・195・198・204・206・223・241・249
刀狩り 85・103・104・153・160
勝海舟 53・199
学校衛生顧問会 212・215
活人剣 136・137
鐘捲流 163

嘉納治五郎　220・224
兜　72
鏑矢　158
家法　16・35・75・102
華法剣法　177・182
鎌倉幕府　14・126
上泉伊勢守秀綱　137
家禄　194〜196・198
川路利良　206・207
官位　80・88・99・235
韓国　219
貫高制　101・102
堪忍　110・129・130
桓武天皇　217
官僚　13・54・84・85・105・115・135・140・145・198・213・229・232

き

機　164・173
義　14・21・43・52・54・57・81・142〜146・246・247・260
騎士　103・107・108・157・239・251・254
儀式　21・72・74・75・84・89・96・99・105・116・134・153〜158・160・161・168・178・181・183・260
騎士道　239・251・254
貴族　74・79・99・107
機能主義　197
機能主義的平等主義　197
気風　16・21・23〜25・54・64・70・81・84・90・95〜100・106・107・109・114〜116・121・123〜125・128・147・153〜155・183・185・195・196・236・260・261
技法　137・162・163・165・175・177
弓術　77・162・165・194
弓箭の道　29・31
弓道　77・221
弓馬道　31
弓馬の道　16・29
教育　26・43・48・57・86・89・103・136・141・144・174・177・182・208・210〜217・219〜223・229・231・236・237・240・242・243・254
教育勅語　229・236・237・240
境遇改革　196
恐怖心　157・158・161・166〜168・170
享保の改革　178・182
吉良義央　60
切落　163・164
斬り捨て御免　198
キリスト教　17・20・30・238・244・246

247・249・253・254
『近代の理想郷』――254

く

公家――35・38・39・41・80・99・124・192
首実検――157
熊沢蕃山――53
クリフォード・ギアツ――22～25・69～73・95～97・115・121～123・153～155・175・185・259・260
軍役制――101・195
軍学者――45・52・59・63・133・134・147・160
軍記物語――30・33・34・64・75・80・82・112・156・159
軍国精神――222
軍使――159
軍事――61・78・89・195・197・213・217・218・235
軍事改革――194
軍事革命――125
軍事訓練――165・194・212・213・217
軍人訓誡――232・233・234
軍人社会――233
軍人勅諭――18・229・231・232・234
軍の道――29

け

警察――89・199・206・207・209・210・219・223
警視庁――206・210
芸道――88・175
啓蒙思想――232
ゲーム――76・115・158
撃剣――178・180～182・200・207・209・211・212・216・223
撃剣興行――25・191・199・200・201・204・205・207・208・210・211・223
下剋上――44・131
結社――208・210
家人――34・36・98・194
家来――34・75・129
家礼――34・98
喧嘩両成敗――24・109・110・114・121・129
剣術――137・139・140・162・163・173・178～181・194・199・200・203・206・207・212～214・216・223・254
献身の道徳――33・34・97
献身論説――33
剣禅一如――137
幻想共同社会――121
剣道――163・181・206・208・220・221
『源平盛衰記』――31・32
源平争乱――259
建武式目――38

公儀御帳 111
高坂弾正 15・44
甲州法度之次第 44・46・110・129
高地（highland） 176
講道館柔道 211・220・223
講武所 194・199
公平無私 36・38
『甲陽軍鑑』 31・44〜47・50・51・54・84・100・110・127・130
功利主義 232・238
御恩 34・36・81・97〜99・145
国粋主義 18・89・223
『国体の本義』 244
『極楽寺殿御消息』 36
後三年の役 32
『呉子』 161
故実 38・39・44・72・75・84・99・155
個人意識 47・50・126
御成敗式目 35・36・38・100・108
言葉戦い 157
御馬先 96
護符 161
『五輪書』 165・171
『今昔物語集』 108

さ

西郷従道 218
西国 79・80
在地領主 101
榊原鍵吉 199〜201・206・211・223
阪谷素 212
佐賀藩 59・195
佐久間象山 53
鎖国 191・236
佐竹鑑柳斎 208
雑兵 103
札幌農学校 244
薩摩藩 191・195
佐藤一斎 62
侍道 29・31
参勤交代 88・105・141
『残酷武士道物語』 19
三雄藩 192
『三略』 161

し

ジェームズ・シェラー 253
『士鑑用法』 134・136
『士鑑用法直解』 136
士気 26・108・132・168・219
直心影流 178・199・204・213
職分 24・52・55・57・193・196
死狂 60・61
重野安繹 237
自己犠牲 18・99
自己修養 41・56・63・77・143・144

166・177
私戦　108・110・159
士族　25・89・191・192・197〜199・207・208・211・212・234・236・247
自尊心　83・99・106・115・132・183・193
実証主義　232
実力主義　197
士道　16・22・29・31・51・52・55・57・142・230・234・259
竹刀　178・179・181・199・200・205・214
竹刀打込稽古法　178・179
士農工商　21・192・229
死の覚悟　51・57・59・60・61・83・106・109・115・146
士之道　31
『司馬法』　161
斯波義将　39・41
忍恋　87
資本　74
社会的向上　108
ジャポニズム　255
守・破・離　175
習慣　21・29・32・54・95・112・230・249・256
宗教　14・17・22〜25・69・70・71・95・96・97・121〜123・153〜155・163・175・181・185・194・243・245・251・253・259〜261
『集義和書』　53
自由主義　232・233
柔術　162・194・201〜203・211〜216・220・254
柔道　220・221・224
自由民権運動　26・191・208〜211・223・236
儒教　13・19・22・52・55・62・63・84・87・98・104・133・137・161・232・233・237・239・245・254・259
儒教的士道　51
主君　14・33〜36・38・46・50・51・53・56・58〜61・75・81・86・87・97〜99・101・105〜107・111・112・125・130・131・145・146・158・166・167・183・192・193・196・235・236・241・245・248・256・260
守護大名　38
朱子学　17・52・54
主従関係　13・25・33〜36・38・44・86・95・97〜101・103・106・114・115・126・146・196・197・235・260
主従制度　24・86・97・98・125
呪術　161
呪文　161
ジュリアス・スクリバ　214

殉教 —— 157・158
殉死 —— 59・61・72・107・111〜114・116・145・146・182
序破急 —— 137
承久の乱 —— 35
『常山紀談』 —— 31・54
象徴の体系 —— 23〜26・69〜73・81・85・89・90・95・106・114・121・122・261
象徴的資本 —— 74〜76・81・89
象徴的暴力 —— 85・88・104・261
勝負の気 —— 58
『尚武論』 —— 16・31
『将門記』 —— 79
庶民 —— 24・25・40・85・109・110・124・153・155・160・180〜183・192・208・210・211・260
ジョン・スチュワート・ミル —— 232
ジョン・壽道・今井 —— 253
自律性 —— 101・106・109・123・125・129
仁 —— 21・54・246・247
信義 —— 61・62・232・234
真剣勝負 —— 64・157・178・205
人権尊重主義 —— 19
『人生三宝説』 —— 232
神道 —— 19・245・254
神道一心流 —— 180
神道流 —— 162
神秘性 —— 194
神風連の乱 —— 198
心法 —— 77・137・140・165・171・174・175
進履橋 —— 137

す

須田房吉 —— 180
捨身 —— 106・109・221
ストア哲学 —— 239
相撲 —— 199・200・254

せ

生死超越 —— 25・106・176
精神性 —— 69・77・126・131・194・220
精神文化 —— 193
西南戦争 —— 198・205・206
関口流柔術 —— 214
世間 —— 24・25・37・39・75・76・87・89・105・106・113・114・121・123〜128・131・132・147・153・197・220・260
世襲制 —— 13・24・87・131
摂関家 —— 32
殺人刀 —— 136・137
切腹 —— 72・96・106・112・116・184・197・198・231・249
先 —— 173
禅 —— 52・137・176・179・245
前九年の役 —— 32

戦死――96・102・107
全身適応症候群（GAS）――169・170・175
戦争人――195・196
戦闘儀式――72
戦闘技術――102・134・140・161・166・194
233
戦闘能力――24・75・89・102・103・166
167・214
戦略――102・137・161・199

そ

槍術――162・194・216
双務契約関係――34・98
双務契約論――97
『曽我物語』――82・110
『孫子』――135・161
尊皇攘夷派――191・229

た

体育――212・213・215〜217・220・221
大元帥――235・236
大政奉還――14・192
体操――211〜217・221
大道寺友山――15〜17・57〜59・62・136
144・145・220・259
大日本帝国憲法――209
大日本武徳会――26・191・210・217〜223
大日本私立衛生会――215
『太平記』――31・112
大名――24・84・86・98・100〜105
110・114・123・125・129・130
132・134・137・140・141・163
199
体錬――221
台湾――219
澤庵宗彭――137・171
武田勝頼――45
武田信玄――44・100・101・45
田沢俊明――199
田代陣基――59
田原坂の戦い――206
田宮流――214
他律性――123・125
他流試合――167・177
『俵藤太物語』――82
単身――196
団体意識――47・116・126
男道――31・44・50・130

ち

地位――38・39・51・74・75・84
87・126・129・131・183・197
198・247
知育――220
知行――36・53・98・101
『竹馬抄』――39・41・42
秩禄奉還――198
忠――14・33・34・44・81・87

96・98〜100・102・107・109・112・115・125・143・146・147・236・242・260
忠義——21・56・59・84・86〜88・99・105・113・246・248
忠孝——18・57・63・104・234・242・243
中国——40・161・210・219
中條流——163
忠誠心——147・229・234・237・244・251・253
忠節——50・87・88・232・241・245・248
超国家主義——18
長州藩——191・195
町人——15・46・50・51・58・63・103・104・110・111・132・143・178・180・181
徴兵令——198
直観——169・170・173・176
丁髷——72
鎮西八郎為朝——80

つ

津軽土佐守信寿——163
津田左右吉——19・61・77・82・106・111・132・230・250
津田真道——232
常の習——31・33

強さ——24・30・33・42・49・76・83・88・89・99・105・110・114・115・132・160・256
強すぎたる大将——48
敦賀藩——141
津和野藩——232
兵——18・79・130・135・139
兵の道——29・31

て

低地（Lowland）——176・182
手柄——34・47・81・96・146・156・157・159
鉄砲——48・102・194
天下泰平——22・54・146・177・178・259
天道——139
伝統——20・26・76・218・220・224・229・230・244・256・261
天皇家——32
天皇制——232

と

動機——21・23〜25・60・70・76・79・81・86・90・95〜100・107〜109・113〜116・121・123〜125・127・128・141・147・153〜155・183・185・195・196・236・260・261
東京高等師範学校——220

115・126・127・147・153・156〜158・166・171・248
東京帝国大学——214・238
『等持院殿御遺書』——39・40
東条英機——222
当道——31
道徳——16・19・29・30・43・55・63・70・73・85・88・89・101・122・123・133・135・141・147・168・232・236〜238・240・242〜245・251・260・261
道理——34〜36・38・57・144・261
遠山信景——136
徳育——220
徳川家光——105・134・137
徳川家康——51・54・137
徳川政権——113・114・125・196・223
徳川忠吉——112
徳川秀忠——54・137・163
徳川慶喜——191
徳川吉宗——62・178
土佐藩——192
土着思想——19
富田流——163
豊臣秀吉——85・103・104・153・160
鳥海弘毅——218

な

名——33・34・41・42・49・50・69・74・76・78〜83・86〜88・99・103・109・113
内藤修理——130
内陸（midland）——176・182
『直茂公御壁書』——107・131
中江藤樹——52・53・63
中西忠蔵——179
長沼四郎左衛門國郷——178
中村中倧——16
薙刀——199・200・206・216・221
長刀——135・202〜204
ナショナリズム——30・59・89・229・261
七つの徳——21
名乗り——156・159
鍋島直茂——107

に

西周——26・229・231・232・242・256
西久保弘道——220
西村茂樹——230
日露戦争——18・230・231・239・242・252・253
日清戦争——18・216・218・230・231・237・239
新渡戸稲造——15・17・20・21・26・30・229・238・243〜255・261
二法四段——145
日本主義——55・238・242・244・245
忍苦——18

人間形成　222
認識　169

ね

念流　163

の

能楽　48
農民　13・63・74・98・103・132・178・180〜182・247
農民剣術　180・181
乃木希典　231
野見鍉次郎　200・204

は

廃刀令　195・198
廃藩置県　205
『葉隠』　15・16・31・45・51・59・60・61・87・146・177・221
葉隠的武士道　51
萩の乱　198
幕藩体制　86・87・192
幕府　17・24・35・36・54・59・60・63・64・104・110・111・113〜115・123・126・132・133・180・191・192・194〜196・229
幕末　53・64・162・180
恥　32〜34・43・60・61・74・82・107・126・171・249
バジル・ホール・チェンバレン　17・250・251・261
抜刀隊　205〜207
ハビトゥス　74・81・124
林羅山　161
藩校　182・212・214
坂東武者の習　16・31・32・33

ひ

ピーター・バーガー　73・75・83・147・183
ピエール・ブルデュー　74・76・81・85・89・104・124
彦根藩　194
肥後藩　199
『百一新論』　232
百姓　58・104・110・111・180・207
『兵法雄鑑』　134
平戸藩　141

ふ

フィセリング　232
不易の法　36
フェンシング　176
『武学啓蒙』　16・31
武器　103・104・132・135・138・157・160〜162・166・172・174・196・218・219・233・239・253
武教　29・31
『武教講禄』　16・31
『武教小学』　141・31

『福翁百話』――237
福沢諭吉――193・237・238
福島国隆――136
復讐――60・79・110・111・129
『武訓』――31・54・63
武芸――25・56・63・72・77・79・106・113・143・153・157・160・162・165・166・168・175・177・180・193・194・206・230
武芸禁止令――180
武芸者――137・167・201
武家諸法度――31・54・63・113・166
武家政権――21・32・52・64
武功――53・100・127・157・166
富国強兵――43・229
武治――31
『武士道』――15・17・18・20・21・29・33・231・237・243〜245・250・252・254・255・261
武士道――13〜23・25・26・29〜31・33・39・44・45・47・50・51・55・59・60・62〜73・76・78・84・86・89・95・106・110・121・144〜146・185・191・210・218・221〜224・229〜231・236〜246・248〜256・259・261
『武士道無残』――19
武士の道――16・31・46・63・260
武術――23〜26・38・47・63・72・77・86・89・104・138・153・159〜163・165〜168・171〜174・177・178・180〜184・191・194・199〜201・204〜206・208〜220・223・229・230・260
武術専門学校――220
武術体操――216・217
武術流派――88・160・161・162・165・167・194
武職――24・79・193・198
譜代家臣――103
仏教――19・22・36・43・52・170・237・245・254
物質主義――237
武道――16・29・43・46・53・54・60・77・86・89・160・170・177・194・214・217・219〜223・230
武道教育――217・221・222
『武道初心集』――15〜17・31・45・57〜59・61・144
不動心――169・170
武道専門学校――220
『不動智神妙録』――171
武徳殿――218・219
武之道――31
武辺――16・48・49・50
武辺の道――31・44

武勇 —— 42・61・76・80・82・85・100・102・107・108・110・111・113・114・130・132・146・156・232・234・250
フランシス・ジェームズ・ノーマン —— 254
武力行使 —— 24・42・83・86・104・111・114・121・124・140・153・195
フロー状態 —— 175
プロパガンダ —— 15・30・59・223
文学 —— 14・21・40・64・75・78・99・100・108・232
文化資本 —— 160・167・223・261
文化的演技 —— 154
文化的向上心 —— 104
文化パターン —— 71〜74
文化様式 —— 23・35・74・83・89・95・107
文官 —— 133・136
文武合一 —— 53・134
『文武問答』 —— 52・63
文武両道 —— 38〜40・43・47・56・57・63・143
分別 —— 41・47・50・84・127・128・139・155・172・261
文明化 —— 166

へ

平安時代 —— 23・29・39・83・104
平安神宮 —— 218・219
兵学者 —— 22・132
兵家徳行 —— 233
米国 —— 217・219
『平治物語』 —— 31・34・80
平常社会 —— 233
平常心 —— 169〜171・174・176
兵農分離 —— 85・103・104
兵法 —— 23・42・48・63・133・134・137・139・140・145・160・161・163・166・171・194
『兵法奥義講録』 —— 56
『兵法家伝書』 —— 137・139・171〜173
平民 —— 25・26・62・191・192・197・200・205・208・210・211・223
平和主義 —— 19
日置流 —— 165

ほ

方円心神 —— 134
防具 —— 178・179・181
保元・平治の乱 —— 32
『保元物語』 —— 31・34・80
奉公 —— 34・36・41・53・97〜99・107・143・145・146・232
棒術 —— 212・216
北条氏長 —— 133〜136・145
北条重時 —— 35・36
『北条早雲二十一箇条』 —— 31・127
『北条重時家訓』 —— 35・36
北条流兵学 —— 134・136

法心流——180
暴力——20・24・85・95・104・108・109・111・115・215
北辰一刀流——214
ボクシング——176
卜筮——157
卜占——161
戊辰戦争——192
堀部安兵衛——87

ま

間合——138・173・221
髷——72・198
誠——21・246
マシュー・ペリー——191・194
ますらを——31
満州事変——221
『万葉集』——31・78

み

『三河物語』——86・103
道——29・30・76・89・172・181・220・259
密教——52
身分——21・24〜26・37・38・50・64・89・103・104・109・124〜126・147・153・157・159・168・180・191〜193・195・196・223・229・238・248・259・260

宮本武蔵——165・171・173
犛午之巻——48
名利——25・30・52・74・96
苗字帯刀——153・180
民主主義——19・20・208
民族主義——229

む

武者修行——167・177・210
武者道——29・31
武者の習——16・31
無心——170・175・176
『陸奥話記』——33
無刀之巻——138
空しき名——80
無念無想——77・175・176
室鳩巣——62
室町時代——38〜40・162
室町幕府——39

め

『名君家訓』——62
明治維新——21・26・191・229・241
明治憲法——229・236・237
明治国家——229・230・237・251
明治時代——15・25・64・89・197・231・247・256・259
明治武士道——18・26・191・236・237・259・261

名声——45・61・74・102・128・146・158・159・238
名誉——14・21〜26・32・69・71・73〜89・95・96・98〜116・121・123〜128・130・131・143・147・156〜159・168・191・193・196・198・204・229・238・244・246〜249・252・255・259・260
明六社——212・232
メカニズム——81・233・236
面目——34・79・112・126

も

本居宣長——235
もののふ——31
物部家——237
森有礼——195・232
モリス・ブラウン——253
文部省——211〜214・217・220・222・244

や

矢合わせ——158・159
屋形家直次郎——199
柳生新陰流——137
柳生宗矩——136〜140・171
柳生宗厳——137
『山鹿語類』——17・31・141・142
山鹿素行——17・55〜57・134・136・140〜146・234・250・253・259
山縣有朋——26・218・232
山鹿高美——179
山鹿流——141
山崎孫七郎——180
山田平左衛門光徳——178
大和心——235・236
大和魂——18・21・215
山本勘助——100・101
山本常朝——15・59〜62
槍——160・195・199

ゆ

湯浅常山——54
勇——14・21・147・246
優越性——62・63・85・125・135・183
結城氏新法度——102
弓矢とる身の習——31・32
弓矢（弓箭）の道——16
弓矢の道——29・31〜33

よ

陽明学——52〜54
抑制法案——209
横井小楠——53
吉田松陰——16・53・229
鎧——14

り

利——33・74・76・82・86・99

106・109・115・127
『李衛公問体』――161
力丸東山――16
陸海軍――192・197・229・235
『六韜』――161
利己主義――237
利根のすぎたる大将――48
理想――35・156

れ

礼――247・249
礼儀――104・108・127・136・232・234
244・247
礼儀作法――38・88・126・127・143・168
247
連合国軍総司令部（GHQ）――221・222

ろ

『老子』――137・138
浪人――205
『六波羅殿御家訓』――36

わ

和魂洋才――229・239
和辻哲郎――33・97・242・244

◆著者略歴◆

アレキサンダー・ベネット(Alexander Bennett)

1970年ニュージーランドに生まれる．1994年にカンタベリー大学文学部を卒業し、1995年京都大学研究生として来日．2001年に京都大学大学院人間・環境学研究科博士後期課程修了．2002年に国際日本文化研究センター助手，帝京大学文学部日本文化学科専任講師を経て，現在は関西大学国際部准教授．世界唯一の剣道の英語専門誌である『KENDO World』の編集長を務める．
主要著書は『「和文化の風」を学校に―心技体の場づくり』(共著，明治図書，2003年)『Naginata: The Definitive Guide』(KW Publications, 2005年)『環境と文明:新しい世紀のための知的創造』(共著，NTT出版，2005年)『Budo Perspectives』(編著，国際日本文化研究センター& KW Publications，2005年)『日本の教育に武道を』(共著，明治図書，2005年)『ボクは武士道フリークや』(小学館，2006年)など．

武士《ぶし》の精神《エトス》とその歩《あゆ》み
――武士道《ぶしどう》の社会思想史的考察《しゃかいしそうしてきこうさつ》――

2009(平成21)年4月1日発行

定価：本体4,800円(税別)

著　者　アレキサンダー・ベネット

発行者　田中周二

発行所　株式会社　思文閣出版
〒606-6203 京都市左京区田中関田町2-7
電話 075-751-1781(代表)

印　刷
製　本　株式会社 図書印刷 同朋舎

ISBN978-4-7842-1426-6 C3039